PARMENIDES

Über das Sein

GRIECHISCH / DEUTSCH

MIT EINEM EINFÜHRENDEN ESSAY
HERAUSGEGEBEN VON HANS VON STEUBEN

PHILIPP RECLAM JUN. STUTTGART

Universal-Bibliothek Nr. 7739

Bibliographisch ergänzte Ausgabe 1995
Gesamtherstellung: Reclam, Ditzingen. Printed in Germany 1995
RECLAM und UNIVERSAL-BIBLIOTHEK sind eingetragene
Warenzeichen der Philipp Reclam jun. GmbH & Co., Stuttgart
ISBN 3-15-007739-7

Die Fragmente des Lehrgedichts

Übersetzung und Gliederung von Jaap Mansfeld

Text und Nummern nach Diels/Kranz 28 B.

1 (DK 28 B 1)

ἵπποι ταί με φέρουσιν, ὅσον τ' ἐπὶ θυμὸς ἱκάνοι,
πέμπον, ἐπεί μ' ἐς ὁδὸν βῆσαν πολύφημον ἄγουσαι
δαίμονες, ἣ κατὰ πάντ' ἄστη φέρει εἰδότα φῶτα·
τῇ φερόμην· τῇ γάρ με πολύφραστοι φέρον ἵπποι
ἅρμα τιταίνουσαι, κοῦραι δ' ὁδὸν ἡγεμόνευον.
ἄξων δ' ἐν χνοίῃσιν ἵει σύριγγος ἀυτήν
αἰθόμενος (δοιοῖς γὰρ ἐπείγετο δινωτοῖσιν
κύκλοις ἀμφοτέρωθεν), ὅτε σπερχοίατο πέμπειν
Ἡλιάδες κοῦραι, προλιποῦσαι δώματα Νυκτός,
εἰς φάος, ὠσάμεναι κράτων ἄπο χερσὶ καλύπτρας.
ἔνθα πύλαι Νυκτός τε καὶ Ἤματός εἰσι κελεύθων,
καί σφας ὑπέρθυρον ἀμφὶς ἔχει καὶ λάινος οὐδός·
αὐταὶ δ' αἰθέριαι πλῆνται μεγάλοισι θυρέτροις·
τῶν δὲ Δίκη πολύποινος ἔχει κληῖδας ἀμοιβούς.
τὴν δὴ παρφάμεναι κοῦραι μαλακοῖσι λόγοισιν.
πεῖσαν ἐπιφραδέως, ὥς σφιν βαλανωτὸν ὀχῆα
ἀπτερέως ὤσειε πυλέων ἄπο· ταὶ δὲ θυρέτρων
χάσμ' ἀχανὲς ποίησαν ἀναπτάμεναι πολυχάλκους
ἄξονας ἐν σύριγξιν ἀμοιβαδὸν εἰλίξασαι
γόμφοις καὶ περόνῃσιν ἀρηρότε· τῇ ῥα δι' αὐτέων
ἰθὺς ἔχον κοῦραι κατ' ἀμαξιτὸν ἅρμα καὶ ἵππους.
καί με θεὰ πρόφρων ὑπεδέξατο, χεῖρα δὲ χειρί
δεξιτερὴν ἕλεν, ὧδε δ' ἔπος φάτο καί με προσηύδα·
ὦ κοῦρ' ἀθανάτοισι συνάορος ἡνιόχοισιν,
ἵπποις ταί σε φέρουσιν ἱκάνων ἡμέτερον δῶ,
χαῖρ', ἐπεὶ οὔτι σε μοῖρα κακὴ προὔπεμπε νέεσθαι

Fahrt zur Göttin und Programm

1

Die Stuten, die mich tragen, so weit nur mein Mut reicht, gaben mir das Geleit, seit sie, führend, mich auf den ruhmvollen Weg der Göttin, der den wissenden Mann in alle Städte trägt, brachten. Auf diesem Weg ließ ich mich tragen, denn auf diesem trugen mich die vielverständigen Stuten, den Wagen ziehend mit gewaltiger Kraft. Jungfrauen wiesen den Weg.

Die Achse in den Naben gibt einen hellen Pfeifenton, während sie sich erhitzt – denn eilig getrieben ward sie zu beiden Seiten von zwei wirbelnden Rädern –, als die Heliaden, die Jungfrauen, die zuvor das Haus der Nacht zum Licht hin verlassen hatten, die vom Haupt weg mit den Händen die Schleier gestoßen hatten, immer wieder sich zum Geleit beeilten.

Dort ist das Tor der Bahnen von Nacht und Tag. Türsturz umschließt es und steinerne Schwelle. Selbst ätherisch, ist es ausgefüllt mit großen Türflügeln, deren ineinandergreifende Schlußbalken der unerbittlichen Dike unterstellt sind. Auf sie nun redeten die Jungfrauen ein mit besänftigendem Wort und überzeugten sie in vernünftiger Weise, daß sie auf ihre Bitte den mit einem Stift versehenen Riegelbalken sofort vom Tor zurückschöbe, welches sich in seiner unermeßlichen, vorher von den Türflügeln ausgefüllten Weite auftat, als die erzbeschlagenen Pfosten, mit Zapfen und Dornen eingefügt, einer nach dem andern sich in den Pfannen gedreht hatten. Hindurch also durch das Tor lenkten, geradewegs dem Fahrweg nach, die Jungfrauen Wagen und Stuten.

Vertrauensvoll empfing mich die Göttin, sie ergriff mit ihrer Hand meine Rechte, begrüßte mich und sprach die folgenden Worte: »Junger Mann, Gefährte unsterblicher Wagenlenkerinnen, der du mit den Stuten, die dich tragen, mein Haus erreicht hast, willkommen! Es ist ja kein böses

τήνδ' ὁδόν (ἦ γὰρ ἀπ' ἀνθρώπων ἐκτὸς πάτου ἐστίν),
ἀλλὰ θέμις τε δίκη τε. χρεὼ δέ σε πάντα πυθέσθαι
ἠμὲν Ἀληθείης εὐπειθέος ἀτρεμὲς ἦτορ
ἠδὲ βροτῶν δόξας, ταῖς οὐκ ἔνι πίστις ἀληθής.
ἀλλ' ἔμπης καὶ ταῦτα μαθήσεαι, ὡς τὰ δοκοῦντα
χρῆν δοκίμως εἶναι διὰ παντὸς πάντα περῶντα.

Sext. adv. math. 7,111 f.; Simpl. in cael. p. 557, 25 f. Heiberg

5 (DK 28 B 5)

ξυνὸν δέ μοί ἐστιν,
ὁππόθεν ἄρξωμαι· τόθι γὰρ πάλιν ἵξομαι αὖθις.

Prokl. in Parm. p. 708,16 f. Cousin

2 (DK 28 B 2)

εἰ δ' ἄγ' ἐγὼν ἐρέω, κόμισαι δὲ σὺ μῦθον ἀκούσας,
αἵπερ ὁδοὶ μοῦναι διζήσιός εἰσι νοῆσαι·
ἡ μὲν ὅπως ἔστιν τε καὶ ὡς οὐκ ἔστι μὴ εἶναι,
Πειθοῦς ἐστι κέλευθος (Ἀληθείῃ γὰρ ὀπηδεῖ),
ἡ δ' ὡς οὐκ ἔστιν τε καὶ ὡς χρεών ἐστι μὴ εἶναι,
τὴν δή τοι φράζω παναπευθέα ἔμμεν ἀταρπόν·
οὔτε γὰρ ἂν γνοίης τό γε μὴ ἐὸν (οὐ γὰρ ἀνυστόν)
οὔτε φράσαις.

Prokl. in Tim. 1, p. 345,18 f. Diehl; Simpl. in phys. p. 116,28 f. Diels

3 (DK 28 B 3)

. . . τὸ γὰρ αὐτὸ νοεῖν ἐστίν τε καὶ εἶναι.

Clem. Alex. strom. p. 440,12 Stählin; Plot. Enn. 5,1,8

Geschick, das dich fortgeleitet hat über diesen Weg, um ans Ziel zu gelangen – einen Weg, der weitab vom üblichen Pfad der Menschen liegt –, sondern göttliche Fügung und dein Recht. So gehört es sich, daß du alles erfährst: einerseits das unerschütterliche Herz der wirklich überzeugenden Wahrheit [30], andererseits die Meinungen der Sterblichen, denen keine wahre Verläßlichkeit innewohnt. Gleichwohl wirst du auch hinsichtlich dieser Meinungen verstehen lernen, daß das Gemeinte gültig sein muß, insofern es allgemein ist.«

5

Ein Gemeinsames ist es für mich, von woher ich anfange; denn ich werde dorthin wieder zurückkommen.

Methodologische Einführung

2

Wohlan, ich werde also vortragen (du aber sollst das Wort, nachdem du es gehört hast, den Menschen weitergeben), welche Wege der Untersuchung einzig zu erkennen sind: die erste, daß es ist und daß nicht ist, daß es nicht ist, ist die Bahn der Überzeugung, denn sie richtet sich nach der Wahrheit; [5] die zweite, daß es nicht ist und daß es sich gehört, daß es nicht ist. Dies jedoch ist, wie ich dir zeige, ein völlig unerfahrbarer Pfad: denn es ist ausgeschlossen, daß du etwas erkennst, was nicht ist, oder etwas darüber aussagst: denn solches läßt sich nicht durchführen;

3

[wohl unmittelbar auf fr. 2 folgend] denn daß man es erkennt, ist dasselbe, wie daß es ist.

4 (DK 28 B 4)

λεῦσσε δ' ὅμως ἀπεόντα νόῳ παρεόντα βεβαίως·
οὐ γὰρ ἀποτμήξει τὸ ἐὸν τοῦ ἐόντος ἔχεσθαι
οὔτε σκιδνάμενον πάντῃ πάντως κατὰ κόσμον
οὔτε συνιστάμενον.

Clem. Alex. strom. 2, p. 335,25 f. Stählin

6 (DK 28 B 6)

χρὴ τὸ λέγειν τε νοεῖν τ' ἐὸν ἔμμεναι· ἔστι γὰρ εἶναι,
μηδὲν δ' οὐκ ἔστιν· τά σ' ἐγὼ φράζεσθαι ἄνωγα.
πρώτης γάρ σ' ἀφ' ὁδοῦ ταύτης διζήσιος ⟨εἴργω⟩,
αὐτὰρ ἔπειτ' ἀπὸ τῆς, ἣν δὴ βροτοὶ εἰδότες οὐδὲν
πλάττονται, δίκρανοι· ἀμηχανίη γὰρ ἐν αὐτῶν
στήθεσιν ἰθύνει πλακτὸν νόον· οἱ δὲ φοροῦνται
κωφοὶ ὁμῶς τυφλοί τε, τεθηπότες, ἄκριτα φῦλα,
οἷς τὸ πέλειν τε καὶ οὐκ εἶναι ταὐτὸν νενόμισται
κοὐ ταὐτόν, πάντων δὲ παλίντροπός ἐστι κέλευθος.

Simpl. in phys. 86,7 f.; 117,4 f. Diels

7 (DK 28 B 7)

οὐ γὰρ μήποτε τοῦτο δαμῇ εἶναι μὴ ἐόντα·
ἀλλὰ σὺ τῆσδ' ἀφ' ὁδοῦ διζήσιος εἶργε νόημα
μηδέ σ' ἔθος πολύπειρον ὁδὸν κατὰ τήνδε βιάσθω,
νωμᾶν ἄσκοπον ὄμμα καὶ ἠχήεσσαν ἀκουήν
καὶ γλῶσσαν, κρῖναι δὲ λόγῳ πολύδηριν ἔλεγχον
ἐξ ἐμέθεν ῥηθέντα.

Plat. soph. 237a, 258d; Simpl. in phys. p. 135,21 f. Diels; Sext. adv. math. 7,111

4

Betrachte mit Verständnis das Abwesende als genauso zuverlässig anwesend [wie das Anwesende]: denn nicht wird das Verständnis das Seiende vom Seienden abschneiden, von seinem Zusammenhang, weder als ein, wie es sich gehört, sich überallhin gänzlich Zerstreuendes noch als ein Sichzusammenballendes.

Der Irrtum

6

Man soll es aussagen und erkennen, daß es Seiendes ist; denn es ist [der Fall], daß es ist, nicht aber, daß Nichts [ist]; ich fordere dich auf, dies gelten zu lassen. Denn der erste Weg der Untersuchung, von dem ich dich ⟨zurückhalte⟩, ist jener. Ich halte dich aber auch zurück von dem Weg, über den die nichtswissenden Menschen [5] irren, die Doppelköpfigen. Denn Machtlosigkeit lenkt in ihrer Brust den irrenden Verstand; sie treiben dahin, gleichermaßen taub wie blind, verblüfft, Völkerschaften, die nicht zu urteilen verstehen, denen das Sein und Nichtsein als dasselbe und auch wieder nicht als dasselbe gilt und für die es von allem eine sich verkehrende Bahn gibt.

7

Denn niemals kann erzwungen werden, daß ist, was nicht ist. Im Gegenteil, du sollst das Verstehen von diesem Weg der Untersuchung zurückhalten, und die vielerfahrene Gewohnheit soll dich nicht zwingen, über diesen Weg das ziellose Auge schweifen zu lassen, das widerhallende Ohr [5] und die [sprechende] Zunge. Nein: beurteile in rationaler Weise die streitbare Widerlegung, die ich ausgesprochen habe.

8 (DK 28 B 8)

. . . μόνος δ' ἔτι μῦθος ὁδοῖο
λείπεται ὡς ἔστιν· ταύτῃ δ' ἐπὶ σήματ' ἔασι
πολλὰ μάλ', ὡς ἀγένητον ἐὸν καί ἀνώλεθρόν ἐστιν,
ἔστι γὰρ οὐλομελές τε καὶ ἀτρεμὲς ἠδ' ἀτέλεστον·
οὐδέ ποτ' ἦν οὐδ' ἔσται, ἐπεὶ νῦν ἔστιν ὁμοῦ πᾶν,
ἕν, συνεχές· τίνα γὰρ γένναν διζήσεαι αὐτοῦ;
πῇ πόθεν αὐξηθέν; οὔτ' ἐκ μὴ ἐόντος ἐάσσω
φάσθαι σ' οὐδὲ νοεῖν· οὐ γὰρ φατὸν οὐδὲ νοητόν
ἔστιν ὅπως οὐκ ἔστι. τί δ' ἄν μιν καὶ χρέος ὦρσεν
ὕστερον ἢ πρόσθεν, τοῦ μηδενὸς ἀρξάμενον, φῦν;
οὕτως ἢ πάμπαν πελέναι χρεών ἐστιν ἢ οὐχί.
οὐδέ ποτ' ἐκ τοῦ ἐόντος ἐφήσει πίστιος ἰσχύς
γίγνεσθαί τι παρ' αὐτό· τοῦ εἵνεκεν οὔτε γενέσθαι
οὔτ' ὄλλυσθαι ἀνῆκε Δίκη χαλάσασα πέδῃσιν,
ἀλλ' ἔχει· ἡ δὲ κρίσις περὶ τούτων ἐν τῷ δ' ἔστιν·
ἔστιν ἢ οὐκ ἔστιν· κέκριται δ' οὖν, ὥσπερ ἀνάγκη,
τὴν μὲν ἐᾶν ἀνόητον ἀνώνυμον (οὐ γὰρ ἀληθής
ἔστιν ὁδός), τὴν δ' ὥστε πέλειν καὶ ἐτήτυμον εἶναι.
πῶς δ' ἂν ἔπειτα πέλοι τὸ ἐόν; πῶς δ' ἄν κε γένοιτο;
εἰ γὰρ ἔγεντ', οὐκ ἔστ(ι), οὐδ' εἴ ποτε μέλλει ἔσεσθαι.
τὼς γένεσις μὲν ἀπέσβεσται καὶ ἄπυστος ὄλεθρος.
οὐδὲ διαιρετόν ἐστιν, ἐπεὶ πᾶν ἐστιν ὁμοῖον·
οὐδέ τι τῇ μᾶλλον, τό κεν εἴργοι μιν συνέχεσθαι,
οὐδέ τι χειρότερον, πᾶν δ' ἔμπλεόν ἐστιν ἐόντος.

Die Erkenntnis des Seienden; Anfang der Kosmologie

8

Einzig also noch übrig bleibt die Beschreibung des Weges, daß es ist. Auf diesem Weg gibt es sehr viele Zeichen: daß Seiendes nicht hervorgebracht und unzerstörbar ist, einzig, aus einem Glied, unerschütterlich, und nicht zu vollenden; [5] weder war noch wird es einmal sein, da es jetzt zugleich ganz ist, eins, zusammengeschlossen.
Denn welche Herkunft für es wirst du untersuchen wollen? Wie, woher wäre es gewachsen? Ich werden nicht gutheißen, daß du sagst oder gar verstehst: »aus Nichtseiendem«. Denn es ist nicht sagbar noch denkbar, daß [etwas] nicht ist. Welche Verbindlichkeit könnte es aber [10] dazu veranlaßt haben, vom Nichts anfangend, sich an einem späteren oder früheren Zeitpunkt zu entwickeln? Also ist unumgänglich, daß es entweder ganz und gar ist oder überhaupt nicht. – Aber auch nicht »aus Seiendem«: denn die Kraft der Überzeugung wird es nie zulassen, daß etwas darüber hinaus entsteht. Ebendeswegen hat Dike es nicht, die Fesseln lockernd, freigegeben, daß es werde oder untergehe, [15] sondern sie hält es fest.
Die Entscheidung darüber liegt doch hierin: Entweder ist es, oder es ist nicht; und entschieden worden ist ja, den einen Weg als unerkennbar und unbenennbar aufzugeben, da er kein wahrer Weg ist, während es den anderen Weg gibt und dieser auch wirklich stimmt. Wie könnte deshalb Seiendes erst nachher sein, wie könnte es entstehen? [20] Denn weder ist es, wenn es entstanden wäre, noch wenn es künftig einmal sein sollte. Also ist Entstehung ausgelöscht und unerfahrbar Zerstörung.
Auch teilbar ist es nicht, da es als Ganzheit ein Gleiches ist. Es ist ja nicht irgendwie an dieser Stelle ein Mehr oder an jener ein Weniger, das es daran hindern könnte, ein Geschlossen-Zusammenhängendes zu sein, sondern es ist als Ganzheit von Seiendem innen erfüllt. Dadurch ist es als

τῷ ξυνεχὲς πᾶν ἐστιν· ἐὸν γὰρ ἐόντι πελάζει.
αὐτὰρ ἀκίνητον μεγάλων ἐν πείρασι δεσμῶν
ἔστιν ἄναρχον ἄπαυστον, ἐπεὶ γένεσις καὶ ὄλεθρος
τῆλε μάλ' ἐπλάχθησαν, ἀπῶσε δὲ πίστις ἀληθής.
ταὐτόν τ' ἐν ταὐτῷ τε μένον καθ' ἑαυτό τε κεῖται
χοὔτως ἔμπεδον αὖθι μένει· κρατερὴ γὰρ Ἀνάγκη
πείρατος ἐν δεσμοῖσιν ἔχει, τό μιν ἀμφὶς ἐέργει,
οὕνεκεν οὐκ ἀτελεύτητον τὸ ἐὸν θέμις εἶναι·
ἔστι γὰρ οὐκ ἐπιδευές· ἐὸν δ' ἂν παντὸς ἐδεῖτο.
ταὐτὸν δ' ἐστὶ νοεῖν τε καὶ οὕνεκεν ἔστι νόημα·
οὐ γὰρ ἄνευ τοῦ ἐόντος, ἐν ᾧ πεφατισμένον ἐστίν,
εὑρήσεις τὸ νοεῖν· οὐδὲν γὰρ ⟨ἢ⟩ ἔστιν ἢ ἔσται
ἄλλο πάρεξ τοῦ ἐόντος, ἐπεὶ τό γε Μοῖρ' ἐπέδησεν
οὖλον ἀκίνητόν τ' ἔμεναι· τῷ πάντ' ὀνόμασται
ὅσσα βροτοὶ κατέθεντο πεποιθότες εἶναι ἀληθῆ,
γίγνεσθαί τε καὶ ὄλλυσθαι, εἶναί τε καὶ οὐχί,
καὶ τόπον ἀλλάσσειν διά τε χρόα φανὸν ἀμείβειν.
αὐτὰρ ἐπεὶ πεῖρας πύματον, τετελεσμένον ἐστί
πάντοθεν, εὐκύκλου σφαίρης ἐναλίγκιον ὄγκῳ,
μεσσόθεν ἰσοπαλὲς πάντῃ· τὸ γὰρ οὔτε τι μεῖζον
οὔτε τι βαιότερον πελέναι χρεόν ἐστι τῇ ἢ τῇ.
οὔτε γὰρ οὐκ ἐὸν ἔστι, τό κεν παύοι μιν ἱκνεῖσθαι
εἰς ὁμόν, οὔτ ἐὸν ἔστιν ὅπως εἴη κεν ἐόντος
τῇ μᾶλλον τῇ δ' ἧσσον, ἐπεὶ πᾶν ἐστιν ἄσυλον·
οἷ γὰρ πάντοθεν ἶσον, ὁμῶς ἐν πείρασι κύρει.
ἐν τῷ σοι παύω πιστὸν λόγον ἠδὲ νόημα
ἀμφὶς ἀληθείης· δόξας δ' ἀπὸ τοῦδε βροτείας

Ganzes ein Geschlossen-Zusammenhängendes; denn Seiendes schließt sich Seiendem an. [25]
Andererseits ist es unbeweglich/unveränderlich in den Grenzen gewaltiger Fesseln, ohne Anfang, ohne Aufhören, da Entstehung und Zerstörung in weiteste Ferne verschlagen worden sind: verstoßen hat sie die wahre Verläßlichkeit. Als ein selbes und im selben verharrend und für sich selbst befindet es sich und verbleibt in dieser Weise fest am selben Ort. Denn die mächtige Unentrinnbarkeit [30] hält es in den Fesseln der Grenze, die es ringsum einschließt; weshalb es nicht erlaubt ist, daß das Seiende unvollendet wäre. Denn es ist nicht in irgendwelcher Hinsicht mangelhaft – wäre es dies, so würde es ihm an allem mangeln.
Und daß man es erkennt, ist dasselbe wie die Erkenntnis, daß es ist. [35] Denn nicht ohne das Seiende, bezüglich dessen es als Ausgesagtes Bestand hat, wirst du das Erkennen finden. Denn es gibt sonst nichts und wird auch nichts geben außer dem Seienden, weil das Geschick verfügt hat, daß es ganz und unbeweglich/unveränderlich ist. Darum ist alles Name, was die Sterblichen angesetzt haben, im Vertrauen darauf, es sei wahr: [40] Entstehen und Vergehen, Sein und Nichtsein, den Ort wechseln und die leuchtende Farbe ändern.
Da es andererseits eine letzte Grenze gibt, ist es allseits vollendet, gleich der Masse einer wohlgerundeten Kugel, vom Zentrum her in alle Richtungen sich gleichermaßen erstreckend. Denn es ist unumgänglich, daß es weder hier noch dort [45] etwas größer oder etwas kleiner ist. Es gibt nämlich kein Nichtseiendes, das es hindern würde, die Einheitlichkeit zu erreichen, und es ist auch nicht seiend derart, daß es hier mehr oder dort weniger von Seiendem gäbe, weil es als ganzes unversehrt ist. Denn sich selbst allseits gleich begegnet es einheitlich seinen Grenzen.
[50] Damit beende ich dir verläßliche Aussage und Begriff hinsichtlich der Wahrheit. Von hier ab aber lerne die

μάνθανε κόσμον ἐμῶν ἐπέων ἀπατηλὸν ἀκούων.
μορφὰς γὰρ κατέθεντο δύο γνώμας ὀνομάζειν·
τῶν μίαν οὐ χρεών ἐστιν – ἐν ᾧ πεπλανημένοι εἰσίν –
τἀντία δ' ἐκρίναντο δέμας καὶ σήματ' ἔθεντο
χωρὶς ἀπ' ἀλλήλων, τῇ μὲν φλογὸς αἰθέριον πῦρ,
ἤπιον ὄν, μέγ' ἐλαφρόν, ἑωυτῷ πάντοσε τωὐτόν,
τῷ δ' ἑτέρῳ μὴ τωὐτόν· ἀτὰρ κἀκεῖνο κατ' αὐτό
τἀντία νύκτ' ἀδαῆ, πυκινὸν δέμας ἐμβριθές τε.
τόν σοι ἐγὼ διάκοσμον ἐοικότα πάντα φατίζω,
ὡς οὐ μή ποτέ τίς σε βροτῶν γνώμη παρελάσσῃ.

Simpl. in phys. p. 145,1–146,25; p. 38,30–39,9 Diels

9 (DK 28 B 9)

αὐτὰρ ἐπειδὴ πάντα φάος καὶ νὺξ ὀνόμασται
καὶ τὰ κατὰ σφετέρας δυνάμεις ἐπὶ τοῖσί τε καὶ τοῖς,
πᾶν πλέον ἐστὶν ὁμοῦ φάεος καὶ νυκτὸς ἀφάντου
ἴσων ἀμφοτέρων, ἐπεὶ οὐδετέρῳ μέτα μηδέν.

Simpl. in phys. p. 180,9 f. Diels

10 (DK 28 B 10)

εἴσῃ δ' αἰθερίαν τε φύσιν τά τ' ἐν αἰθέρι πάντα
σήματα καὶ καθαρᾶς εὐαγέος ἠελίοιο
λαμπάδος ἔργ' ἀίδηλα καὶ ὁππόθεν ἐξεγένοντο,
ἔργα τε κύκλωπος πεύσῃ περίφοιτα σελήνης
καὶ φύσιν, εἰδήσεις δὲ καὶ οὐρανὸν ἀμφὶς ἔχοντα
ἔνθεν ἔφυ τε καὶ ὥς μιν ἄγουσ(α) ἐπέδησεν Ἀνάγκη
πείρατ' ἔχειν ἄστρων.

Clem. Alex. strom. 2, p. 419,14 f. Stählin

menschlichen Meinungen verstehen, indem du die trügerische Ordnung meiner Verse hörst.
Sie haben sich nämlich entschieden, zwei Formen zu benennen – von denen nur eine zu benennen nicht erlaubt ist: darin liegt ihr Fehler. [55] Sie haben sie der Gestalt nach als Gegensätze geschieden und voneinander getrennte Merkmale festgelegt: für die eine der Flamme himmlisches Feuer, das milde und vernünftig ist, sehr leicht, mit sich selbst in jeder Hinsicht dasselbe, jedoch nicht dasselbe wie die andere [Gestalt] – anderseits [haben sie] auch diese [bestimmt], für sich, als Gegensatz: unwissende Nacht, eine dichte und schwere Gestalt. [60] Die entsprechende Weltanordnung teile ich dir in ihrer Gesamtheit mit, damit nicht irgendwelche menschliche Einsicht dich übertrumpfe.

9

Nachdem alles als Licht und Nacht benannt und das ihrem jeweiligen Vermögen Entsprechende diesem und jenem Einzelnen beigelegt wurde, ist alles voll von Licht und unsichtbarer Nacht zusammen – die beide gleich sind –, da es nichts gibt, das nicht einem der beiden zugehört.

Kosmogonie, Mischung der Elemente und Kosmologie

10

Kennenlernen wirst du den Ursprung des Äthers und alle Zeichen im Äther und der reinen Fackel der klaren Sonne blendende Taten, und woher sie entstanden sind; erfahren wirst du das herumwandernde Wirken des Rundäugigen, des Mondes, [5] und seinen Ursprung, kennenlernen wirst du aber auch den rings umfassenden Himmel, woher er entstand und daß die Unentrinnbarkeit ihn überwand und fesselte, die Bande der Gestirne zu tragen,

11 (DK 28 B 11)

πῶς γαῖα καὶ ἥλιος ἠδὲ σελήνη
αἰθήρ τε ξυνὸς γάλα τ' οὐράνιον καὶ ὄλυμπος
ἔσχατος ἠδ' ἄστρων θερμὸν μένος ὡρμήθησαν
γίγνεσθαι.

Simpl. in cael. p. 559,22 f. Heiberg

12 (DK 28 B 12)

αἱ γὰρ στεινότεραι πλῆνται πυρὸς ἀκρήτοιο,
αἱ δ' ἐπὶ ταῖς νυκτός, μετὰ δὲ φλογὸς ἵεται αἶσα·
ἐν δὲ μέσῳ τούτων δαίμων ἣ πάντα κυβερνᾷ·
πάντα γὰρ ⟨ἣ⟩ στυγεροῖο τόκου καὶ μίξιος ἄρχει
πέμπουσ' ἄρσενι θῆλυ μιγῆν τό τ' ἐναντίον αὖτις
ἄρσεν θηλυτέρῳ.

Simpl. in phys. p. 39,14 f.; 31,13 f. Diels

13 (DK 28 B 13)

πρώτιστον μὲν Ἔρωτα θεῶν μητίσατο πάντων

Plat. symp. 178b

14 (DK 28 B 14)

νυκτιφαὲς περὶ γαῖαν ἀλώμενον ἀλλότριον φῶς,

Plut. adv. Colot. 1116 A

15 (DK 28 B 15)

αἰεὶ παπταίνουσα πρὸς αὐγὰς ἠελίοιο.

Plut. de fac. 929 B

16 (DK 28 B 17)

δεξιτεροῖσιν μὲν κούρους, λαιοῖσι δὲ κούρας.

Gal. in epid. 6,48, XVII A 1002 Kuhn

11

[und] wie Erde und Sonne und Mond und der gemeinsame Äther und die himmlische Milch[straße] und der Olymp, der äußerste, und der Sterne heiße Kraft zum Entstehen drängten.

12

Denn die engeren [Ringe] füllen sich mit ungemischtem Feuer, die auf sie folgenden mit Nacht, hinein aber schießt auch ein Teil Feuer. Inmitten von diesen aber die Göttin, die alles lenkt: überallhin nämlich gebietet sie über schauderhafte Geburt und Mischung, [5] indem sie zum Männlichen das Weibliche führt, daß Mischung stattfinde, und andererseits wiederum das Männliche zum Weiblichen.

13

Als ersten von allen Göttern schuf sie [: *die gebietende Göttin*] den Eros.

14

[*Der Mond*:] in der Nacht scheinendes, um die Erde irrendes, fremdes Licht,

15

immer äugelnd nach den Strahlen der Sonne.

Zeugung, Embryologie

16

Auf der rechten Seite die Knaben, auf der linken die Mädchen.

17 (DK 28 B 18)

femina virque simul Veneris cum germina miscent,
venis informans diverso ex sanguine virtus
temperiem servans bene condita corpora fingit.
nam si virtutes permixto semine pugnent
nec faciant unam permixto in corpore, dirae
nascentem gemino vexabunt semine sexum.

Caelius Aurelianus, Morb. Chron. 4,9, p. 902 Drabkin

18 (DK 28 B 16)

ὡς γὰρ ἑκάστοτ' ἔχει κρᾶσιν μελέων πολυπλάγκτων,
τὼς νόος ἀνθρώποισι παρέστηκεν· τὸ γὰρ αὐτό
ἔστιν ὅπερ φρονέει μελέων φύσις ἀνθρώποισιν
καὶ πᾶσιν καὶ παντί· τὸ γὰρ πλέον ἐστὶ νόημα.

Aristot. metaph. Γ 5,1009b 22 f.; Theophr. de sensu 3

19 (DK 28 B 19)

οὕτω τοι κατὰ δόξαν ἔφυ τάδε καί νυν ἔασι
καὶ μετέπειτ' ἀπὸ τοῦδε τελευτήσουσι τραφέντα·
τοῖς δ' ὄνομ' ἄνθρωποι κατέθεντ' ἐπίσημον ἑκάστῳ.

Simpl. in cael. p. 558,9 f. Heiberg

17

Wenn Frau und Mann zusammen die Keime der Liebe mischen, formt die Kraft, die diese in den Adern aus verschiedenem Blut bildet, wohlgebaute Körper, wenn sie nur die Mischung bewahrt. Denn wenn die Kräfte, nachdem der Samen vermischt worden ist, einander bekämpfen und keine Einheit bilden, werden sie, indem der Samen zweifach bleibt, schrecklich das entstehende Geschlecht schädigen.

Das übliche Bewußtsein

18

Denn so wie zu jeder Zeit [einer] hat die Mischung der vielirrenden Körperglieder, so auch wird das Erkennen den Menschen zuteil. Denn dasselbe, was sie denkt, ist sie für die Menschen: die ursprüngliche Beschaffenheit der Glieder, für alle und jeden. Deren Fülle nämlich ist Erkenntnis.

Schluß

19

In dieser Weise also sind der Meinung nach die Dinge um uns entstanden und sind sie auch jetzt und werden sie künftig, nachdem sie sich voll entwickelt haben, ein Ende nehmen. Die Menschen aber haben diesen Dingen einen Namen, für jedes einen bezeichnenden, beigelegt.

Testimonia

Auswahl und Übersetzung von Rüdiger Leimbach

Die Zeugnisse zu Leben und Lehre des Parmenides sind eine Auswahl aus der Dielsschen Sammlung. Zum Leben gibt es nur weniges, das Beachtung verdient. Zur Lehre ist lediglich berücksichtigt, was für die Philosophie des Parmenides zentral bzw. für die Deutung wichtig ist, die hier vorgelegt wird. – Text und Nummern nach Diels/Kranz 28 A.

1 (DK 28 A 1)

(21) Ξενοφάνους δὲ διήκουσε Παρμενίδης Πύρητος Ἐλεάτης (τοῦτον Θεόφραστος ἐν τῆι Ἐπιτομῆι Ἀναξιμάνδρου φησὶν ἀκοῦσαι). ὅμως δ' οὖν ἀκούσας καὶ Ξενοφάνους οὐκ ἠκολούθησεν αὐτῶι. ἐκοινώνησε δὲ καὶ Ἀμεινίαι Διοχαίτα τῶι Πυθαγορικῶι, ὡς ἔφη Σωτίων, ἀνδρὶ πένητι μέν, καλῶι δὲ καὶ ἀγαθῶι. ὧι καὶ μᾶλλον ἠκολούθησε καὶ ἀποθανόντος ἡρῶιον ἱδρύσατο γένους τε ὑπάρχων λαμπροῦ καὶ πλούτου, καὶ ὑπ' Ἀμεινίου, ἀλλ' οὐχ ὑπὸ Ξενοφάνους εἰς ἡσυχίαν προετράπη.
(23) [...] ἤκμαζε δὲ κατὰ τὴν ἐνάτην καὶ ἑξηκοστὴν ὀλυμπιάδα [...] λέγεται δὲ καὶ νόμους θεῖναι τοῖς πολίταις, ὥς φησι Σπεύσιππος ἐν τῶι Περὶ φιλοσόφων.

Diog. 9,21.23

2 (DK 28 A 5)

Π. δέ μοι [Sokrates] φαίνεται τὸ τοῦ Ὁμήρου αἰδοῖός τέ μοι εἶναι ἅμα δεινός τε· συνπροσέμειξα γὰρ δὴ τῶι ἀνδρὶ πάνυ νέος πάνυ πρεσβύτηι καί μοι ἐφάνη βάθος τι ἔχειν παντάπασι γενναῖον. || ἔφη δὲ δὴ ὁ Ἀντιφῶν λέγειν τὸν Πυθόδωρον ὅτι ἀφίκοιντό ποτε εἰς Παναθήναια τὰ μεγάλα Ζήνων τε καὶ Π.· τὸν μὲν οὖν Παρμενίδην εὖ μάλα δὴ πρεσβύτην εἶναι σφόδρα πολιόν, καλὸν δὲ κἀγαθὸν τὴν ὄψιν περὶ ἔτη μάλιστα πέντε καὶ ἑξήκοντα· Ζήνωνα δὲ ἐγγὺς ἐτῶν τετταράκοντα τότε εἶναι, εὐμήκη δὲ καὶ χαρίεντα ἰδεῖν· καὶ λέγεσθαι αὐτὸν παιδικὰ τοῦ Παρμενίδου γεγονέναι. καταλύειν δὲ αὐτοὺς ἔφη παρὰ τῶι Πυθοδώρωι ἐκτὸς τείχους ἐν Κεραμεικῶι· οἷ δὴ καὶ ἀφικέσθαι τόν τε Σωκράτη καὶ ἄλλους τινὰς μετ' αὐτοῦ πολλούς, ἐπιθυμοῦντας ἀκοῦσαι τῶν τοῦ Ζήνωνος γραμ-

Leben

1

(21) Parmenides aus Elea, Sohn des Pyres, war ein Schüler des Xenophanes (dieser, nach Theophrast in der *Epitome*, ein Schüler Anaximanders). Obwohl er Schüler des Xenophanes war, teilte er seine Auffassungen nicht. Wie Sotion berichtet, schloß er sich auch an Ameinias an, den Sohn des Diochaitas, einen Pythagoräer, der zwar arm, aber ein ganz hervorragender Mann war. Seinen Auffassungen neigte er auch mehr zu, und als Ameinias starb, errichtete ihm Parmenides, der aus einem angesehenen Geschlecht stammte und reich war, ein Heroenheiligtum: ihm, nicht Xenophanes verdankte er seine Wendung zum kontemplativen Leben. (23) [...] Seine Blütezeit fällt in die 69. Olympiade [d. h. 504–501]. [...] Wie Speusipp in seiner Schrift *Über die Philosophen* berichtet, soll er auch als Gesetzgeber für seine Bürger gewirkt haben.

2

Parmenides scheint mir [Sokrates] mit Homer zu reden »ehrwürdig« und zugleich »furchtbar« zu sein. Denn ich traf mit ihm zusammen, als ich sehr jung und er sehr alt war, und er schien mir ein Geist von sehr edler Tiefe zu sein. || Antiphon berichtete also, Pythodoros habe gesagt, es seien einmal zu den Großen Panathenäen Zenon und Parmenides gekommen. Parmenides sei schon sehr alt gewesen, stark ergraut, aber eine schöne und stattliche Erscheinung, ungefähr 65 Jahre alt. Zenon sei damals nahe 40 gewesen, hochgewachsen und angenehm anzusehen: Er habe auch als der Geliebte des Parmenides gegolten. Sie hätten bei Pythodoros gewohnt, sagte er, außerhalb der Stadtmauer im Kerameikos. Dorthin sei auch Sokrates gekommen und viele andere mit ihm, alle in dem Wunsch, was Zenon geschrieben habe, zu hören. Denn damals sei seine Schrift zum ersten Mal von

μάτων· τότε γὰρ αὐτὰ πρῶτον ὑπ' ἐκείνων κομισθῆναι· Σωκράτη δὲ εἶναι τότε σφόδρα νέον.

Plat. Theaet. 183e; Plat. Parm. 127a

3 (DK 28 A 1)

πρῶτος δὲ οὗτος τὴν γῆν ἀπέφαινε σφαιροειδῆ καὶ ἐν μέσωι κεῖσθαι. δύο τε εἶναι στοιχεῖα, πῦρ καὶ γῆν, καὶ τὸ μὲν δημιουργοῦ τάξιν ἔχειν, τὴν δὲ ὕλης.

Diog. 9,21

4 (DK 28 A 24)

Π. μὲν γὰρ ἔοικε τοῦ κατὰ τὸν λόγον ἑνὸς ἅπτεσθαι. b 27
Π. δὲ μᾶλλον βλέπων ἔοικέ που λέγειν. παρὰ γὰρ τὸ ὂν τὸ μὴ ὂν οὐδὲν ἀξιῶν εἶναι, ἐξ ἀνάγκης ἓν οἴεται εἶναι τὸ ὂν καὶ ἄλλο οὐδέν ... ἀναγκαζόμενος δ' ἀκολουθεῖν τοῖς φαινομένοις καὶ τὸ ἓν μὲν κατὰ τὸν λόγον, πλείω δὲ κατὰ τὴν αἴσθησιν ὑπολαμβάνων εἶναι, δύο τὰς αἰτίας καὶ δύο τὰς ἀρχὰς πάλιν τίθησι, θερμὸν καὶ ψυχρόν, οἷον πῦρ καὶ γῆν λέγων. τούτων δὲ κατὰ μὲν τὸ ὂν τὸ θερμὸν τάττει, θάτερον δὲ κατὰ τὸ μὴ ὄν.

Aristot. metaph. A 5. 986b 18

5 (DK 28 A 25)

οἱ μὲν γὰρ αὐτῶν ὅλως ἀνεῖλον γένεσιν καὶ φθοράν· οὐθὲν γὰρ οὔτε γίγνεσθαί φασιν οὔτε φθείρεσθαι τῶν ὄντων, ἀλλὰ μόνον δοκεῖν ἡμῖν, οἷον οἱ περὶ Μέλισσόν τε καὶ Παρμενίδην, οὓς εἰ καὶ τἆλλα λέγουσι καλῶς, ἀλλ' οὐ φυσικῶς γε δεῖ νομίσαι λέγειν· τὸ γὰρ εἶναι ἄττα τῶν

ihnen mitgebracht worden. Sokrates sei damals sehr jung gewesen.

Lehre

3

Er lehrte als erster, daß die Erde kugelförmig sei und in der Mitte der Welt liege. Es gebe zwei Elemente, nämlich Feuer und Erde, und zwar habe das Feuer die Funktion des Herstellers, die Erde sei der Stoff.

4

Parmenides scheint das Eine wie ein begrifflich Eines aufzufassen. b 27 Parmenides dagegen scheint sich mit größerer Einsicht zu äußern [als Xenophanes und Melissos]: Denn da er der Auffassung ist, daß neben dem Seienden das Nichtseiende nichts sei, glaubt er notwendigerweise, daß das Seiende eins sei und daß es sonst nichts gebe . . . da er aber gezwungen war, den beobachtbaren Erscheinungen Rechnung zu tragen, und da er annahm, daß das Seiende begrifflich eins, im Hinblick auf die sinnliche Wahrnehmung aber mehreres sei, setzt er jetzt zwei Ursachen und Prinzipien an, nämlich das Heiße und das Kalte, d. h. Feuer und Wasser. Von diesen ordnet er das Heiße dem Seienden zu, das andere dem Nichtseienden.

5

Denn die einen von ihnen [den früheren Philosophen] hoben Werden und Vergehen gänzlich auf. Kein Seiendes entstehe nämlich oder vergehe, sondern es scheine uns lediglich so, behaupten sie, z. B. Melissos, Parmenides und ihre Anhänger, von denen man nicht meinen darf, daß ihre Ansichten, wenn sie auch in anderer Hinsicht richtig sind, als naturwis-

ὄντων ἀγένητα καὶ ὅλως ἀκίνητα μᾶλλόν ἐστιν ἑτέρας καὶ προτέρας ἢ τῆς φυσικῆς σκέψεως. ἐκεῖνοι δὲ διὰ τὸ μηδὲν μὲν ἄλλο παρὰ τὴν τῶν αἰσθητῶν οὐσίαν ὑπολαμβάνειν εἶναι, τοιαύτας δέ τινας νοῆσαι πρῶτοι φύσεις, εἴπερ ἔσται τις γνῶσις ἢ φρόνησις, οὕτω μετήνεγκαν ἐπὶ ταῦτα τοὺς ἐκεῖθεν λόγους. || ἐκ μὲν οὖν τούτων τῶν λόγων ὑπερβάντες τὴν αἴσθησιν καὶ παριδόντες αὐτὴν ὡς τῶι λόγωι δέον ἀκολουθεῖν ἓν καὶ ἀκίνητον τὸ πᾶν εἶναί φασι καὶ ἄπειρον ἔνιοι· τὸ γὰρ πέρας περαίνειν ἂν πρὸς τὸ κενόν.

Aristot. de cael. Γ 1. 298b 14; Aristot. de gen. et corr. A 8. 325a 13

6 (DK 28 A 26)

μὴ εἶναι δὲ [sc. τὴν κίνησιν] οἱ περὶ Παρμενίδην καὶ Μέλισσον, οὓς ὁ Ἀριστοτέλης [in einem seiner Dialoge mit Anspielung auf die Platonische Stelle] ›στασιώτας τε καὶ ἀφυσίκους‹ κέκληκεν, στασιώτας μὲν ἀπὸ τῆς στάσεως, ἀφυσίκους δὲ ὅτι ἀρχὴ κινήσεώς ἐστιν ἡ φύσις, ἣν ἀνεῖλον φάμενοι μηδὲν κινεῖσθαι.

Sext. adv. math. 10,46

7 (DK 28 A 27)

οὕτω γὰρ ὁριζόμεθα τὸ ὅλον, οὗ μηθὲν ἄπεστιν οἷον ἄνθρωπον ὅλον ἢ κιβωτόν. ὥσπερ δὲ τὸ καθ' ἕκαστον οὕτω καὶ τὸ κυρίως οἷον τὸ ὅλον οὗ μηδέν ἐστιν ἔξω· οὗ δ' ἐστὶν ἀπουσία ἔξω, οὐ πᾶν ὅ τι ἂν ἀπῆι. ὅλον δὲ καὶ τέλειον ἢ τὸ αὐτὸ πάμπαν ἢ σύνεγγυς τὴν φύσιν ἐστίν. τέλειον δ' οὐδὲν μὴ ἔχον τέλος· τὸ δὲ τέλος πέρας. διὸ

senschaftliche anzusehen sind. Denn die Prüfung der Frage, ob manches Seiende ungeworden und gänzlich unbewegt ist, ist eher Gegenstand einer anderen und fundamentaleren Disziplin als der naturwissenschaftlichen. Da jene einerseits annahmen, daß es neben der Wesenheit der sinnlich wahrnehmbaren Dinge nichts anderes gebe, andererseits aber als erste meinten, es müsse bestimmte Naturen der genannten Art geben, wenn es wirklich Erkenntnis und Einsicht geben solle, so übertrugen sie ihre Überlegungen aus diesem Bereich auf das vorliegende Gebiet. || Indem sie über die Wahrnehmung hinausgehen und sie außer acht lassen, da man dem Denken folgen müsse, behaupten sie nun aufgrund dieser Argumente, daß das All eins und unbewegt sei, und einige, daß es unbegrenzt sei; denn die Grenze würde an das Leere angrenzen.

6

Daß sie [die Bewegung] nicht existiert, behaupten Parmenides und Melissos und ihre Anhänger, die Aristoteles die »Stehenmacher« und die »Nichtnaturforscher« nennt. »Stehenmacher« vom Stillstehen und »Nichtnaturforscher«, weil die Natur das Prinzip der Bewegung ist, die sie aufhoben mit der Behauptung, daß sich nichts bewege.

7

Wir definieren nämlich das Ganze als dasjenige, bei dem nichts fehlt, wie wir z. B. von einem ganzen Menschen sprechen oder einem ganzen Kasten. Wie wir das Ganze bei einzelnen Gegenständen definieren, so verfahren wir auch, wenn wir es im absoluten Sinn gebrauchen, und zwar ist es dasjenige, außerhalb von dem nichts ist. Dasjenige aber, bei dem etwas Fehlendes außerhalb ist, was es auch immer ist, ist nicht ein Ganzes. Das Wesen des Ganzen und des Vollständigen ist entweder vollkommen dasselbe oder sehr

βέλτιον οἰητέον Παρμενίδην Μελίσσου εἰρηκέναι· ὁ μὲν γὰρ τὸ ἄπειρον ὅλον φησίν, ὁ δὲ τὸ ὅλον πεπεράνθαι [B 8,44].

Aristot. phys. Γ 6. 207a 9

8 (DK 28 A 28)

τὸν Παρμενίδου λόγον, ὡς ὁ Ἀλέξανδρος ἱστορεῖ, ὁ μὲν Θεόφραστος οὕτως ἐκτίθεται ἐν τῶι πρώτωι τῆς Φυσικῆς ἱστορίας ›τὸ παρὰ τὸ ὂν οὐκ ὄν· τὸ οὐκ ὂν οὐδέν· ἓν ἄρα τὸ ὄν‹, Εὔδημος δὲ οὕτως ›τὸ παρὰ τὸ ὂν οὐκ ὄν, ἀλλὰ καὶ μοναχῶς λέγεται τὸ ὄν· ἓν ἄρα τὸ ὄν‹.τοῦτο δὲ εἰ μὲν ἀλλαχοῦ που γέγραφεν οὕτως σαφῶς Εὔδημος, οὐκ ἔχω λέγειν.

Simpl. in phys. 115,11

9 (DK 28 A 29)

Π. καὶ Μέλισσος ἀνήιρουν γένεσιν καὶ φθορὰν διὰ τὸ νομίζειν τὸ πᾶν ἀκίνητον.

Aet. 1,24,1

10 (DK 28 A 30)

πρῶτον μὲν γάρ, ὡς ὁ Τίμαιος ἡμᾶς ἐδίδαξε καὶ αὐτὸς ὁ Ἀριστοτέλης θεολογῶν ἀποφαίνεται καὶ πρὸ τούτων ὁ Π., οὐχ ὁ παρὰ Πλάτωνι μόνον, ἀλλὰ καὶ ὁ ἐν τοῖς οἰκείοις ἔπεσιν, οὐδέν ἐστι παρὰ τοῖς θεοῖς οὔτε παρεληλυθὸς οὔτε μέλλον, εἴ γε τούτων μὲν ἑκάτερον οὐκ ὄν, τὸ μὲν οὐκέτι τὸ δὲ οὔπω, καὶ τὸ μὲν μεταβεβληκὸς τὸ δὲ πεφυκὸς μεταβάλλειν, τὰ δὲ τοιαῦτα τοῖς ὄντως οὖσι καὶ μεταβολὴν οὐδὲ κατ᾽ ἐπίνοιαν ἐπιδεχομένοις προσαρμόττειν ἀμήχανον.

Ammon. de interpr., p. 133,16 Busse

ähnlich, und vollständig ist nichts, was nicht ein Ende hat. Das Ende aber ist eine Grenze. Deswegen muß man annehmen, daß die Auffassung des Parmenides richtiger ist als die des Melissos. Dieser behauptet nämlich, das Unbegrenzte sei ein Ganzes, Parmenides dagegen, daß das Ganze begrenzt sei [B 8,44].

8

Die Lehre des Parmenides stellt Theophrast, wie Alexander berichtet, im ersten Buch seiner *Naturforschung* so dar: »Das, was außerhalb des Seienden ist, ist Nichtseiendes. Das Nichtseiende ist nichts. Also ist das Seiende eins.« Eudemos dagegen so: »Das, was außerhalb des Seienden ist, ist Nichtseiendes, aber vom Seienden wird auch nur in einem Sinn gesprochen. Das Seiende ist also eins.« Ob Eudemos dies an irgendeiner anderen Stelle so klar geschrieben hat, kann ich nicht sagen.

9

Parmenides und Melissos hoben Werden und Vergehen auf, da sie glaubten, das All sei unbewegt.

10

Denn erstens gibt es, wie Timaios uns belehrte und Aristoteles selbst es in seinen Untersuchungen über Gott darlegt und vor diesen Parmenides, nicht nur der platonische, sondern auch in seinem eigenen Gedicht, bei den Göttern nichts Vergangenes oder Zukünftiges, jedenfalls wenn es unmöglich ist, daß Dinge von der Art, von denen jedes nicht ist, das eine nicht mehr und das andere noch nicht, und das eine so, daß es Veränderungen durchlaufen hat, das andere von Natur dazu bestimmt, sie zu durchlaufen, mit dem zusammenpassen, was wahrhaft ist und nicht einmal in der Vorstellung eine Veränderung zuläßt.

11 (DK 28 A 31)

Π. τὸ ἀκίνητον καὶ πεπερασμένον σφαιροειδές [sc. θεὸν εἶναι].

Aet. 1,7,26

12 (DK 28 A 32)

Π. καὶ Δημόκριτος πάντα κατ' ἀνάγκην· τὴν αὐτὴν δὲ εἶναι εἱμαρμένην καὶ δίκην καὶ πρόνοιαν καὶ κοσμοποιόν.

Aet. 1,25,3

13 (DK 28 A 34)

ὁ δ' [Parm.] ἀναιρεῖ μὲν οὐδετέραν φύσιν [sc. τῶν νοητῶν καὶ δοξαστῶν], ἑκατέραι δ' ἀποδιδοὺς τὸ προσῆκον εἰς μὲν τὴν τοῦ ἑνὸς καὶ ὄντος ἰδέαν τίθεται τὸ νοητόν, ὂν μὲν ὡς ἀίδιον καὶ ἄφθαρτον, ἓν δ' ὁμοιότητι πρὸς αὑτὸ καὶ τῶι μὴ δέχεσθαι διαφορὰν προσαγορεύσας, εἰς δὲ τὴν ἄτακτον καὶ φερομένην τὸ αἰσθητόν, ὧν καὶ κριτήριον ἰδεῖν ἔστιν ›ἠ μ ὲ ν . . . ἦ τ ο ρ‹ [B 1,29] τοῦ νοητοῦ καὶ κατὰ ταὐτὰ ἔχοντος ὡσαύτως ἁπτόμενον ›ἠ δ ὲ . . . ἀ λ η θ ή ς‹ [B 1,30] διὰ τὸ παντοδαπὰς μεταβολὰς καὶ πάθη καὶ ἀνομοιότητας δεχομένοις ὁμιλεῖν πράγμασι. ||
δοξαστὸν οὖν καὶ ἀπατηλὸν τοῦτον καλεῖ τὸν λόγον οὐχ ὡς ψευδῆ ἁπλῶς, ἀλλ' ὡς ἀπὸ τῆς νοητῆς ἀληθείας εἰς τὸ φαινόμενον καὶ δοκοῦν τὸ αἰσθητὸν ἐκπεπτωκότα. || καὶ τῶν πεπερασμένας [sc. ἀρχὰς λεγόντων] οἱ μὲν δύο, ὡς Π.

11

Parmenides lehrte, das Unbewegte und Kugelgestaltige, das eine Grenze hat, [sei Gott].

12

Parmenides und Demokrit lehren, daß alles gemäß der Notwendigkeit geschehe: dieselbe sei Schicksal, Gerechtigkeit, Vorsehung und Stifter des Weltalls.

13

Er [Parmenides] hebt jedoch keinen der beiden Teile [den, der Gegenstand des Denkens und den, der Gegenstand des Meinens ist] auf, er weist vielmehr jedem das zu, was ihm zukommt. Den durch das Denken erfaßbaren Teil faßt er unter den Begriff des Einen und des Seienden: unter den des Seienden, da er ewig und unvergänglich ist, unter den des Einen, da er mit sich selbst identisch ist und keine Veränderungen zuläßt. Den durch die Wahrnehmung erfaßbaren Teil faßt er unter den Begriff des Ungeordneten und der Bewegung. Auch das Kriterium für beide ist zu erkennen: »das unerschütterliche Herz der wirklich überzeugenden Wahrheit« [B 1,29], das sich mit dem befaßt, was durch das Denken erfaßbar ist und was sich im Hinblick auf dasselbe gleichförmig verhält – »andererseits die Meinungen der Sterblichen, denen keine wahre Verläßlichkeit innewohnt« [B 1,30], deswegen, weil sie Gegenstände betreffen, die verschiedenartigste Veränderungen, Einwirkungen und Unregelmäßigkeiten zulassen. ||
Diesen Gedankengang [B 8,50–61] nennt er also vom Meinen bestimmt und trügerisch, nicht weil er schlechthin falsch ist, sondern weil er aus der durch das Denken erfaßbaren Wahrheit abgeglitten ist in den Bereich dessen, was erscheint und scheinbar ist, d. h. den Bereich des Wahrnehmbaren. ||
Von denen, die eine begrenzte [Zahl von Prinzipien anneh-

ἐν τοῖς πρὸς δόξαν, πῦρ καὶ γῆν ἢ μᾶλλον φῶς καὶ σκότος.

Plut. adv. Colot. 13, p. 1114D; Simpl. in phys. 39,10; 25,15

14 (DK 28 A 35)

οἱ δ' εὐθὺς δύο ποιοῦντες ὥσπερ Π. πῦρ καὶ γῆν, τὰ μεταξὺ μείγματα ποιοῦσι τούτων οἷον ἀέρα καὶ ὕδωρ.

Aristot. de gen. et corr. B 3. 330b 13

15 (DK 28 A 36)

Ξενοφάνης, Π., Μέλισσος ἀγένητον καὶ ἀίδιον καὶ ἄφθαρτον τὸν κόσμον.

Aet. 4,11

16 (DK 28 A 37)

(Vgl. 28 B 12) Π. στεφάνας εἶναι περιπεπλεγμένας, ἐπαλλήλους, τὴν μὲν ἐκ τοῦ ἀραιοῦ, τὴν δὲ ἐκ τοῦ πυκνοῦ· μικτὰς δὲ ἄλλας ἐκ φωτὸς καὶ σκότους μεταξὺ τούτων. καὶ τὸ περιέχον δὲ πάσας τείχους δίκην στερεὸν ὑπάρχειν, ὑφ' ὧι πυρώδης στεφάνη, καὶ τὸ μεσαίτατον πασῶν στερεόν, περὶ ὃ πάλιν πυρώδης [sc. στεφάνη]. τῶν δὲ συμμιγῶν τὴν μεσαιτάτην ἁπάσαις ⟨ἀρχήν⟩ τε καὶ ⟨αἰτίαν⟩ κινήσεως καὶ γενέσεως ὑπάρχειν, ἥντινα καὶ δαίμονα κυβερνῆτιν [vgl. B 12,3] καὶ κληιδοῦχον [B 1,14] ἐπονομάζει Δίκην τε καὶ Ἀνάγκην [B 8,30; 10,6]. καὶ τῆς μὲν γῆς ἀπόκρισιν εἶναι τὸν ἀέρα διὰ τὴν βιαιοτέραν αὐτῆς ἐξατμισθέντα πίλησιν, τοῦ δὲ πυρὸς ἀναπνοὴν τὸν ἥλιον καὶ τὸν γαλαξίαν [vgl. B 11,2] κύκλον. συμμιγῆ δ' ἐξ ἀμφοῖν εἶναι τὴν σελήνην, τοῦ τ' ἀέρος καὶ τοῦ πυρός. περιστάντος δ' ἀνωτάτω πάντων τοῦ αἰθέρος ὑπ' αὐτῶι τὸ πυρῶδες ὑποταγῆναι τοῦθ' ὅπερ κεκλήκαμεν οὐρανόν, ὑφ' ὧι ἤδη τὰ περίγεια.

Aet. 2,7,1

men], nehmen die einen zwei an, wie Parmenides in seinen Darlegungen über den Bereich des Meinens, nämlich Feuer und Erde oder eher Licht und Dunkelheit.

14

Diejenigen dagegen, die von Anfang an zwei Prinzipien annehmen, wie Parmenides Feuer und Erde, lassen die Zwischenformen, wie z. B. Luft und Wasser, Mischungen aus diesen sein.

15

Xenophanes, Parmenides und Melissos lehren, daß die Welt ungeworden, ewig und unvergänglich ist.

16

[Vgl. 28 B 12] Parmenides lehrt, daß Ringe dicht umeinander gelegt seien, der eine aus einer lockeren Masse, der andere aus einer dichten, und daß andere, aus Licht und Dunkelheit gemischt, zwischen diesen seien. Und das, was alle umgibt, sei nach Art einer Mauer fest; darunter sei ein feuriger Ring. Auch der Mittelpunkt von allen sei fest, um ihn herum wieder ein feuriger Ring. Und der mittlere Ring der gemischten bilde für alle den Anfang und die Ursache der Bewegung und des Entstehens, den er Göttin, Lenkerin [vgl. B 12,3] und Schlüsselhalterin [B 1,14] nennt, auch Recht und Notwendigkeit [B 8,30; 10,6]. – Und die Luft sei eine Absonderung der Erde, die aufgrund der stärkeren Zusammenpressung der Erde herausgeblasen wurde, die Sonne aber und die Milchstraße [vgl. B 11,2] seien Ausdünstungen des Feuers. Der Mond aber sei aus beidem, Luft und Feuer, gemischt. Als Oberstes von allem liege um alles herum der Äther, unter ihm sei das Feurige angeordnet, das wir Himmel nennen, unter ihm schließlich der irdische Bereich.

17 (DK 28 A 44)

Π., Δημόκριτος διὰ τὸ πανταχόθεν ἴσον ἀφεστῶσαν [näml. τὴν γῆν] μένειν ἐπὶ τῆς ἰσορροπίας οὐκ ἔχουσαν αἰτίαν δι' ἣν δεῦρο μᾶλλον ἢ ἐκεῖσε ῥέψειεν ἄν· διὰ τοῦτο μόνον μὲν κραδαίνεσθαι, μὴ κινεῖσθαι δέ.

Aet. 3,15,7

18 (DK 28 A 46)

περὶ δ' αἰσθήσεως αἱ μὲν πολλαὶ καὶ καθόλου δόξαι δύ' εἰσιν· οἱ μὲν γὰρ τῶι ὁμοίωι ποιοῦσιν, οἱ δὲ τῶι ἐναντίωι. Π. μὲν καὶ Ἐμπεδοκλῆς καὶ Πλάτων τῶι ὁμοίωι, οἱ δὲ περὶ Ἀναξαγόραν καὶ Ἡράκλειτον τῶι ἐναντίωι. (3) Π. μὲν γὰρ ὅλως οὐδὲν ἀφώρικεν ἀλλὰ μόνον, ὅτι δυοῖν ὄντοιν στοιχείοιν κατὰ τὸ ὑπερβάλλον ἐστὶν ἡ γνῶσις. ἐὰν γὰρ ὑπεραίρηι τὸ θερμὸν ἢ τὸ ψυχρόν, ἄλλην γίνεσθαι τὴν διάνοιαν, βελτίω δὲ καὶ καθαρωτέραν τὴν διὰ τὸ θερμόν· οὐ μὴν ἀλλὰ καὶ ταύτην δεῖσθαί τινος συμμετρίας· ›ὡς γὰρ ἑκάστοτε, φησίν, ἔχει ... νόημα‹ (B 16). τὸ γὰρ αἰσθάνεσθαι καὶ τὸ φρονεῖν ὡς ταὐτὸ λέγει· διὸ καὶ τὴν μνήμην καὶ τὴν λήθην ἀπὸ τούτων γίνεσθαι διὰ τῆς κράσεως· ἂν δ' ἰσάζωσι τῆι μίξει, πότερον ἔσται φρονεῖν ἢ οὔ, καὶ τίς ἡ διάθεσις, οὐδὲν ἔτι διώρικεν. ὅτι δὲ καὶ τῶι ἐναντίωι καθ' αὑτὸ ποιεῖ τὴν αἴσθησιν, φανερὸν ἐν οἷς φησι τὸν νεκρὸν φωτὸς μὲν καὶ θερμοῦ καὶ φωνῆς οὐκ αἰσθάνεσθαι διὰ τὴν ἔκλειψιν τοῦ πυρός, ψυχροῦ δὲ καὶ σιωπῆς καὶ τῶν ἐναντίων αἰσθάνεσθαι. καὶ ὅλως δὲ πᾶν τὸ ὂν ἔχειν τινὰ

17

Parmenides und Demokrit lehren, daß sie [die Erde] im Gleichgewicht bleibe, weil sie von allen Seiten gleich weit entfernt sei, wodurch sie keinen Grund habe, weswegen sie sich mehr hierhin als dorthin neigen sollte. Deswegen bebe sie nur, bewege sich aber nicht von ihrem Ort.

18

Innerhalb der vielen Auffassungen über die Wahrnehmung lassen sich im wesentlichen zwei Positionen unterscheiden: Die einen lassen sie durch das Ähnliche erfolgen, die anderen durch das Entgegengesetzte. Parmenides, Empedokles und Platon durch das Ähnliche, Anaxagoras, Heraklit und ihre Anhänger durch das Entgegengesetzte. (3) Parmenides nämlich gibt überhaupt keine genaue Bestimmung [über die einzelnen Arten der Wahrnehmung], sondern sagt lediglich, daß es zwei Elemente gebe und daß die Erkenntnis nach demjenigen erfolge, das überwiegt. Je nachdem, ob das Heiße oder das Kalte überwiegt, finde eine andere Art von Begreifen statt, die bessere aber und reinere sei diejenige, die durch das Heiße erfolge. Jedoch bedürfe auch diese einer bestimmten Abgestimmtheit: [folgt B 16]. Von sinnlicher Wahrnehmung und vom Denken spricht er nämlich, als seien sie dasselbe. Deswegen entstehen bei ihm auch Erinnerung und Vergessen aus diesen durch eine Mischung. Ob aber, wenn sie in der Mischung gleichstark sind, Denken vorliegt oder nicht, und welcher Zustand der Seele dann vorliegt, läßt er unbestimmt. Daß er aber auch durch das Entgegengesetzte für sich Wahrnehmungen zustande kommen läßt, wird durch die Stelle klar, an der er sagt, daß ein Toter Licht, Heißes und Stimme nicht wahrnehme, da das Feuer ihn verlassen habe, daß er aber Kaltes und Schweigen und die anderen Gegensätze wahrnehme. Und überhaupt habe jedes Seiende ein gewisses Maß an Erkenntnis. Mit

γνῶσιν. οὕτω μὲν οὖν αὐτὸς ἔοικεν ἀποτέμνεσθαι τῆι φάσει τὰ συμβαίνοντα δυσχερῆ διὰ τὴν ὑπόληψιν.

Theophr. de sensu 1 ff.

19 (DK 28 B 1)

Zu B 1,1–30 ὁ δὲ γνώριμος αὐτοῦ [des Xenophanes] Π. τοῦ μὲν δοξαστοῦ λόγου κατέγνω, φημὶ δὲ τοῦ ἀσθενεῖς ἔχοντος ὑπολήψεις, τὸν δ' ἐπιστημονικόν, τουτέστι τὸν ἀδιάπτωτον, ὑπέθετο κριτήριον, ἀποστὰς καὶ τῆς τῶν αἰσθήσεων πίστεως· ἐναρχόμενος γοῦν τοῦ Περὶ φύσεως γράφει τὸν τρόπον τοῦτον· ›ἵπποι . . . ἀληθής‹ (anschließend ἀλλὰ σὺ . . . λείπεται jetzt B 7,2–7). Folgt seine Paraphrase § 112–114: ἐν τούτοις γὰρ ὁ Παρμενίδης ἵππους μέν φησιν αὐτὸν φέρειν τὰς ἀλόγους τῆς ψυχῆς ὁρμάς τε καὶ ὀρέξεις (1), κατὰ δὲ τὴν πολύφημον ὁδὸν τοῦ δαίμονος πορεύεσθαι τὴν κατὰ τὸν φιλόσοφον λόγον θεωρίαν, ὃς λόγος προπομποῦ δαίμονος τρόπον ἐπὶ τὴν ἁπάντων ὁδηγεῖ γνῶσιν (2. 3), κούρας δ' αὐτοῦ προάγειν τὰς αἰσθήσεις (5), ὧν τὰς μὲν ἀκοὰς αἰνίττεται ἐν τῶι λέγειν ›δοιοῖς . . . κύκλοις‹ (7.8), τουτέστι τοῖς τῶν ὤτων, τὴν φωνὴν δι' ὧν καταδέχονται, τὰς δὲ ὁράσεις Ἡλιάδας κούρας κέκληκε (9), δώματα μὲν Νυκτὸς ἀπολιπούσας (9), ›ἐς φάος ⟨δὲ⟩ ὠσαμένας‹ (10) διὰ τὸ μὴ χωρὶς φωτὸς γίνεσθαι τὴν χρῆσιν αὐτῶν. ἐπὶ δὲ τὴν ›πολύποινον‹ ἐλθεῖν Δίκην καὶ ἔχουσαν ›κληῖδας ἀμοιβούς‹ (14), τὴν διάνοιαν ἀσφαλεῖς ἔχουσαν τὰς τῶν πραγμάτων καταλήψεις. ἥτις αὐτὸν ὑποδεξαμένη (22) ἐπαγγέλλεται δύο ταῦτα διδάξειν ›ἠμὲν ἀληθείης εὐπειθέος ἀτρεμὲς ἦτορ‹ (29), ὅπερ ἐστὶ τὸ τῆς ἐπιστήμης ἀμετακίνητον βῆμα, ἕτερον δὲ ›βροτῶν δόξας . . . ἀληθής‹ (30), τουτέστι τὸ ἐν δόξηι κείμενον πᾶν, ὅτι ἦν ἀβέβαιον.

Sext. adv. math. 7,111 ff.

dieser Behauptung scheint er selbst die Erörterung der Schwierigkeiten seiner Position abzuschneiden.

19

Sein [des Xenophanes] Schüler Parmenides verwarf das auf Meinen gegründete Denken, ich meine das Denken, das unhaltbare Vorstellungen benutzt, das der Erkenntnis fähige Denken aber, d. h. das unfehlbare, nahm er als Kriterium. Er gab auch jedes Vertrauen in die Wahrnehmungen auf. So äußert er sich am Anfang seiner Schrift *Über die Natur* folgendermaßen: [B 1,1–30 und B 7,2–B 8,2 bis »bleibt übrig«]. In diesen Versen meint Parmenides nämlich, daß die vernunftlosen Antriebe und Bestrebungen der Seele ihn als »Stuten tragen« (1), »den ruhmvollen Weg der Gottheit« gehen heißt, die Untersuchung gemäß dem philosophischen Denken führen, das nach Art eines göttlichen Geleiters zur Erkenntnis aller Dinge den Weg weist (2.3), die Wahrnehmungen führen ihn als seine »Jungfrauen« (5): Über das Hören spricht er in verrätselnder Weise, indem er sagt, sie [die Achse] werde »getrieben [...] von zwei wirbelnden Rädern« (7.8), d. h. durch die Räder der Ohren, durch die sie Töne aufnehmen; das Sehen nennt er (»Heliadenmädchen«) (9), die »das Haus der Nacht« hinter sich ließen und sich ins Licht stürzten, da das Sehen ohne Licht unmöglich ist. Daß er zur »unerbittlichen Dike« kommt, welche die [für Tag und Nacht] »wechselnden Schlüssel« hat (14), bedeutet, daß er zum Denken kommt, welches das sichere Erfassen der Dinge gewährleistet. Nachdem diese ihn aufgenommen hat (22), kündigt sie an, ihn diese zwei Dinge zu lehren: Sowohl »das unerschütterliche Herz der wirklich überzeugenden Wahrheit« (29), d. h. den unverrückbaren Sitz der Erkenntnis, zweitens aber »die Meinungen der Sterblichen, denen keine wahre Verläßlichkeit innewohnt« (30), d. h. all das, was in den Bereich des bloßen Meinens gehört, weil es unbeständig ist.

Die Gewährsmänner

Aet. Aetios, um 100 n. Chr., Verfasser eines umfangreichen Werks *Über die Sätze der Naturlehre*, das in Auszügen erhalten ist.

Ammon. Ammonios, um 550 n. Chr., Platoniker, der Aristoteles kommentierte. Erhalten sind nur die Kommentare zu den logischen Schriften. Auf sie bezieht sich der Titel.

Aristot. Aristoteles, 384–322 v. Chr. Die meisten erhaltenen Schriften sind Vorlesungsmanuskripte für den Lehrvortrag vor seinen Schülern. Die Titel der Schriften stammen nicht alle von ihm, die *Metaphysik* z. B. hat ihren Namen von einem späteren Herausgeber erhalten.

Clem. Alex. Clemens von Alexandria (um 150 bis vor 215 n. Chr.), erster christlicher Philosoph, verbindet christlich-jüdische Offenbarung mit griechischer Philosophie und versteht diese als Vorstufe der christlichen Wahrheit. Sein Hauptwerk *Teppiche* ist durch die reichen Zitate sonst verlorener philosophischer Texte eine wichtige Quelle für die griechische Philosophie.

Diog. Diogenes Laertios, Verfasser des einzigen nahezu vollständig erhaltenen antiken Sammelwerks zur Philosophiegeschichte. Es behandelt in 10 Büchern *Leben und Meinungen berühmter Philosophen*. Vermutlich 1. Hälfte 3. Jh. n. Chr.

Gal. Galen (129–199 n. Chr.), neben Hippokrates berühmtester Arzt des Altertums, dessen Lehren bis zur Renaissance uneingeschränkte Autorität besaßen. Zugleich umfassender philosophischer Eklektizismus mit wertvollen Nachrichten zur griechischen Philosophie.

Plat. Platon, 428/427–348/347 v. Chr. Die Angaben hinter seinem Namen enthalten den Titel des Dialogs und die Seitenzählung nach der ersten modernen Ausgabe durch Henricus Stephanus aus dem Jahr 1578, die noch heute gilt.

Plot. Plotin (205–270 n. Chr.), nach Ansätzen in der platonischen Akademie der eigentliche Begründer des Neuplatonismus. Sämtliche Schriften sind vollständig erhalten. Im Zentrum seiner Philosophie steht die Lehre vom Einen und seinen Emanationen.

Plut. Plutarch, kurz nach 45 bis nach 120 n. Chr. Fruchtbarer und berühmter popular-philosophischer Schriftsteller und Biograph. Kolotes war ein Schüler Epikurs und verfaßte gegen eine Reihe von Philosophen, u. a. auch gegen Parmenides, eine Streitschrift, in der er nachweisen wollte, daß man unmöglich nach der Lehre dieser Philosophen leben könne.

Prokl. Proklos (412–485 n. Chr.), Haupt der platonischen Akademie, bringt die volle systematische Ausarbeitung des Platonismus und Neuplatonismus. Schriftstellerei vor allem in Kommentarform zu Schriften des Aristoteles, Platons und Parmenides.

Sext. Sextus Empiricus, Ende des 2. Jh.s n. Chr., skeptischer Philosoph und Arzt. Er kritisierte das gesamte Wissen seiner Zeit.

Simpl. Simplicius (Simplikios), erste Hälfte des 6. Jh.s n. Chr., Neuplatoniker, der u. a. Kommentare zu den Schriften des Aristoteles verfaßte. Auf sie bezieht sich der Titel. Durch Simplicius sind die größten Fragmente des Parmenides erhalten.

Theophr. Theophrast, um 371 – um 287 v. Chr., Schüler und Nachfolger des Aristoteles mit ähnlich weitgespannter Forschung. Von seiner Schrift *Über die Wahrnehmung* ist ein größeres Fragment erhalten.

Auszüge aus der neueren Literatur

Ausgewählt von Hans von Steuben

Die Anordnung ist chronologisch. Die genauen bibliographischen Angaben der zugrunde gelegten Ausgaben finden sich in den Literaturhinweisen.

1. Hegel, *Logik*

Den einfachen Gedanken *des reinen Seins* haben die *Eleaten* zuerst, vorzüglich *Parmenides* als das Absolute und als einzige Wahrheit, und in den übergebliebenen Fragmenten von ihm, mit der reinen Begeisterung des Denkens, das zum ersten Male sich in seiner absoluten Abstraktion erfaßt, ausgesprochen: *nur das Sein ist, und das Nichts ist gar nicht.* [89 f.]

Das Denken oder Vorstellen, dem nur ein bestimmtes Sein, das Dasein, vorschwebt, ist zu dem erwähnten Anfange der Wissenschaft zurückzuweisen, welchen Parmenides gemacht hat, der sein Vorstellen und damit auch das Vorstellen der Folgezeit zu dem *reinen Gedanken*, dem Sein als solchem, geläutert und erhoben und damit das Element der Wissenschaft erschaffen hat. – Was das *Erste* in der *Wissenschaft* ist, hat sich müssen *geschichtlich* als das *Erste* zeigen. Und das eleatische *Eine* oder *Sein* haben wir für das Erste des Wissens vom Gedanken anzusehen; [96]

Parmenides hielt das Sein fest und war am konsequentesten, indem er zugleich vom Nichts sagte, daß es *gar nicht ist*; nur das Sein ist. Das Sein so ganz für sich ist das Unbestimmte, hat also keine Beziehung auf Anderes; es scheint daher, daß *von diesem Anfang* aus nicht weiter *fortgegangen* werden könne, nämlich aus ihm selbst, und ein Fortgang nur dadurch geschehen könne, daß von *außen* etwas Fremdes daran geknüpft würde. Der Fortgang, daß das Sein dasselbe ist als das Nichts, erscheint somit als ein zweiter, absoluter Anfang – ein Übergehen, das für sich ist, und äußerlich zu dem Sein hinzutrete. Sein wäre überhaupt nicht der absolute Anfang, wenn es eine Bestimmtheit hätte; alsdann hinge es von einem Andern ab und wäre nicht unmittelbar, nicht der Anfang. Ist es aber unbestimmt und damit wahrer Anfang, so hat es auch nichts, wodurch es sich zu einem Andern überleitet, es ist zugleich das *Ende*. Es kann ebensowenig etwas aus demselben hervorbrechen, als etwas in dasselbe einbrechen kann; bei Parmenides wie bei *Spinoza* soll von dem Sein oder der absoluten Substanz nicht fortgegangen werden zu dem Negativen, Endlichen. Wird nun dennoch fortgegangen, was, wie bemerkt, von dem beziehungs-, hiemit fortgangslosen Sein aus nur auf äußerliche Weise geschehen kann, so ist dieser Fortgang ein zweiter, neuer Anfang. [104]

Hier hat der Modus die bestimmte Bedeutung, das *Maß* zu sein. Der spinozistische Modus, wie das indische Prinzip der Veränderung ist das Maßlose. Das griechische, selbst noch unbestimmte Bewußtsein, daß *alles ein Maß* hat, so daß selbst Parmenides nach dem abstrakten Sein die *Notwendigkeit* als die *alte Grenze, die allem gesetzt ist*, eingeführt (hat), ist der Anfang eines viel höhern Begriffs, als die Substanz und der Unterschied des Modus von derselben enthält. [408]

2. Hegel, *Geschichte der Philosophie*

Sextus Empiricus und Simplicius haben uns nun die bedeutendsten Fragmente aus dem Gedichte des Parmenides aufbehalten; denn auch Parmenides trug seine Philosophie als Gedicht vor. Das erste lange Fragment ist ein allegorischer *Eingang* zu seinem Gedichte von der Natur. Dieser Eingang ist majestätisch, zeigt uns die Manier der Zeit, und im Ganzen eine energische, heftige Seele, welche mit dem Wesen ringt, es zu fassen und auszusprechen. [309]

»Es ist notwendig, daß das Sagen und Denken das Seiende ist; denn das Sein ist, aber das Nichts ist gar nicht.« Dies ist die kurze Bestimmung, und in dieses Nichts fällt die Negation überhaupt, in konkreterer Form die Grenze, das Endliche, die Beschränktheit; omnis determinatio est negatio ist der große Satz des Spinoza. Parmenides sagt, welche Form auch das Negative annehmen mag, es ist gar nicht. Das Nichts für das Wahre zu halten, ist »der Weg des Irrtums, auf dem die nichts wissenden doppelköpfigen Sterblichen umherschweifen. Ratlosigkeit in ihren Gemütern lenkt den irrenden Sinn. Sie werden als Taube und staunende Blinde, als verwirrte Horden getrieben, welche das Sein und das Nichtsein für dasselbe halten, und dann wieder nicht für dasselbe;« der Irrtum ist, sie miteinander zu verwechseln, ihnen denselben Wert zu geben – oder es zu unterscheiden, als ob das Nichtseiende das Begrenzte überhaupt wäre. »So windet ihrer Aller Weg sich in sich selbst wieder zurück;« er ist eine sich immer widersprechende, sich auflösende Bewegung. Der menschlichen Vorstellung gelte jetzt dieses für das Wesen, jetzt sein Gegenteil, und dann wieder eine Vermischung von beiden – ein beständiger Widerspruch. [310f.]

Dieses Sein ist nicht das Unbestimmte (ἄπειρον), da es in den Schranken der Notwendigkeit gehalten ist. Aristoteles schreibt dem Parmenides so das Begrenzen (πεπερασμένον) zu. Grenze ist unbestimmt, in welchem Sinne es zu nehmen. Bei Parmenides ist dieses absolut Begrenzende aber die schlechthin in sich bestimmte absolute Notwendigkeit

(ἀνάγκη, δίκη). Es ist von Wichtigkeit, daß er über den wüsten Begriff des Unendlichen hinausgegangen.
»Das Denken und das um weswillen der Gedanke ist, ist dasselbe. Denn nicht ohne das Seiende, in welchem es sich ausspricht« (manifestiert, ἐν ᾧ πεφατισμένον ἐστίν), »wirst du das Denken finden; denn es ist nichts und wird nichts sein, außer dem Seienden.« Das ist der Hauptgedanke. Das Denken produziert sich, was produziert wird, ist ein Gedanke; Denken ist also mit seinem Sein identisch, denn es ist nichts außer dem Sein, dieser großen Affirmation. Plotin, indem er dieses anführt, sagt, »daß Parmenides diese Ansicht ergriff, insofern er das Seiende nicht in den sinnlichen Dingen setzte.«
Die Sophisten folgerten daraus: »Alles ist Wahrheit, es gibt keinen Irrtum; denn Irrtum ist das Nichtseiende, das nicht zu denken ist.« Mit Parmenides hat das eigentliche Philosophieren angefangen, die Erhebung in das Reich des Ideellen ist hierin zu sehen. *Ein* Mensch macht sich frei von allen Vorstellungen und Meinungen, spricht ihnen alle Wahrheit ab und sagt, nur die Notwendigkeit, das Sein ist das Wahre. Dieser Anfang ist freilich noch trübe und unbestimmt; es ist nicht weiter zu erklären, was darin liegt; aber gerade dieses Erklären ist die Ausbildung der Philosophie selbst, die hier noch nicht vorhanden ist. Damit verband sich die Dialektik, daß das Veränderliche keine Wahrheit habe; denn wenn man diese Bestimmungen nimmt, wie sie gelten: so kommt man auf Widersprüche. [312 f.]

Uns fällt dabei [dem Vergleich mit der Kugel] sogleich ein, daß die Kugel begrenzt (überdies im Raume) ist, und daher ein Anderes darüber sein muß. Der Begriff der Kugel ist doch die Gleichheit des Verhaltens von Unterschiedenem, ungeachtet eben die Ununterschiedenheit ausgedrückt werden sollte. Also ist es kein konsequentes Bild. [314]

3. Nietzsche

Während in jedem Worte Heraklits der Stolz und die Majestät der Wahrheit, aber der in Intuitionen erfaßten, nicht der an der Strickleiter der Logik erkletterten Wahrheit, sich ausspricht, während er in sibyllenhafter Verzückung schaut, aber nicht späht, erkennt, aber nicht rechnet: ist ihm in seinem Zeitgenossen Parmenides ein Gegenbild an die Seite gestellt, ebenfalls mit dem Typus eines Propheten der Wahrheit, aber gleichsam aus Eis und nicht aus Feuer geformt und kaltes stechendes Licht um sich ausgießend.
Parmenides hat, wahrscheinlich erst in seinem höheren Alter, einmal einen Moment der allerreinsten, durch jede Wirklichkeit ungetrübten und völlig blutlosen Abstraktion gehabt; dieser Moment – ungriechisch wie kein andrer in den zwei Jahrhunderten des tragischen Zeitalters –, dessen Erzeugnis die Lehre vom Sein ist, wurde für sein eigenes Leben zum Grenzstein, der es in zwei Perioden trennte: zugleich aber zerteilt derselbe Moment das vorsokratische Denken in zwei Hälften, deren erste die anaximandrische, deren zweite geradezu die parmenideische genannt werden mag. [381]

Ein entgegengesetzter Zustand [als bei Xenophanes] war es vielmehr, in dem Parmenides die Lehre vom Sein fand. An jenem Tage und in diesem Zustande prüfte er seine beiden zusammenwirkenden Gegensätze, deren Begierde und Haß die Welt und das Werden konstituiert, das Seiende und das Nichtseiende, die positiven und die negativen Eigenschaften – und er blieb plötzlich bei dem Begriffe der negativen Eigenschaft, des Nichtseienden, mißtrauisch hängen. Kann denn etwas, was nicht ist, eine Eigenschaft sein? Oder prinzipieller gefragt: kann denn etwas, was nicht ist, sein? Die einzige Form der Erkenntnis aber, der wir sofort ein unbedingtes Vertrauen schenken und deren Leugnung dem Wahnsinne gleichkommt, ist die Tautologie A = A. Aber eben diese tautologische Erkenntnis rief unerbittlich ihm zu: was nicht ist, ist nicht! Was ist, ist! Plötzlich fühlte er eine ungeheure logische Sünde auf seinem Leben lasten; hatte er doch ohne Bedenken immer angenommen, daß es negative Eigenschaften, überhaupt Nichtseiendes *gäbe*, daß also, formelhaft ausgedrückt A = nicht A sei: was doch nur die volle Perversität des Denkens aufstellen könne. Zwar urteilt, wie er sich besann, die ganze große Menge der Menschen mit der gleichen Perversität: er selbst hat nur am allgemeinen Verbrechen gegen die Logik teilgenommen. Aber derselbe Augenblick, der ihn dieses Verbrechens zeiht, umleuchtet ihn mit der Glorie einer Entdeckung, er hat ein Prinzip, den Schlüssel zum Weltgeheimnis, abseits von allem Menschenwahne, gefunden, er steigt jetzt, an der festen und furchtbaren Hand der tautologischen Wahrheit über das Sein, hinab in den Abgrund der Dinge. [386]

Nun tauchte er in das kalte Bad seiner furchtbaren Abstraktionen. Das, was wahrhaft ist, muß in ewiger Gegenwart sein, von ihm kann nicht gesagt werden »es war«, »es wird sein«. Das Seiende kann nicht geworden sein: denn woraus hätte es werden können? Aus dem Nichtseienden? Aber das ist nicht und kann nichts hervorbringen. Aus dem Seienden? Dies würde nichts anderes als sich selbst erzeugen. Ebenso steht es mit dem Vergehn; es ist ebenso unmöglich, wie das Werden, wie jede Veränderung, wie jeder Zuwachs, jede Abnahme. Überhaupt gilt der Satz: Alles, von dem gesagt werden kann »es ist gewesen« oder »es wird sein«, ist nicht, vom Seienden aber kann nie gesagt werden »es ist nicht«. Das Seiende ist unteilbar, denn wo ist die zweite Macht, die es teilen sollte? Es ist unbeweglich, denn wohin sollte es sich bewegen? Es kann weder unendlich groß, noch unendlich klein sein, denn es ist vollendet und eine vollendet gegebene Unendlichkeit ist ein Widerspruch. So schwebt es, begrenzt, vollendet, unbeweglich, überall im Gleichgewicht in jedem Punkte gleich vollkommen, wie eine Kugel, aber nicht in einem Raume: denn sonst wäre dieser Raum ein zweites Seiendes. Es kann aber nicht mehrere Seiende geben, denn um sie zu trennen, müßte etwas da sein, das nicht seiend wäre: eine Annahme, die sich selbst aufhebt. So gibt es nur die ewige Einheit. [387]

4. Zeller/Nestle

Heraklits bewußter Antipode ist Parmenides von Elea (etwa 520–450), ein Mann aus vornehmem und reichem Hause, der seiner Vaterstadt eine vortreffliche Verfassung gab, aber durch den noch nach seinem Tode von ihm pietätvoll verehrten Pythagoreer Ameinias bewogen wurde, das bewegte politische Leben mit der ruhigen Zurückgezogenheit philosophischer Betrachtung zu vertauschen. Wenn sich bei ihm einige astronomische Kenntnisse, wie die der Identität des Morgen- und Abendsterns, der Beleuchtung des Monds durch die Sonne und angeblich auch die Kugelgestalt der Erde finden, so kann er diese seinen Beziehungen zu den Pythagoreern verdanken. Später hat er sich an Xenophanes angeschlossen. Wie dieser hat er seine Lehre in einem Gedicht niedergelegt. Es beginnt mit der Fiktion einer Wagenfahrt des Dichters zu »der Göttin«, die ihm die untrügliche Wahrheit und die trügerischen Meinungen der Menschen offenbart, und es gliedert sich demnach in zwei Teile, deren erster die Wahrheit (Ἀλήθεια), der zweite den Trug (Δόξα) zur Darstellung bringt. Den Hauptanstoß, mit seiner Lehre öffentlich hervorzutreten, scheint ihm die Schrift Heraklits gegeben zu haben, gegen die er nachweislich in scharfen Worten polemisiert (Fr. 6,8 f.). Der Begriff, von dem Parmenides ausgeht, ist der des Seienden in seinem Gegensatz zum Nichtseienden, wobei er nur unter dem Seienden nicht das Abstraktum des reinen Seins, sondern das »Volle«, die raumerfüllende Masse ohne jede nähere Bestimmung versteht, und unter dem Nichtseienden den (schon von den Pythagoreern angenommenen) leeren Raum. »Nur das Seiende ist, das Nichtseiende ist nicht und kann nicht gedacht werden« (Fr. 4.6,1 f.) – aus diesem Grundgedanken leitet er alle seine Bestimmungen über das Seiende ab. [60 ff.]

So verfehlt der Versuch ist, aus dem Metaphysiker Parmenides einen reinen Logiker zu machen, so hat der Eleate doch den schwachen Punkt der heraklitischen Lehre erspäht: den Mangel einer Begründung, warum sich das Allfeuer in andere Gestalten verwandle. Er selbst findet dafür auch keinen Grund, ja er sieht es als unmöglich an. So gelangte er mit Xenophanes zu der vollkommenen Unveränderlichkeit des Seienden und weiter zu seiner logischen Verwerfung der Sinnenwelt, die ihrer ethischen Ablehnung in den orphisch-pythagoreischen Kreisen entspricht. Der starre und leere Seinsbegriff des Parmenides zeigt, wohin eine rein logische Konstruktion führt, die jedes Recht der Anschauung und Erfahrung verkennt, und nicht mit Unrecht haben Platon und Aristoteles die Eleaten »Weltlaufanhalter« (στασιῶται τοῦ ὅλου) und »Unnaturforscher« (ἀφύσικοι) genannt. Nichtsdestoweniger ist die Philosophie des Parmenides für die Folgezeit von größter Bedeutung geworden. Der metaphysische Grundgegensatz von Sein und Werden, wie ihn Parmenides und Heraklit darstellen, hat zu den drei Kompromißsystemen des 5. Jahrhunderts, des Empedokles, des Anaxagoras und der Atomistik, geführt, die alle ein absolutes Werden und Vergehen für die von ihnen angenommenen Grundstoffe im Sinn des Parmenides ablehnen, aber ein relatives, als Verbindung und Scheidung derselben in den Einzelwesen im Sinn des Heraklit anerkennen. Und weiterhin hat gerade dieser extreme Monist mit seiner gewaltsamen Zerreißung des menschlichen Intellekts in zwei einander widerstreitende Organe, deren einem auf Kosten des andern die Alleinherrschaft zugesprochen wird, und mit seiner unhaltbaren Verwerfung der Sinnenwelt zugunsten eines abstrakten, nur mit dem Denken erfaßbaren Seins den metaphysischen Dualismus angebahnt, der in der platonischen Ideenlehre seinen vollkommensten Ausdruck fand. [63 f.]

5. Reinhardt

Die mythologische Einkleidung des Ganzen ist weit mehr als eine Allegorie und vollends etwas Grundverschiedenes von einer leeren Pose oder Konzession an die poetische Konvenienz: sie ist, streng genommen, überhaupt gar keine Einkleidung, denn da gibt es nichts, was in abstracto formuliert nachträglich erst mit einer künstlichen und transparenten Körperlichkeit umkleidet worden wäre, sondern gerade die abstraktesten Gedanken konnten ihren Weg zur Mitteilung (wie sich versteht, in literarischer Form) nur durch die alte mythologische Ausdrucksweise finden, weil für die direkte Verdeutlichung die Mittel der Sprache noch versagten. Welche Worte hätten auch hinreichen können, um von einer Höhe einen Begriff zu geben, von der aus betrachtet die gesamte Erfahrungswelt rein in ein Nichts zusammenschwand? Die ungeheure Kluft, die zwischen diesem Jenseits und dem Diesseits lag, ließ sich nur mit dem Unterschiede zwischen Gott und Mensch vergleichen. War das, was es zu verneinen galt, nichts weniger als die gesamte Welt des Menschen, so war es zum mindesten kein überflüssiger und kein schlechter Einfall, das Verdammungsurteil einer Göttin in den Mund zu legen. So betrachtet erscheint die Form der Offenbarung als die natürliche Hülle und Haut für diese radikalste aller Philosophien; sie schmiegt sich leicht und ungezwungen allen ihren Teilen an und nirgends zeigt sich ein Mißverhältnis oder ein Widerspruch. Doch damit ist zugleich gesagt, daß hier das Mythologische auch *nur* die äußere Erscheinung bildet, *nur* als Ausdrucksmittel verwendet, wenn man will, mißbraucht wird, und darum aus eigenem Trieb ein eigenes Leben nicht entfalten kann. Die

Gestalten sind, als Mythologie betrachtet, wesenlos und schemenhaft, und das aus keinem anderen Grunde, als weil sie ausschließlich Ausdruck der Gedanken sind, und die Gedanken wiederum können es zu einer kräftigen und lebendigen Personifikation nicht bringen, weil sie nur mit dem Verstande und nicht aus den Bedürfnissen des Gefühls gewonnen sind. Daher der Eindruck des Gemachten und der Kälte. [67]

6. Calogero

Wenn man sich aber nun der Beobachtungen erinnert, die Eudem hinsichtlich der Mehrdeutigkeit des parmenideischen Seins machte, so bemerkt man sofort, daß es ein Sein gibt, von dem man nicht etwa sagen kann, es werde vom Gedanken ausgedrückt, bedeutet, sondern daß es das Denken selbst »ausdrückt, ausspricht, sagt«. Dieses Sein ist nichts anderes als das Sein des Urteils: Nämlich das der Affirmation. Und nun lassen sich sofort sowohl die Worte des Parmenides wie auch die Entstehung seines Denkens deutlich verstehen. Die Verbindung des Denkens mit dem Sein rührt aus der Tatsache her, daß dieses sich nicht aktualisieren kann, ohne Form anzunehmen in einer Affirmation, deren wesentlicher Bestandteil das Verbum »sein« ist, weil es die allgemeine und universelle Form jeder möglichen Qualifikation oder jedes möglichen Prädikats ist; diese kann nur gedacht werden mit jener, während jene umgekehrt an sich und ohne jeglichen anderen Zusatz gedacht werden kann. Die wahre Realität wird daher diejenige dieses reinen Seins sein, in der sich das Denken allgemein, abgesehen von jeglicher anderen Determination, ausdrückt; und da Parmenides im eigentlichen Sinn weder ein Metaphysiker noch ein Gnoseologe ist, weil er noch keine derartige Unterscheidung kennt, sondern bald das eine oder dann wieder beides ist, versteht sich, daß dieses Sein, das er in der verbalen Form des Urteils als universell entdeckt hatte, von ihm ohne weiteres als die absolute Realität des Wahren erkannt worden ist (man erinnere sich auch der archaischen Verschmelzung der Begriffe Wahrheit und Wirklichkeit). Und es erklärt sich zugleich, wie er unmittelbar darauf in seiner Argumentation fortfahren kann, indem er sich auf die objektivere Natur des Seienden bezieht, »außerhalb dessen nichts ist und nichts anderes sein wird, weil die Moira es gebunden hat, ein Ganzes und Unbewegliches zu sein«: Wobei er fortfährt, zu erklären (man beachte die Wiederholung des γάρ), was er schon erklärt hat, indem er als weitere Prämisse des Beweisgangs das setzt, was in Wirklichkeit in der Entstehung seines Denkens nur die ontologische Konsequenz seiner logischen Entdeckung sein konnte. In der Tat erweckt Parmenides hier den Eindruck des archaischen Argumentierens, wo die Prämissen und die Folgerungen, wenn das System und die Überzeugung einmal da sind, dazu neigen, in der Exposition bloß nebeneinandergestellt zu werden. [6ff.]

Im ersten Vers [ταὐτὸν δ' ἐστὶ νοεῖν τε καὶ οὕνεκέν ἐστι νόημα] beruht indessen der ganze Rückschluß auf die berühmte Identität auf der Interpretation jenes οὕνεκεν, das man versteht als ein τὸ οὗ ἕνεκεν: »Das, weswegen das Denken ist«. Schon hier wäre es schwierig, das Warum einer so unglücklichen Ausdrucksweise zu verstehen: Denn, wenn Parmenides speziell vom Zweck oder von der Ursache des Gedankens in seiner eigentlichen Unterscheidung des Denkens selbst sprechen wollte, so käme das im Grunde einer *contradictio in actu* seiner eigenen These gleich; und wenn man andererseits diese Unterscheidung ausschließt, dann sieht man wirklich nicht, wieso man hier unter unerhörter sprachlicher Interpretation von einem νόημα ἕνεκα τοῦ ἐόντος sprechen sollte und nicht ganz einfach von einem νόημα τοῦ ἐόντος. Aber das ist nicht alles: Denn eine derartige Interpretation des οὕνεκεν ist unmöglich, weil keine der vielen Bedeutungen, die es haben kann, je einem τὸ οὗ ἕνεκεν entspricht. Sein ursprünglicher und normaler Wert ist derjenige eines οὗ ἕνεκεν, und wie τοὔνεκεν (vgl. τοῦ εἵνεκεν in Vers 13 desselben Fragments) die Bedeutung »deswegen« hat, so bedeutet οὕνεκεν »weswegen« und wird genau in diesem Sinne von Parmenides zwei Verse vorher verwendet. An unserer Stelle paßt übrigens diese erste Bedeutung nicht: »Dasselbe ist Denken und weswegen der Gedanke ist« bedeutet nichts; gleichfalls kann die Bedeutung nicht passen, nach der es den Sinn »weil, da« hat, oder schließlich jene, wo es unter Verlust der ursprünglichen Bedeutung seiner Zusammensetzung vom Adverb zur Präposition wird. Es bleibt nun nichts anderes, als sich an Homer zu erinnern (die Sprache der parmenideischen Hexameter, mag sie noch so sehr parmenideisch sein, bleibt im Grunde doch diejenige des Epos) und an die Art und Weise, wie οὕνεκεν vor allem in der *Odyssee* als verstärktes Äquivalent von ὅτι verwendet wird, wenn es von Verben abhängt, die im allgemeinen eine geistige Funktion ausdrükken, und im besonderen die des Erkennens. Und nun ergibt sich aus dem Vers schließlich ein Sinn, wenn auch einer, der von dem, den man allgemein annimmt, recht verschieden ist und auf den ersten Blick ziemlich hart erscheint: »dasselbe ist das Denken und der Gedanke, daß ist«: Eine Sache denken ist dasselbe wie denken, daß sie ist, d. h. wie die Behauptung ihres Seins, indem man denkt und sagt, daß sie ist. [10 ff.]

Als verkehrter Nominalist negiert er als Namen die Realität des Vielen, um im Verbum die alleinige Wirklichkeit des Seins zu behaupten, wobei er das absolut Wirkliche im Ausdruck des Denkens entdeckt und diese logisch-verbale Wirklichkeit in strenger Form ontologisiert: Dabei entdeckt er zugleich, daß die ganze Welt sich in die Sphäre des alleinigen Ist, die notwendige und mithin wirkliche Wahrheit und in jene der vielen Ist teilen läßt, denen eine besondere Determination folgt, und die zugleich die vielen Ist nicht und mithin die Welt des Irrtums, des Unmöglichen und des Irrealen darstellen: Wo die Tatsache, daß dieses Unmögliche und Irreale doch denkbar ist, dann den natürlichen Grund für die Entstehung jener kohärenten und widersprüchlichen Rechtfertigung des Wahrscheinlichen darstellt, welche die Lehre von der Welt gemäß der Meinung ist. Auch die Wirklichkeit hätte niemals ohne die Hypostasierung des logisch-verbalen Ist, die von Parmenides vollzogen wurde, in der universellen und ausschließlichen Form des Seins erscheinen können. Parmenides ist so in der idealen Sprache der Philosophie der Erfinder des Ja und des Nein: Der Entdecker des Positiven und des Negativen, der Affirmation und der Negation als absolut philosophischer Qualifizierungen, die imstande sind, die Welt der Dinge in zwei Teile zu zerschneiden, indem sie dort das Gute vom Schlechten und das Licht von der Finsternis unterscheiden: Mithin zugleich der Entdecker der Identität und folglich der Andersheit als reines Nicht-Sein und der Anreger all der verschiedenen und komplizierten Probleme, die sich dann an jener Frage entwickeln werden, die man das Prinzip der Identität und des Widerspruchs nennen wird. Selbstverständlich weiß Parmenides noch nichts von alledem: selbstverständlich ist seine Identität unmittelbar, nicht nur Identität des einzigen Terminus, sondern geradezu Identität des Terminus, der keine Determination hat, indem er gerade deshalb, weil der einen absolut universellen Inhalt hat, keinen bestimmten Inhalt hat und deswegen frei ist von jedem Anderssein und von jeder Negation. Selbstverständlich wird es hier der ganzen tiefsinnigen Erfahrung der Sophistik und der sokratischen Philosophie, und dann vor allem der großen kritischen Untersuchungen eines Plato und der unerbittlichen Unterscheidungen eines Aristoteles bedürfen, um im parmenideischen ὄν μοναχῶς λεγόμενον das Sein der Identität und das Sein der Existenz, das Sein der Wahrheit und das Sein der Prädikation, das Sein der logischen Notwendigkeit zu trennen und zu verstehen, in wie verschiedenen und komplizierten, logischen und ontologischen, die Negation und das Anderssein betreffenden Formen sich jenes berühmte Problem der Identität und des Widerspruchs darstellte, welches schon die ersten Philosophen nach Parmenides klarzulegen und herauszuarbeiten begonnen hatten. Aber diese ganze große Reihe von Problemen würde sich in der Geschichte des antiken Denkens nicht erheben, wenn sie nicht im Keim in den theoretischen Positionen des Parmenides enthalten wäre, der sich dessen gar nicht bewußt ist. [61f.]

7. Vlastos (übers. von Hans von Steuben)

Wenn die vorangegangene Interpretation richtig ist, bestätigen nicht nur das Gedicht, sondern auch die Logik und Physik die Verwandtschaft des Parmenides mit mystischer Religion. Ziel dieser Religion war es, eine Brücke über die herkömmlicherweise unpassierbare Kluft zu schlagen, die das Menschliche vom Göttlichen trennt. Seine Logik muß Parmenides eben als ein solcher Weg über die Grenzen der Sterblichkeit hinweg erschienen sein. »Ein Sterblicher muß sterbliche, keine unsterblichen Gedanken denken«, war der übliche Glaube. Und sterbliche Gedanken erzielen niemals Gewißheit, das war nach allgemeiner Übereinkunft das Vorrecht der Götter. In seiner Lehre vom Sein hat Parmenides jedoch Gewißheit und Sicherheit gefunden, die kein Gott übertreffen konnte. Er muß wie zweitausend Jahre später Galileo gefühlt haben: daß es ein Wissen gibt, bei dem »die menschliche Erkenntnis an objektiver Gewißheit der göttlichen gleicht, weil sie zu einer Einsicht in die Notwendigkeit gelangt, über die hinaus es keine größere Gewißheit geben kann«. Anders als Galileo glaubte Parmenides an die Identität von Denker und Gedachtem. Darum mußte er auch schließen, daß, wer das Sein denkt, sei, was er denkt, und so an der Alterslosigkeit und Unsterblichkeit des Seins selber teilhabe.

Mystische Religion dachte sich den Menschen als eine Mischung aus Erde und Äther. Das sind übliche ionische Gegensätze, das Dunkle und Lichte, das Kalte und Heiße. Aber als religiöse Symbole gehören sie zu einer anderen Welt der Äußerung:

»Erde, allergrößte, und göttlicher Äther,
der eine der Vater von Menschen und Göttern;
die andere ... zeugt Sterbliche ...«

Die Physik des Parmenides konkretisiert diese Phantasie. Auch hier ist der Mensch aus zwei Formen gemacht, einer ätherischen und einer erdhaften. Die eine, wenn sie vollkommen gelöst ist von aller Verbindung mit ihrem Gegenteil, ist die Form, die das Sein kennt und Sein besitzt. Die andere kann weder Sein kennen noch sein. Die eine ist das Symbol des ewigen Lebens, die andere das Symbol des Todes.

So ist die Philosophie des Parmenides eine seltsame Mischung aus Mystik und Logik. Sie ist Mystik, weil ihr Ziel nicht die schrittweise wachsende Verbesserung empirischer Erkenntnis ist, sondern Befreiung davon durch ein sofortiges und absolutes Erfassen der »unbeweglichen« Wahrheit. Das ist nicht der Weg der techne, sondern der Weg der Offenbarung: er liegt »jenseits vom Pfad der Menschen« (fr. 1,27). Aber diese Offenbarung wendet sich ihrerseits an den menschlichen Verstand und muß mit Verstand beurteilt werden. Ihr Kern ist reine Logik: ein kühnes Unternehmen im deduktiven Denken, dem ersten seiner Art in Europa. Diese Art des Denkens konnte gegen die Welt der Sinne verwendet werden. So wurde es von Zenon gebraucht. Aber zum Glück für die Philosophie hat Parmenides eine bessere Verwendung dafür gefunden. Seine Verwurzelung in ionischer Philosophie überwand seine Verachtung der täuschenden Sinneswelt, und er gab seiner Lehre vom Sein eine physikalische Ausrichtung, indem er die Selbst-Identität des Seins einer jeden Komponente der »täuschenden« Dualität des Werdens zugeordnet hat. Dieses – mit der weiteren Voraussetzung, daß die Komponenten gleichgewichtig seien – mußte die Ordnung der wahrnehmbaren Welt sichern, wie es die reine Sinneswahrnehmung niemals vermocht hätte. Diese Übertragung der Logik des Seins auf die fremde Welt des Werdens war der wichtigste Einzelbeitrag des Parmenides zu der Geschichte des Denkens, wenngleich sie selten als solche erkannt wird. Ohne sie wäre seine Seinslehre eine seltsame Spekulation geblieben. Mit ihr hat er das Fundament für die größte Errungenschaft der wissenschaftlichen Vorstellungskraft Griechenlands gelegt, der Atomtheorie. [75 f.]

8. Verdenius, »Conception« (übers. von Hans von Steuben)

Es ist der Mühe wert, nach der Natur dieses Erlebnisses zu fragen. Hier stimme ich mit Professor Jaeger nicht überein. Wenn Parmenides sich selber als einen Eingeweihten vorstellt, der eine Offenbarung empfängt, so folgt daraus nicht, daß er sich als »reines Instrument« einer göttlichen Macht gefühlt haben muß. Es trifft zu, daß er seine Einweihung göttlicher Vorsehung dankt, aber das schließt nicht ein, daß er das Reich des Lichtes »nicht mit seinen eigenen Kräften« betreten haben könnte. Es trifft zu, daß er auf sein Wissen wie auf ein göttliches Geschenk geblickt hat, aber das bedeutet nicht, daß er es nicht zugleich als seine eigene Errungenschaft betrachtet hätte. Zu Beginn seiner Reise nennt er sich bereits »den Mann, der weiß«, er läßt sich von den Pferden tragen »so weit er will«, und diese Pferde, die seinen Wissensdrang personifizieren, sind »vieles bedenkend«. Ähnlich heißt der Weg, den er fährt und der den Denkprozeß symbolisiert, »vieles sagend«. Die Göttin, die ihm alles »sagt«, fordert ihn auch auf, ihre Worte »mit Verstand zu prüfen«.
Diese Zitate zeigen, daß nach dem Glauben des Parmenides

göttliche Gnade menschliche Initiative nicht ausschloß und daß er die Offenbarung der Göttin zugleich für seine eigene Entdeckung hielt. Wir sind es gewohnt, zwischen dem Gebot der Vorsehung und menschlicher Freiheit scharf zu unterscheiden, und so können wir uns schwer in eine Sphäre des Denkens versetzen, in der sich diese beiden Faktoren so weit entsprochen haben, daß sie die komplementären Seiten derselben Sache bildeten. Die Beziehung des Parmenides zu seiner Göttin ist nicht die der Demut und Erniedrigung, sondern der Zusammenarbeit: sie geben sich sogar die Hand. Es sollte auch beachtet werden, daß die Göttin namenlos bleibt; das ist richtig gedeutet worden aus der Tatsache, daß »sie ein Symbol für das persönliche Erlebnis des Dichters und seiner eigenen Entdeckung der Wahrheit ist. Dieses Erlebnis ist für ihn einzigartig, und darum kann er es kaum einer Göttin zuschreiben, die mit anderen Menschen geteilt wird«. Der Ausdruck »Symbol« ist allerdings etwas irreführend, denn ein Symbol steht gewöhnlich für etwas anderes; die Göttin steht nicht nur für das Erlebnis des Parmenides, sondern sie ist zugleich eine wirkliche Göttin. [120 f.]

Parmenides hat seine Erleuchtung zweifellos wörtlich genommen als eine lichthafte Erscheinung, die seinen Geist umgab und durchdrang. Das ist nicht verwunderlich, wenn wir uns daran erinnern, daß er eine mystische Natur besaß. Die Lichtsymbolik spielt in vielen Religionen eine wichtige Rolle; das Göttliche, Erlösung, das neue Leben, Offenbarung, religiöse Wahrheit und Erkenntnis werden oft als »Licht« bezeichnet. In vielen Fällen ist der Gebrauch des Ausdrucks metaphorisch; Licht macht die Dinge offenbar und verleiht ihnen Leben, zwei Begriffe, die auch fundamentale Grundsätze der Religion sind. Andererseits wurden das Göttliche und seine Offenbarungen oft als wirklich aus Licht bestehend gedacht. Ich will nicht der schwierigen Frage nachgehen, welche die Gründe für eine solche wörtliche Vorstellung sind. Ich möchte nur bemerken, daß diese Vorstellung meistens in Werken vorkommt, die einen gewissen mystischen Einschlag haben. Das Gefühl, von einer höheren Art von Licht durchdrungen zu sein, ist von vielen Mystikern unterschiedlicher Länder und unterschiedlicher Zeiten überliefert. Um zu zeigen, daß dieses Erlebnis einer göttlichen Erleuchtung einen typischen Charakter besitzt, will ich einige Fälle zitieren. [122 f.]

Parmenides scheint eine ähnliche Vision göttlichen Lichtes gehabt zu haben, das nicht nur seinen eigenen Geist erleuchtet hat, sondern auch dessen Gegenstand, das Reich der Wahrheit. Nun ist mein Kernpunkt der, daß dieses Lichterlebnis bei ihm wahrscheinlich so stark war, daß er sich die ganze Welt nur noch in Begriffen von Licht und Dunkelheit denken konnte. Er blickte auf seine geistige Tätigkeit wie auf einen Kampf zwischen diesen beiden Mächten, und als echter Mystiker übertrug er dieses Gefühl des Dualismus auf die Realität. [126]

Diese Einheit vom Subjekt und Objekt der Erkenntnis entspringt derselben Mystik, die auch der Vorstellung des Parmenides von der Einheit von Mensch und Gott zugrunde liegt. Man könnte einwenden, daß Mystik und Erkenntnislehre auseinandergehalten werden sollten, weil das eine eine Sache religiöser Schau und das andere eine Sache theoretischen Denkens ist. Aber das frühgriechische Denken hat trotz seiner Abstraktheit einen stark religiösen Charakter. Im *Geheimnis der Goldenen Blume* wird bemerkt, daß »wenn das Denken zwischen den Augen konzentriert ist, das Licht von selber hereinkomme«. Ähnlich sind für Parmenides das Denken über sein Verhältnis zur Wirklichkeit und die Erleuchtung durch eine göttliche Macht nicht unvereinbar gewesen.

Schließlich müssen wir dem Problem der Beziehung zwischen dem Lichtreich, in dem die Göttin der Wahrheit wohnt, und der Macht des Lichtes, die in der Erscheinungswelt wirkt, ins Auge sehen. Letztere hat Parmenides als der Macht der Dunkelheit gleich geachtet, so daß die Erscheinungswelt durch einen tiefgreifenden Dualismus bestimmt ist. Gewöhnliche Sterbliche sind unfähig, sich von dieser empirischen Sicht zu befreien, weil ihr Geist mit der Mischung dieser beiden Kräfte mitläuft. Der Philosoph jedoch bringt es dank einer Vorherrschaft des Lichts in seinem Geist zustande, das Reich des »Meinens« zu übersteigen und die Ebene der Wahrheit zu erreichen. Von einem systematischen Standpunkt aus gesehen, müßte diese Sphäre frei von empirischen Assoziationen sein. Doch Parmenides hat es als Reich des Lichtes dargestellt; wir haben gesehen, daß diese logische Inkonsequenz eine psychologische Ursache hat: der Philosoph hat seine Entdeckung der Wahrheit als eine Erleuchtung erlebt. Er scheint sogar eine gewisse Verbindung zwischen Licht und Sein empfunden zu haben, obwohl er sie nie identifiziert hat. Diese Verbindung ist in der Tat dieselbe wie zwischen Licht und Wahrheit. Parmenides konnte die Wahrheit nicht als ein abstraktes Wesen begreifen, sondern hielt sie für einen Aspekt der Wirklichkeit selber, wahres Sein.

Aber wahrscheinlich hat Parmenides diese Art von Licht nicht auf eine Stufe mit dem Licht der Erscheinungswelt gestellt. Dann hätte er Dunkelheit nicht für eine wirkliche Kraft in der Welt halten können, sondern sie mit dem völligen Nichts identifizieren müssen. Das *Geheimnis der Goldenen Blume* scheint eine hilfreiche Veranschaulichung für die Vorstellung des Parmenides vom Licht zu enthalten. Das höchste Prinzip der Wirklichkeit ist Tao, das Eine, das keinerlei Form und Namen hat. Es wird als eine Art himmlischen Lichts erlebt, das mit körperlichen Augen nicht wahrgenommen werden kann. Das Eine ist der Ursprung von zwei untergeordneten Prinzipien, Licht und Dunkelheit, Yang und Yin, die nur in der Erscheinungswelt wirken. Diese dualistische Welt wird transzendiert von dem

Philosophen, dem es durch Erleuchtung gelingt, das Absolute zu erfassen. Man darf vermuten, daß Parmenides in einer ähnlichen Weise unterschieden hat zwischen einer höchsten Art von Licht als dem kognitiven Aspekt von Sein und Wahrheit und einer geringeren Art von Licht, das auf die Welt der Veränderung und des Meinens beschränkt ist. Diese Deutung würde sehr gut passen zu der allgemeinen Richtung seiner Philosophie, die den Versuch unternimmt, die verschiedenen Aspekte der Welt einer höheren und einer niederen Ebene der Realität zuzuweisen.
Es wäre zu fragen, wie es Parmenides fertigbrachte, von der niederen Ebene der empirischen Wirklichkeit empor zu der höheren Ebene des Seins zu gelangen, oder in anderen Worten: wie das gewöhnliche Licht, das eines der Elemente seines Geistes bildete, zu dem göttlichen Licht finden konnte, das ihn befähigte, das letzte Prinzip der Wirklichkeit zu erfassen. Diese Kritik ist berechtigt; ihr kann nur begegnet werden, wenn man eine andere Frage stellt: gibt es irgend jemanden, dem es gelungen wäre, einen zufriedenstellenden Übergang von der Psychologie zur Metaphysik zu finden? [128 ff.]

9. Fränkel, *Dichtung und Philosophie*

Der Kern von Parmenides' Philosophie ist metaphysischer Natur. Um die übersinnliche Wahrheit zu Gesicht zu bekommen, die sich vor ihm enthüllt hatte, mußte sich der Denker im Geiste über die Welt erheben, in der wir Menschen leben. Jedesmal wenn er seine großen Gedanken durchdachte, fühlte er sich emporgetragen in ein Reich des Lichts jenseits der irdischen Dinge. Im Eingang seines Lehrgedichts beschreibt er diesen Vorgang der Entrückung; und da die gewöhnliche Sprache gegenüber dem ungewöhnlichen Ereignis versagt, schildert er es in Bildern und Symbolen. [399]

Die »Wahrheit«, die Parmenides offenbart worden war, ist das Ergebnis einer seltsam kühnen Spekulation. Es wird zweckmäßig sein, uns die Grundgedanken vorweg in einer halb modernisierten Form zugänglich zu machen. Was der Philosoph letzten Endes zu erfassen sucht, ist die Wahrheit oder Wirklichkeit, das heißt das Sein. Damit wird die Einsicht in das Wesen des Seins (der Existenz) zum Angelpunkt der Philosophie. Mit dem Sein steht es nun nach Parmenides so, daß es nur in positiver Form, als bejahtes Sein, Sinn hat. Wenn man versucht, einen Sachverhalt zu leugnen und somit ein Sein zu negieren, so vernichtet man den Gegenstand der Behauptung und macht überhaupt keine Aussage. Negative Aussagen kann es darum nicht geben. Auch solche Aussagen heben sich selber auf, die implizit eine Negation enthalten. Die Behauptung zum Beispiel, daß etwas begonnen hat, schließt die negative Annahme mit ein, daß es vorher nicht bestand; und die Annahme, daß ein nicht vorhandener Gegenstand zu einer gegebenen Zeit anfing, ein Gegenstand zu sein, ist widersinnig und falsch. Das Gleiche gilt für Bewegung und überhaupt für jede Veränderung; denn auch hier wird angenommen, daß ein Sachverhalt zu einer Zeit besteht und zu einer andern Zeit noch nicht existiert oder nicht mehr. Auch eine Vielheit von Gegenständen kann es nicht geben, denn sie setzt voraus, daß ein Gegenstand nicht das ist, oder nicht so ist, was und wie ein andrer Gegenstand ist. An Qualitäten kann es nur uneingeschränkt positive geben wie Ganz und All und Voll; die andern (zum Beispiel ›grün‹) schließen sich durch ihr negatives Zubehör (›nicht rot oder blau‹) von selbst aus. An Dingen und Ereignissen gibt es nur das Sein, das in dem Ein-Wort-Satz »Ist« festgestellt werden kann, und an Zahlen nur die Eins; an Zeit nur das Immer, und an Raum nur das Überall. Aus alledem folgt, daß die Welt, in der wir zu leben glauben, nicht wirklich sein kann. Hesiod hatte postuliert, daß unsre Welt der Dinge ein Reich der Leere und Negativität zum Gegenstück hat; indem Parmenides alle Leere und

Negativität leugnet, schließt er mit ähnlicher Logik, daß auch unsre Welt nicht existiert. [402 f.]

Die Schilderung der Auffahrt, und die Wiedergabe der Offenbarung, sind in einer Beziehung streng komplementär gehalten. Niemals überschneiden sich zwei verschiedene Haltungen: die persönliche, und die sachliche. Denn einerseits fehlt dem Eingang so gut wie jeder Lehrcharakter: er drückt nichts weiter aus, als daß sich der Denker von allen Bindungen seiner düsteren weltlichen Existenz löst und durch das ›Tor‹ der Erkenntnis zum hellen überweltlichen Ziel gelangt; dies ist als bloßes Erlebnis oder Ereignis gegeben, ohne daß ein Wort fiele über den Inhalt der Gedanken, die den Sprecher aus dieser Welt entführen und zu jener hinüberreißen. Auf der andern Seite ist im dogmatischen Teil der Erlebnischarakter verschüttet unter der intellektuellen Argumentation, es sei denn daß durch die Beweise und Widerlegungen ab und an doch die Heftigkeit durchscheint, mit der Parmenides seinen geistigen Kampf durchgefochten hat. Trotzdem dürfen wir es wagen, die Lücke auszufüllen und die Kulmination des Erlebnisses zu rekonstruieren, denn die strikte Logik des parmenideischen Systems erlaubt keinen schwankenden Zweifel.

Das Sein war, nach Parmenides, ein bewußtes Sein, und den einzigen, aber vollen, Inhalt seines Bewußtseins bildete die Tatsache der Existenz. Wir können ihn nicht anders umschreiben als: ›Ich bin, und ich bin das All-Eine, außer mir ist nichts.‹ Es bleibt also kein Raum für etwas Zweites, kein Raum für einen Jemand, der daneben steht und von diesem Sein Kenntnis nimmt. Vielmehr muß sich Parmenides, im Zustand der Erhebung, als identisch mit dem Sein erlebt haben: ›Ich bin das All-Eine.‹ Darin liegt beschlossen, daß er als Entrückter nicht nur seiner Weltlichkeit und Menschlichkeit ledig geworden ist, sondern auch seiner Individualität und Zeitlichkeit.

Daß dem Parmenides solches in der Tat widerfahren und

geglückt ist, läßt sich weder dokumentarisch beweisen noch zwingend widerlegen. Wohl aber gibt es gewichtige Argumente zu Gunsten unserer Annahme, daß Parmenides die *unio mystica* mit dem wahren Sein persönlich erfahren hat. Wäre das nicht geschehen, so hätte er die Einheit und Einzigartigkeit des reinen Seins immer nur postuliert und erwiesen, aber nie eigentlich gedacht; und nie hätte das parmenideische Sein jene gesättigte Reife wirklich erreicht, die es nach ihm von je und je besessen hat (8, 42–49). Wir dürfen weiterhin vermuten, daß er dies Einswerden auch intendiert hat (denn wie sollte es sonst erfolgt sein?). Erst aus einer solchen Intention wird ja auch seine These von der Identität von Sein und Denken recht eigentlich verständlich, sowie seine Konzeption eines nur seiner selbst bewußten Seins. Es hat daher philosophische Bedeutung, und nicht nur biographisch-historische Relevanz, wenn die Frage nach der intendierten und vollzogenen Kulmination im Erlebnis zu bejahen ist.

Nur für eine sehr kurze Zeit, vielleicht nur für Augenblicke, wird Parmenides, als Okzidentale, die Entrückung jeweils erlebt haben; bald muß er wieder in die Niederungen der Scheinwelt zurückgesunken sein, die ihn dann von neuem umfaßte und beherrschte wie jeden anderen. Es verblieb ihm aber auch dann sein theoretisches Wissen um die Wahrheit, und die Fähigkeit dafür Beweise anzutreten, wie sie im Hauptteil des Gedichts geliefert werden. Und ferner verblieb ihm die Erinnerung an die Tatsache des Aufstiegs und die Hoffnung auf eine Wiederholung dessen, was der Eingang beschreibt (vgl. das sog. Präsens im ersten Vers). Für die zugleich kritische und konstruktive Analyse der Scheinwelt dagegen, die den zweiten Teil der Offenbarung ausmacht, bedurfte er nicht der Entrückung; hierfür genügte die »eiskalte Logik« (Nietzsche), über die er verfügte. [417 ff.]

10. Jaeger

In dieser Schilderung [der Offenbarung] kommt die sinnliche Ausmalung der Einzelheiten: der Göttinnen, des Gespanns, der Wagenfahrt und des Toreingangs zur höheren Welt, auf Rechnung des poetischen Ausdrucks. Die Sprache ist zwar in ihrer kräftigen Gedrungenheit weit entfernt von jener blassen Allegorik, die unsere Schulästhetik dem dichtenden Philosophen allenfalls zutraut. Anderseits ist es doch eben der durchscheinende Doppelsinn, der diesen Bildern erst ihre eigentliche Berechtigung im Eingang eines philosophischen Gedichts gibt. Das Gespann ist freilich nicht im platonischen Sinne als der Wagen der menschlichen Seele zu deuten, wie es die Quelle des Sextus Empiricus tut, der uns dieses unschätzbare Stück des verlorenen Werkes vollständig erhalten hat. Deutlich genug ist ja zum Ausdruck gebracht, daß der Wagen, der den Dichter zum Ziele trägt, ganz ohne sein Zutun von höheren Wesen gelenkt wird. Der Weg, den er nimmt, wird als »Weg, fern vom Pfade der Menschen« gepriesen. Kein sterblicher Geist kann ihn ausfindig machen. Nur die Töchter des Helios selbst, wenn sie ihr Haupt entschleiern, das sie in dieser unserer Nachtwelt stets verhüllt tragen, können ihm den Weg weisen. Nur ihre Verwendung, nicht seine eigene Kraft kann ihm Einlaß verschaffen zu dem Tor zum Reiche des Lichts, in dem sie zu Hause sind. Die Göttin und Herrscherin dieses Reichs, die ihn begrüßt, bezeichnet mit ausdrücklichen Worten seinen Eintritt in diese Welt als eine übermenschliche Begnadigung, und was er von dort berichtet, ist nicht etwa, was er selbst dort gesehen hat, sondern Wort für Wort eine Wiederholung der Offenbarung, die er gläubig aus ihrem Munde empfängt. Ihr Besitz erhebt ihn über alle Mitmenschen, aber er verpflichtet ihn auch zur eifervollen Verkündigung der göttlichen Wahrheit wie zur schärfsten Bekämpfung des »Wahns der Sterblichen«.

Niemand kann angesichts dieser übermenschlichen Ouvertüre auf den Gedanken kommen, als ob der Philosoph hier nur sich selbst möglichst effektvoll in Szene setzen wolle. Die Vision dieses geheimnisvollen Vorgangs im Reiche des Lichts ist ein echtes religiöses Erlebnis: die Erfahrung der lebenumgestaltenden Hinwendung des blöden Auges des Menschen zu der verborgenen Wahrheit. Diese Art des Erlebnisses war nicht in der Religion des staatlichen Götterkultus zu Hause, sondern ihr Urbild ist in der Frömmigkeit der Weihen und Mysterien zu suchen. Parmenides hat sie wahrscheinlich in Unteritalien kennengelernt, wo sie zu seiner Zeit in besonderer Blüte standen. Man wird sie nach heutigem Sprachgebrauch wohl als »orphisch« bezeichnen, da man geneigt ist zu glauben, daß dieser Schlüssel alle verschlossenen Türen öffnet. Doch auf den Namen kommt für unseren Zweck nichts an. Um so deutlicher ist der besondere religiöse Typus, der hinter der Schilderung des Parmenides steht, mit seinen festen Zügen: der individuellen inneren Erfahrung des Göttlichen, dem verantwortungsbewußten Eifer, die dem Gläubigen persönlich geoffenbarte Wahrheit zu verkündigen und dem Streben nach Begründung einer Gemeinschaft der Überzeugung mit anderen, die man dazu bekehrt. Die »philosophische Schule« ist ihrem Ursprung nach nichts anderes als die säkularisierte Form dieser religiösen Konventikel. Es ist ein Anklang an die Sprache der religiösen Erweckungsrede, wenn Parmenides von den Sterblichen klagend ausruft, daß sie auf dem Wege des Irrtums umherschweifen oder von ihrem »irreschweifenden Sinn« redet. Auch der Prometheus des Aischylos entlehnt manche Töne seiner großen Rede, in der er sich als εὑρετής der menschlichen τέχναι rühmt, dieser Sphäre. Die Gattung der altgriechischen Prophetenrede ist für uns zwar verloren, aber ihr Stil ist in ihren Wirkungen noch vielfach zu erfassen. »Ohren haben sie, und hören nicht, Augen haben sie und sehen nicht.« Für Parmenides freilich sind Ohren und Augen gerade die Verführer der Menschen;

daher kann er nur allgemein von ihrem Irrewandeln und Umherschweifen reden. [113f.]

Die beiden Wege, der richtige und der Irrweg, spielen in der religiösen Symbolik des späteren Pythagoreismus eine Rolle. Dort sind sie das Sinnbild der Wahl, vor die jeder Mensch sich verantwortlich gestellt sieht, zwischen einem sittlich guten oder schlechten Leben. In diesem Sinne erscheint das zweiarmige heilige Y auf den Grabdenkmälern einer späteren Epoche als das Zeichen der Zugehörigkeit zu der Sekte wie der richtig getroffenen Entscheidung, das dem Verstorbenen die ewigen Freuden im Jenseits verheißt. Leider wissen wir nicht, wie weit der Gedanke der beiden Wege zurückreicht. Daß er der Frühzeit schon vertraut ist, zeigen Hesiods *Erga* mit ihrer Lehre von dem schmalen Pfad der Arete und der breiten Heerstraße der Untüchtigkeit. Die Annahme liegt nahe, daß auch der Jenseitsglaube der frommen Sekte, den Pindar schildert, sich des Bildes des Weges bemächtigt hat, da diese Religion ja gerade auf der Vorstellung einer unablässigen Wanderschaft der Seele beruhte. Vielleicht ist es kein Zufall, daß Pindar selbst an der früher angeführten Stelle von einem »Wege des Zeus« spricht, den die Seelen nach dem Tode zu gehen hätten, wenn der Mensch sein Leben richtig geführt hat und in die Seligkeit eingeht. Daß aber das Bild des Weges und seiner bewußten Wahl auch auf das Leben im Diesseits angewandt wurde, leuchtet ein, wenn man bedenkt, welchen Einfluß die Religion dem Verhalten im Diesseits auf das Los im Jenseits zuerkannte. Parmenides' Bild von den beiden Wegen beruht offenbar wie die ähnlichen Vorstellungen seines Proömiums auf einer Übertragung religiöser Symbolik auf die geistigen Akte der Philosophie. [117f.]

11. Stenzel

Die entscheidende Wendung, die Parmenides allen diesen Gedanken gegeben hat, die Ausbildung seines Nusbegriffes, besteht nun, von dieser Seite aus gesehen, darin, daß er die mathematischen Elemente, die in die Betrachtung des Kosmos sicher längst vor ihm einbezogen waren, in ihrer Begrifflichkeit und strengen Denknotwendigkeit von den wahrnehmbaren Vorgängen und »Körpern« zu trennen suchte, an denen sie erfaßt und zu deren Erklärung sie angewendet wurden. In dem Bestreben, diesen »Begriff« einer denknotwendigen Gestalt des Weltalls zunächst einmal rein und für sich darzustellen, geriet er dann in die scheinbar dualistische Haltung, die die beiden Reiche zunächst auseinanderzureißen scheint. Andererseits ist dieses Sein, das alles umfaßt und möglich und wirklich macht, eine Idee, die wie jede griechische Idee über den Gegensatz von transzendent und immanent erhaben ist. Diese ideale Kugel des Seins ist die Gestalt, das Eidos der Welt und als solche *gedacht*; denn alles, was *in ihr* ist, ist eben noch nicht sie selbst; andererseits ist sie nur dadurch umfassende, begrenzende, gestaltende Idee, daß sie *etwas* begrenzt. Dieses »Etwas« ist der Inhalt der ganzen Welt. Die Innerweltlichkeit des griechischen Denkens kann nicht einfacher sich aussprechen als in dieser Idee, die das Schweifen ins Unbegrenzte, Transzendente so energisch verbietet in der Forderung, die Gedanken davon zurückzuhalten. Es liegt hier der großartigste und einfachste, deshalb im Verlaufe der griechischen Philosophiegeschichte immer wieder erneuerte Fall »mathematischer Ideation« (W. Jaeger) vor; in dem Symbol des Parmenides sind wegen seiner umfassenden Einfachheit Mathematisches, Logisches und anschaulich Gegebenes zu einer vor dem Forum jeder Erkenntnistheorie zu rechtfertigenden untrennbaren Einheit verbunden. Der *Geist* hat sich hier erweitert zur Grenze seiner Welt; aber auch deren Mittelpunkt, das einzelne denkende Ich in seinem einzelnen Denkakt (Noëma), ist in seiner *Funktion* des Denkens im Ganzen dieses Kosmos klar bezeichnet. [230 f.]

12. Heidegger

Der Nebensatz des Parmenides, der in Wahrheit der Satz aller seiner Sätze ist, lautet (VIII, 37 f.):

> . . . ἐπεὶ τό γε Μοῖϱ' ἐπέδησεν
> οὖλον ἀκίνητόν τ' ἔμμεναι·
>
> ». . . da es (das Seiende) ja die Moira daran gebunden hat, ein Ganzes und unbeweglich zu sein.« (W. Kranz)

Parmenides spricht vom ἐόν, vom Anwesen (des Anwesenden), von der Zwiefalt und keineswegs vom »Seienden«. Er nennt die Μοῖϱα, die Zuteilung, die gewährend verteilt und so die Zwiefalt entfaltet. Die Zuteilung beschickt (versieht und beschenkt) mit der Zwiefalt. Sie ist die in sich gesammelte und also entfaltende Schickung des Anwesens als Anwesen von Anwesendem. Μοῖϱα ist das Geschick des »Seins« im Sinne des ἐόν. Sie hat dieses, τό γε, in die Zwiefalt entbunden und so gerade in die Gänze und Ruhe gebunden, aus welchen und in welchen beiden sich Anwesen von Anwesendem ereignet.
Im Geschick der Zwiefalt gelangen jedoch nur das Anwesen ins Scheinen und das Anwesende zum Erscheinen. Das Geschick behält die Zwiefalt als solche und vollends ihre Entfaltung im Verborgenen. Das Wesen der Ἀλήθεια bleibt verhüllt. Die von ihr gewährte Sichtbarkeit läßt das Anwesen des Anwesenden als »Aussehen« (εἶδος) und als »Gesicht« (ἰδέα) aufgehen. Demgemäß bestimmt sich die vernehmende Beziehung zum Anwesen des Anwesenden als ein Sehen (εἰδέναι). Das von der visio her geprägte Wissen und dessen Evidenz können auch dort ihre Wesensherkunft aus der lichtenden Entbergung nicht verleugnen, wo die

Wahrheit sich in die Gestalt der Gewißheit des Selbstbewußtseins gewandelt hat. Das lumen naturale, das natürliche Licht, d. h. hier die Erleuchtung der Vernunft, setzt schon die Entbergung der Zwiefalt voraus. Das Gleiche gilt von der augustinischen und von der mittelalterlichen Lichttheorie, die, von ihrer platonischen Herkunft ganz zu schweigen, nur im Bereich der schon im Geschick der Zwiefalt waltenden 'Αλήθεια ihren möglichen Spielraum finden können.

Wenn von der Geschichte des Seins die Rede sein darf, dann müssen wir zuvor bedacht haben, daß Sein besagt: Anwesen des Anwesenden: Zwiefalt. Nur von dem so bedachten Sein aus können wir dann mit der nötigen Bedachtsamkeit erst einmal fragen, was hier »Geschichte« heißt. Sie ist das Geschick der Zwiefalt. Sie ist das entbergend entfaltende Gewähren des gelichteten Anwesens, worin Anwesendes erscheint. Die Geschichte des Seins ist niemals eine Abfolge von Geschehnissen, die das Sein für sich durchläuft. Sie ist vollends nicht ein Gegenstand, der neue Möglichkeiten des historischen Vorstellens darbietet, das gewillt wäre, sich an die Stelle der bisher üblichen Betrachtung der Geschichte der Metaphysik zu setzen gleich der Anmaßung eines Besserwissens.

Was Parmenides im unscheinbaren Nebensatz von der Μοῖρα sagt, in deren Gebind das ἐόν als die Zwiefalt freigelassen wird, öffnet dem Denker die Weite des Ausblicks, der seinem Weg geschicklich beschieden ist. Denn in dieser Weite kommt jenes zum Scheinen, worin sich das Anwesen (des Anwesenden) selbst zeigt: τὰ σήματα τοῦ ἐόντος. Deren sind gar vielfältige (πολλά). Die σήματα sind keine Merkzeichen für anderes. Sie sind das vielfältige Scheinen des Anwesens selber aus der entfalteten Zwiefalt. [251 ff.]

13. Fränkel, *Wege und Formen*

Was ist nun also in 8.14 mit der *Dike* gemeint und bezeichnet? Die *Fessel*, mit der sie das Sein bindet, ist zunächst Ausdruck einer Ver-*bind*-lichkeit, wie sie dem Recht zukommt. Ebenso sind *Moira* und *Ananke* bindende Gewalten; so können diese drei in gleicher Funktion erscheinen (8.14; 30; 37). An unserer Stelle ist aber darum *Dike* genannt und keine der anderen Normen, weil sofort von der *Entscheidung* gesprochen werden soll. Wie bei einem Prozeß δίκη maßgeblich ist für die κρίσις, so auch bei der κρίσις solcher Lehrentscheidungen. Mit δίκη ist also hier die Verbindlichkeit gemeint, nach der die Zweifelsfrage *richtig* zu entscheiden ist – wie wir mit einem Wort sagen, das von *Recht* abgeleitet ist.

Gegen diese Deutung ließe sich vom Text her einwenden, daß Dike dann in ihrer Bedeutung schwanken würde: sie sei einmal die logische Norm richtiger Denkentscheidung, und einmal das faktische Gesetz der Wirklichkeit. Denn sie fesselt das Sein, nicht unser Denken über das Sein. Wenn dies ein ernstlicher Einwand ist, so gilt er für Parmenides nicht, weil bei ihm, da Einsicht und Sein zusammenfallen (Fgt. 5), auch die Norm des richtigen Denkens von dem Gesetz der Wirklichkeit nicht getrennt werden kann. Was sich dem Denken als richtig erweist, ist deshalb wirklich. So dürfen wir allgemein argumentieren; der Text enthält aber noch einen besonderen Hinweis in diesem Sinne. Dike läßt die Fesseln nicht locker *im Hinblick auf dies*, im wissenden Hinblick nämlich auf die angeführten Argumente. Dike läßt wirklich sein, was (zufolge der richtigen Denkentscheidung) so sein soll.

Dike ist also hier die *Richtigkeit* der Konsequenz; einer Konsequenz, die für die Sachverhalte ebenso bindend ist wie für das Denken über sie. Sie regelt, was wir für den betreffenden Gegenstand nach seinem Wesen und dem Gesetz seiner Natur als einzig angemessen erwarten können und müssen. Dike fällt die Entscheidung im Sinne des Seins, aus der inneren Konsequenz heraus, und mit allen wesensmäßigen Konsequenzen. [164 f.]

Wenn außer dem intellektuellen und sachlichen Moment der strikten Konsequenz noch irgend etwas in dieser Dikevorstellung enthalten sein soll, so kann es nur das eine sein: die Würde und besondere Majestät der Norm, der Parmenides mit einer so stolzen und eifervollen Hingabe dient. Die schonungslose Strenge der von ihm erkannten Wahrheit erschien ihm als so ähnlich mit dem strengen Recht, daß er immer wieder den wichtigsten Gegenstand seiner Lehre, das einzig Gültige, wie ein Opfer der Gerechtigkeit von ihr in Fesseln und Bande und Gefangenschaft eingeschlossen sein läßt. Und von der Seite des erkennenden Subjekts her wird diese Strenge und Energie und Klarheit des Denkens eine Art von moralischer Würde für ihn bedeuten, vergleichbar der Rechtlichkeit im Gemeinschaftsleben. [166]

Von hier gelangt Parmenides wieder zum πεῖρας zurück – das, wie sich nun klar gezeigt hat, dem Sein die *bestimmte, fertige Form* verleiht, in der es ruhen und verharren kann in Ewigkeit. Wollten wir diese Form als eine räumliche *Grenze* und Gestalt betrachten, so hätten wir den Gedanken des Parmenides trivialisiert. Und außerdem wären wir gleich auch wieder der Sprache nicht gerecht geworden; τετελεσμένον bezeichnet ganz gewiß nicht das *Räumlich-Abgeschlossene*, sondern gleichfalls das *Vollzogene* und *Fertige*. *Weil ein letztes* πεῖρας *da ist, ist das Sein allseitig vollzogen*. Über den Weilsatz greift der Nachsatz inhaltlich nur mit πάντοθεν hinaus, das mit Nachdruck den Vers eröffnet (die Interpunktion von Diels wird richtig sein); also ist dies *allseitig* der Kern der Aussage. Es ist nun mehr als unwahrscheinlich, daß mit dem πάντοθεν hier etwas anderes gemeint wäre als in Vers 49. Dann bedeutet es auch hier nicht: *von außen, von allen Seiten seiner Umgebung her*, sondern: *aus (und in) allen Richtungen innerhalb des Seins.* Die Darstellung geht also nunmehr auf die innere Struktur des Seins über: wie als Ganzes (26–33), so ist das Sein auch in allen seinen Teilen und in jeder Richtung fertig; es ist gleichmäßig, und ohne irgendein Gefälle von einem Teil hin zum andern. Das klingt so lange etwas sonderbar, als wir uns nicht daran erinnern, welche Rolle in der Philosophie der Zeit die als Element gedachte ἀρχή mit ihren Wandlungen spielte. Bei Anaximenes zum Beispiel ist die Luft die Urform, und alles andere sind nur Spielarten und Gestalten derselben Luft. Die Luft stellt also eine besonders ausgezeichnete, höhere, stärkere, reinere Seinsform dar. Es bestehen Seinsgrade, und ein Gefälle, das den Wandel bewirkt auf der Bahn aufwärts oder abwärts, zum stärkeren oder schwächeren Sein. Das weist Parmenides hier ab; und in diesem Zusammenhang erscheint das Kugelgleichnis. Dies Gleichnis nennt die ebenmäßige Gestalt der Kugel nur als Voraussetzung; den Gegenstand des Vergleichs bildet nicht die Rundheit und Form und Grenze, sondern das ausgeglichene Kräftespiel (ἰσοπαλές) in einer so verteilten Gewichtsmasse (ὄγκος): *gleich dem Gewicht eines wohlgerundeten Balles ist es von der Mitte her überall von ausgeglichener Kraft.* Wie im Innern eines vollkommen runden Balles keine Gewichtskräfte frei werden, sondern er stets um seine Mitte balanciert: so ruht das Sein in sich im Gleichgewicht, und es gibt in ihm kein Gefälle, das Teile einer letzten Form und Situation erst zuführen würde. Nun folgt die Begründung: *Denn weder um einen Betrag* μεῖζον *noch um einen Betrag geringer darf es hier oder dort sein.* Hier könnte in der Tat μεῖζον auf die räumliche Ausdehnung weisen (für βαιότερον gilt das schon nicht mehr unbedingt). Von der Ausdehnung würde man weiter auf das Vorhandensein einer äußeren Grenze schließen können, und mit der nächsten Folgerung die Kugelform für das parmenideische Sein postulieren; dann könnte man auf das Kugelbild zurückkommen, und so fort. Aber alles dies ergibt sich nur dann, wenn man den geringsten Anhalt zu ergreifen bereit ist, um selbständig und eigenmächtig die Angaben des Parmenides ins Sinnlich-Räumliche zu übersetzen und zu übertragen, auch gegen den Wortsinn. Und zugleich gegen die oft ausgesprochenen Grundsätze der Lehre. Wenn das Sein eine Grenze hätte, so müßte jenseits dieser Grenze, neben und außer dem Sein, entweder ein zweites Sein bestehen, oder ein Nichtsein. Beide Annahmen sind für Parmenides gleich unerträglich. Was er meint, liegt jenseits aller Vorstellbarkeit; was er zu sagen hat, steht an den Grenzen dessen, was überhaupt noch von Sprache bewältigt werden kann. [168f.]

14. Jaspers

Der große Grundgedanke ist: »Notwendig ist zu sagen und zu denken, daß das Seiende ist (eon emmenai). Denn Sein ist (esti gar einai), das Nichts aber ist nicht.« »Nichtsein kannst du weder erkennen noch aussprechen.« »Denn es ist unmöglich, daß dies zwingend erwiesen wird: es sei Nichtseiendes.« Formallogisch gefaßt: Das Sein ist oder es ist nicht; sein Nichtsein, jedes Nichtsein ist undenkbar; also das Sein ist und das Nichtsein ist nicht.
Das sind die, zumal in den Versen der griechischen Sprache, wundersam ansprechenden oder durch Leerheit erstaunenden Sätze. Sie zeugen von tiefer Ergriffenheit und sagen doch nur Tautologien. Zum erstenmal im Abendland wundert sich ein Denker, daß Sein ist, daß es unmöglich ist, zu denken, daß Nichts sei. Das Selbstverständlichste ist das Rätselvollste, aber auch Klarste. Sein ist und Nichts ist nicht, das ist für Parmenides eine Offenbarung des Denkens durch das Denken selber.
In der Form scheinbar trivialer Sätze gibt sich das Grundwissen kund, das dies Leben des Philosophen trägt: die Gegenwärtigkeit des Seins. Parmenides errichtete dem Pythagoreer Ameinias ein Heroon, weil er durch ihn die

Ruhe (hesychia) gefunden habe. Diese Ruhe darf man auf die Seinsgegenwärtigkeit in jenem Grundwissen beziehen. [640f.]

Der leerste Gedanke bedeutet das Ungeheuerste. Aber als der leere Gedanke, der vom Verstande leicht und schnell gedacht ist, bedeutet er eben nichts mehr. Seine Bedeutung kommt zum Ausdruck im logischen Zwang des Denkens der Semata, sofern mit ihm zugleich die Seinsvision vollzogen und die Ruhe im Sein erfahren wird. In eins mit dem Zwang der Widersprüchlichkeit und Identität sind die Semata anschauungslose Bilder des Gedankens. Es ist nicht leere Identität, wohl aber ist das Gesagte, nur als logische Form verstanden, gegenständlich leer. Es ist ein denkendes Tun, das in der Naivität (nicht Primitivität) schaffenden Anfangs damals wie heute möglich, aber nicht in der gleichen Grundverfassung wiederholbar ist. Eins wurde im anderen, das Logische im Sein, das Sein im Logischen gesehen und denkend vollzogen. Dies Logische ist noch nicht leer, weil noch nicht als logisch gemeint. Daher ist aber auch die Vision nicht Bild, sondern unablösbar von dem zwingenden Gedanken. Es ist in ihm ein Ton, der im logischen Zwingen wie ein Befehl ist, und es ist darin der Jubel der Gewißheit im Grund aller Dinge. Die Begründung des Unbegründbaren ist die Form einer prophetischen Offenbarung. [642]

Parmenides nennt das Sein nicht *Gott*. Was er aber als die Zeichen des Seins erdacht hat, das wurde ein Feld von Kategorien, die in der Folge auf Gott übertragen wurden, wenn seine Eigenschaften gedacht werden sollten. Von Parmenides her kamen die Denkmotive, die geeignet waren, den bildlosen Gott zu denken, im reinen Denken sich der Transzendenz zu vergewissern. Seine »Ontologie« gab der »Theologie« die Mittel an die Hand. [649f.]

15. Chalmers (übers. von Hans von Steuben)

An jener Stelle (fr. 1,32) erscheint das Wort χρῆν, und der ganze Passus scheint zu meinen, daß die Göttin Parmenides erzählte, »wie es notwendig war für die Dinge, die dem Scheine nach in einer akzeptablen Weise sind«. Diese Stelle hilft uns, eine andere Frage zu beantworten, die uns einfallen muß. »Welche ist die ›wirkende Ursache‹ der Welt des Meinens?« χρῆν läßt uns automatisch an Ananke denken, und es ist interessant zu sehen, daß Ananke auf dem Weg der Wahrheit wie auch bei dem Meinen der Sterblichen erscheint. Bei ersterem heißt es, daß »Starke Notwendigkeit das Sein in den Banden der Grenze hält, die es auf allen Seiten zurückhält« (fr. 8,30–31), während das letztere uns sagt, »Du wirst auch den rings umgebenden Himmel kennen, woher er entsprang und wie Notwendigkeit ihn führte und band, die Grenzen der Sterne zu halten« (fr. 10,5–7). Dieses Echo ist gewiß beabsichtigt.

Dieselbe Metapher des in Banden oder Fesseln Haltens ist auch für Moira und Dike auf dem Weg der Wahrheit verwendet (fr. 8,4–5 und 37–38), und das könnte sehr wohl ein Hinweis sein, daß das alles Manifestationen einer einzigen göttlichen Macht sind und daß die Haltung des Parmenides im Grunde monotheistisch ist. Jedenfalls können wir feststellen, daß göttliche Macht die Meinungen nicht nur mit dem Weg der Wahrheit verbindet, sondern auch mit dem Prolog. Die daemon, die »in der Mitte alles steuert« (fr. 12,3), scheint der vielstrafenden Dike sehr nahezustehen, die im Prolog die Schlüssel der Tore von Tag und Nacht hält (fr. 1,14). Wahrscheinlich ist es dieselbe daemon, die in dem bedauernswert kurzen Hinweis in Platos Symposion (fr. 13) »als ersten von allen Göttern Eros ersann«. Das deutet vermutlich darauf hin, daß es eine zweite Kategorie von Göttern gab, die nicht ewig waren. Es ist sicher sie, die für Geburt und die Vereinigung von Männlichem und Weiblichem verantwortlich ist (fr. 12,3–4). [18 f.]

Wenn ich versuchen darf zusammenzufassen, so meine ich, daß es Belege gibt, die zeigen, daß bei dem Weg der Wahrheit und den Meinungen der Sterblichen dieselbe Welt zur Debatte steht, wie sie vom Standpunkt der Ewigkeit auf der einen Seite und der Zeit auf der anderen gesehen wird. Wahrheit kann sich nur auf das beziehen, was ewig ist, und nur das kann erkannt werden. Der grundsätzliche Irrtum der Menschen ist, daß sie annehmen, daß sie Erkenntnis über die Welt besitzen können, in der sie leben. Sie müssen mit etwas Geringerem als Erkenntnis zufrieden sein im Zusammenhang mit allem, was des ewigen Seins entbehrt. Gleichwohl ist ihre Welt keine Welt der Täuschung, sondern regiert von denselben göttlichen Kräften, die die Welt des Seins beherrschen. [22]

16. Mansfeld

Die δίκη des Richters ist also die Feststellung des Rechtes derjenigen Personen, die vor Gericht erscheinen. Das Urteil wird auch κρίσις, *Scheidung*, genannt und wir haben schon gesehen, wie wesentlich der Begriff des »Scheidens« in der griechischen Auffassung der Jurisprudenz ist. Die juristische Person wird definiert durch dasjenige, was ihr Eigentum ist. Wenn Unrecht geschehen ist, hat A dasjenige, was B zukommt, oder aber A hat B in Besitz oder Wesen geschadet. Die Scheidung ist das erneute Zuweisen des im Besitz von A befindlichen Eigentums von B an B: die Scheidung ist das erneute Feststellen der Grenze zwischen den beiden Personen. Diese (Ent-)Scheidung verläuft *gerade* (εὐθύς), wenn sie sich an die Grenze, so wie sie in Wahrheit ist, hält, und krumm (σκολιός), wenn sie dies nicht tut und etwas jemandem zuweist, obwohl es ihm nicht zukommt. Die δίκη heißt u. E. nur darum krumm oder gerade, weil sie die Offenbarung der Grenzen der μοῖρα der juristischen Personen darstellt. Das Urteil des Richters bindet den Gegenstand des Rechtsstreits an denjenigen, dem er zugewiesen wird; durch ein Band, ein πεῖρας. Seine Tätigkeit ist hierin derjenigen der Götter analog, die ebenfalls durch πείρατα Schicksalsbestimmungen mit der menschlichen Person verbinden.

Es hat also den Anschein, daß auch in dem Worte und dem Begriff der Dike die bei dem Zeitwort δείκνυμι überwiegende Bedeutung des Verkündens und des Offenbarens noch enthalten ist. Eben deshalb kann bei Parmenides die Göttin Dike auch diejenige Göttin sein, welche die Lehre verkündet und offenbart. Die Begriffe der »Mitteilung« und der »Bekanntgabe« sind von alters her im Griechischen mit den Worten δίκη und δείκνυμι verbunden. Als *Recht* ist diese Offenbarung die *Bestätigung* des in Wahrheit, also schon seit jeher Daseienden, oder aber die Bestimmung desjenigen, was, weil es der Wahrheit entspricht, sein müßte. Dike kann bei Parmenides offenbarende Göttin sein, nicht nur weil ihre *logische* Funktion dies nahelegt, sondern auch, weil sie als Göttin des Rechts schon mit »Bekanntgeben« und »Offenbaren« verbunden ist. Parmenides bringt sein logisches Verfahren, das die Wahrheit bestimmt, bei dem in letzter Instanz determinierenden Recht als einer tätigen und nach Prozedur handelnden Instanz unter. Die Bedingungen für die Einheit von logischer und offenbarender Göttin sind in den Bedeutungskreisen der Worte κρίσις und δίκη schon in der griechischen Sprache gegeben. Die »Personifikation« der Dike *als* offenbarender Göttin ist sozusagen in der Sprache schon vorbereitet.

Sie wird jedoch auch und vor allem durch die Beziehungen der parmenideischen Logik zur Jurisprudenz bedingt. O. Gigon hat darauf hingewiesen, daß man wahrscheinlich im juristischen Verfahren nach Präzedenzien für die logische Methode des Parmenides zu suchen hat. Wir glauben, daß dies richtig ist. Die *scheidende* Funktion des Richters ist eine *Disjunktion* der Gegner und Gegensätze (wahr und unwahr, Recht und Unrecht, recht und krumm); er bestimmt ja, welchem von zwei entgegengesetzten Standpunkten der *Vorzug* zukommt. Damit ist das Gefüge aufgedeckt, aus dem der disjunktive Syllogismus des Parmenides abgeleitet ist. Auch die parmenideische *Implikation* hat ihre Parallele in der Rechtsprechung. Die Wahrheit eines Standpunktes wird nämlich aus σημεῖα und τεκμήρια, aus Angaben, die *implizieren*, ob etwas so oder im Gegenteil nicht so ist, gefolgert. Die Verwendung des Terminus σημεῖον in der juristischen Terminologie ist gut belegt. Parmenides verwendet σῆμα, weil σῆμα ein poetisches Wort ist und σημεῖον nur in der Prosa begegnet. Überdies hat σῆμα die Bedeutung »Zeichen«, d. h. Zeichen eines Gottes, mithin offenbarendes Zeichen. Wir sehen auch hier, wie bei δίκη, die Verbindung von offenbarender (theologischer) und juristischer Bedeutungssphäre. Das Wort σῆμα wird überdies manchmal als Objekt zu δείκνυμι verwendet. Aus der juristisch-theologischen Sphäre stammt auch das Bild der Bande, πείρατα, in denen das Seiende sich nach der Krisis gebunden zeigt und in denen Dike es festhält. Die Autorität des Rechts sowohl als Macht wie als Prozedur ist überall wirksam, und diese beiden Aspekte sind unter sich innig verbunden; verbunden sind sie auch mit dem offenbarenden Aspekt.

Die Funktion der Göttin Δίκη rückt dadurch in den Vordergrund. Wir glauben, daß man sie deshalb auch mit dem weiblichen δαίμων ἣ πάντα κυβερνᾷ in Fr. 12,3 identifizieren darf. Der doxographische Bericht des Aëtios (A 37) tut dies, und man sieht nicht, wer sonst gemeint sein könnte. Nach dem Proöm hat Dike auch die Gewalt über das Tor, durch das Tag und Nacht in den Kosmos eintreten; dies besagt wohl eindeutig, daß die regelmäßige Bewegung von Licht und Dunkel im Weltall (d. h. der Umlauf der Himmelskörper) und im Menschengeist letzten Endes unter ihre Jurisdiktion fallen. Wir haben überdies im vorhergehenden Kapitel gesehen, daß wir der Antwort auf die Frage: »Weshalb eine Doxa?« nur einen Sinn verleihen können, wenn wir annehmen, daß die offenbarende Göttin mitteilt, wie sie *selbst* die uns bekannte Welt aus den vom menschlichen Geist angesetzten, separaten Elementen gebildet und aufgebaut hat. Wenn diese offenbarende Göttin mit der Dike identifiziert werden muß, muß auch Dike die Göttin sein, die die Welt aus den Elementen gebildet und die immanenten Götter durch einen Akt des Geistes geschaffen hat; sodann muß sie auch diejenige Göttin sein, welche (Fr. 12,3) »alles lenkt«. Die doxographische Angabe des Aëtios ist also wohl richtig.

Die *Einheit des parmenideischen Lehrgedichts* kann unserer Meinung nach nur gefunden werden, wenn man die Göttin Dike und ihre Offenbarung in einer ähnlichen Weise in den Mittelpunkt rückt, wie wir es versucht haben. Mehrere Einzelteile unserer Rekonstruktion sind vielleicht nicht hinreichend begründet oder überhaupt nicht hinreichend zu begründen. In ihrem Zusammenhang schließen sich jedoch diese Teile zu einer Gesamthypothese zusammen, die alle Probleme, die mit der Parmenidesinterpretation verbunden sind, löst: das Problem der Logik, das Problem der Himmelfahrt und das Problem des Warums der Doxa. Vielleicht liegt hier die Hauptkraft der Argumente, die wir an verschiedenen Stellen für unsere Thesen beigebracht haben. Wenn man der Meinung ist, daß wir die Göttin des Parmenides zu sehr als »Lückenbüßer« haben auftreten lassen (also als eine Art dea ex machina), müssen wir dem wohl zustimmen, dabei aber zu bedenken geben, daß diese »Unvollkommenheit« tatsächlich die ganze Philosophie des Parmenides begründet und daß er keine Beweise beibringt, die mehr Gewicht haben als seine Theologie. Wenn man die Göttin streicht, wird der Zusammenhang des Systems zerrissen. Uns befriedigt zuweilen auch der deus ex machina in der Tragödie nicht mehr; dennoch würde man die Tragödie ihres Wesens berauben, wenn man den deus ex machina etwa streichen wollte. Der Gott ist im System des Parmenides ebenso unentbehrlich wie in der Tragödie. Es gibt

übrigens auch anderweitig Beispiele für eine ähnliche zentrale Stellung des Gottes in einem philosophischen System. Man denke etwa an Descartes.
Es ist die Göttin, die im Lehrgedicht ständig das Wort hat und die fortwährend in der ersten Person spricht. Als Göttin der Offenbarung heißt sie den Denker zu sich kommen und unterrichtet ihn. Seine Fahrt in ihr Haus (Fr. 1,25) ist göttlicher Gnade zu verdanken. Es sind göttliche Pferde, die Parmenides in einem Wagen von der Erde entführt haben, und göttliche Mädchen, die den Weg weisen und auf deren Fürsprache hin ihm gestattet wird, die äußerste Grenze des Weltalls zu überschreiten. Es ist die Göttin, die als Göttin des offenbarenden, scheidenden und bestimmenden Rechts dem Denker die Wahrheit über das Seiende und über die Welt offenbart. Sie scheidet die Gegenteile Seiendes und Nichtseiendes und beschränkt das abhängige menschliche Denken auf das Seiende. Sie ist Bürgin der Implikationen der Disjunktion. Sie offenbart sowohl die trügliche Weltordnung wie das Denken im Seienden. Sie ist causa efficiens der Entstehung der geordneten Welt aus den vom Menschengeiste in einem Denkfehler angesetzten separaten Elementen und regelt die Bewegung von Tag und Nacht, indem sie das Himmelstor bewacht. Weiter bestimmt sie die Bewegung der Gegensätze innerhalb des menschlichen Geistes (Fr. 16). Sie gebietet auch (Fr. 4), zurückzukehren zu der Einsicht, daß die Einheit der physikalischen Gegensätze keine notwendige ist, und ermittelt dadurch die Möglichkeit, die Wahrheit festzuhalten. Die Handhabung der Philosophie tritt damit an die Stelle der Prädestination (Fr. 1,26 μοῖρα). Die Wahrheit in der Wahrheitslehre ist nur sicher, weil die Göttin sie beherrscht. Die Notwendigkeit einer Offenbarung über die Struktur der menschlichen Welt kann nur erklärt werden, wenn wir von der Abhängigkeit des Menschengeistes von der durch die Göttin bestimmten Bewegung der Elemente ausgehen, welche Abhängigkeit ihn nicht nur daran hindert, seine anfängliche Identität mit den Ele-

menten einzusehen, sondern ihn auch von einer Offenbarung über die Entstehung des Kosmos und des tagtäglichen menschlichen Geistes in diesem Kosmos abhängig macht, welche gleichfalls nur aus der Tätigkeit der alles lenkenden Göttin abgeleitet werden kann.
Dies scheint uns auch der Grund, weshalb die Arbeit des Parmenides ein Gedicht ist. Sein Erlebnis des Transzendenten (Fr. 1) und der Offenbarung durch eine Göttin konnte nicht in Prosa dargestellt werden. Parmenides steht damit zu den jonischen Naturphilosophen im Gegensatz, ebenso wie sein Lehrer Xenophanes, der ein ähnlich inniges Verhältnis zum Göttlichen hatte. Die Dichtung ist in der griechischen Tradition das Wort der Gottheit. Weil des Parmenides Weg zur Philosophie der Weg der Offenbarung war, mußte er ein Dichter werden. [269 ff.]

17. Gigon

Der Gedanke ist also schließlich der: Bewegung kann nur durch Mangel veranlaßt sein; so treibt auch bei Heraklit die χρησμοσύνη den Kosmos zur Fülle des Feuers. Das Sein aber hat keinen Mangel. Es ist Vollständigkeit und Fülle. Und diese Vollständigkeit impliziert sowohl die Umgrenztheit wie auch zugleich die Unbewegtheit.
Diese Kette von Unbedürftigkeit zu Vollständigkeit und zu Begrenztheit und Unbewegtheit ist die Notwendigkeit, die das Sein festhält. Die Folgerungen sind zwingend, und die Grenze, in die das Sein eingeschlossen ist, ist das durch methodischen Beweis sich ergebende Wesen des Seins als Sein. Dieser Begriff der Ananke ist überaus wichtig. Er begegnete uns schon mehrfach. Er ist die evidente Richtigkeit, die das Ergebnis einer bewußt geübten Beweismethode ist. Wir haben schon angedeutet, wie Platon von dem Zwingenden des Logos redet. Nicht weniger bedeutend ist es, daß eben dieselbe Ananke auch bei Demokrit wiederkehrt. Sie

ist auch bei Demokrit keine Schicksalshaftigkeit oder ein pathetisch blindes Fatum. Es ist dieselbe Notwendigkeit bewiesener Richtigkeit, die den Kosmos Demokrits zusammenhält, so wie sie das Sein des Parmenides aufbaut. Ebenso scheint von ἀνάγκη nicht zufälligerweise Protagoras geredet zu haben, wenn wir Platon Theät. 154 B so verstehen dürfen. Und wenn etwa Platon selber sagt (um ein zufällig gewähltes Beispiel zu nennen): »Ὅτι μὲν τοίνυν ἀθάνατον ψυχή, καὶ ὁ ἄρτι λόγος καὶ οἱ ἄλλοι ἀναγκάσειαν ἄν ... (Rep. 611 B), so ist es wiederum dieselbe logische Ananke, die Parmenides, Demokrit und Protagoras meinten. [266 f.]

Der Akzent, der auf der Lehre von der Begrenztheit des Seins liegt, ist nur zu verstehen einerseits vom Begriff der Vollständigkeit her, die alles Sein (und nichts anderes) umschließt, andererseits vom Begriff des Denkens her, das auf das Sein begrenzt ist und damit das Sein selber als ein Begrenztes erweist. Es liegt, wenn man will, schon im Motiv der Entscheidung, der κρίσις, die Idee der Grenze, die das Sein heraushebt aus dem, was nicht es ist.

Es ist allerdings nicht erstaunlich, daß die eleatische Diskussion selber gerade diese Lehre zuerst fallengelassen hat. Die Einwände, die gegen die Begrenztheit des Seins gemacht werden konnten, waren zu naheliegend. Wenn der Begriff der Vollständigkeit gedanklich zur Begrenztheit führen konnte, so konnte er ebensogut in der Anschauung zur Unbegrenztheit führen. Und gegen die These, daß das Sein begrenzt sei, sofern es nicht Nichtsein sei, konnte eingewandt werden, daß jedes Begrenzte eben doch gegen etwas anderes, ebenso Seiendes begrenzt sein müsse. In dem Augenblicke, als das »Andere«, von dem sich das Seiende abhob, nicht mehr nur Nichtseiendes war, sondern selber Seiendes, war die Behauptung des Parmenides unhaltbar. So hat Melissos das Seiende als unbegrenzt bezeichnet, und Anaxagoras und Demokrit tun es faktisch auch. [268 f.]

Zwei Doxographenstellen führen vielleicht weiter. Aus Aetius 28 A 37 ergibt sich (wie unsicher im übrigen alle seine Aufstellungen sein mögen), daß Parmenides irgend etwas am Rande des Kosmos mit einer Mauer verglichen habe. Es wäre die Mauer, die die oberste Aitherregion von der eigentlichen feurigen Himmelsregion trennte. Daß Parmenides tatsächlich zualleräußerst eine Feuerschicht angenommen hat, ergibt die schon berührte ungemein wichtige Cicerostelle 28 A 37. Wir bemerkten schon, daß dort die drei Manifestationen des Göttlichen bei Parmenides aufgezählt sind. Wir nennen sie nun der Reihe nach. Das erste ist ein Feuerring um den Himmel herum. Diesen Ring nennt Parmenides Gott. Das zweite ist eine Gruppe göttlicher Gestalten, die wir im Anschluß an die Göttin, die in 28 B 12 erwähnt ist, kennenlernen werden. Das dritte sind die schon genannten Sterne.

Bleiben wir bei der ersten Angabe. Sie ist für das Verständnis der Kosmologie des Parmenides von unschätzbarer Bedeutung. Wir sehen zunächst, daß in der Tat jenseits der Mauer ein Feuerring ist. Welcher Beschaffenheit die Mauer selber ist, erfahren wir nicht. Irgendwie muß sie auf eine der beiden Gestalten zurückzuführen sein; andererseits ist man am ehesten geneigt, sie etwa mit dem Eismantel, den Anaximenes wegen seiner hellen Durchsichtigkeit als Himmel genommen hatte, in Verbindung zu bringen.

Die äußerste Feuerschicht ist ihrer Gestalt nach das Gegenstück der nächtigen Erde. Sie ist auch Repräsentant des Seienden, wogegen die Erde Repräsentant des Nichtseienden ist. Aber nicht nur dies. Sie ist auch das Göttliche, das dem Sitze der Menschen entgegengesetzt ist. Sie ist die Gottheit selber und der Ort der Gottheit, der darum wohl auch in 28 B 11 »der äußerste Olympos« heißt. Wenn irgendwo, haben wir hier die Wirkung der Theologie des Xenophanes, die wir in der Seinslehre vermißten. Der äußerste Feuerkreis rings um den Kosmos und (durch die Mauer abgetrennt) jenseits des Kosmos, der »Gott« benannt

wird, ist die Übernahme des kugelähnlichen xenophanischen Gottes in den Kosmos des Meinens (der im übrigen, wie schon deutlich genug ist, mit dem Kosmos des Naturgedichtes des Xenophanes nicht das geringste gemein hat).
Von dieser einen Gottheit, die im Scheinkosmos der eigentlichste Repräsentant des Seienden ist, sind wohl zu unterscheiden die göttlichen Wesen, die Cicero an zweiter Stelle nennt. Sie gehören zur Göttin, die in 28 B 12 in die Mitte der untersten gemischten Kreise, also in den Ring des Mondes versetzt war. Das Werk dieser Göttin wird in 28 B 12 klar bezeichnet. Sie veranlaßt einerseits die Verbindung von Männlichem und Weiblichem, ist also das, was sonst etwa Aphrodite heißt. Sie ist es aber auch, »die die Seelen bald aus dem Sichtbaren ins Unsichtbare, bald aus dem Unsichtbaren ins Sichtbare sendet«. Dies ist noch auffallender. Es ist nichts anderes als der endlose Rhythmus der pythagoreischen Unsterblichkeit, der Wechsel von Tod und Wiedereinkörperungen. Freilich ist auch diese Lehre auf das Prinzip der beiden Gestalten ausgerichtet. Der Wechsel vollzieht sich zwischen Licht und Nacht (so wie wir sehen werden, daß sogar der Gegensatz von Männlich und Weiblich in einer – allerdings nicht ganz einfachen Weise – auf den Gegensatz von Licht und Nacht reduziert wird). Dann ist die Frage unvermeidlich: Was ist Licht und was Nacht? Gerade das irdische Dasein wird nicht »Licht« sein, denn die Erde ist ja aus Nacht. Das Dasein im »Sichtbaren« und im Lichte wird man anderswo zu suchen haben. Da bietet sich eine Stelle ungezwungen zur Ergänzung. 28 A 1 sagt, nach Parmenides »stamme der Mensch ursprünglich von der Sonne«. Also ist das Lichtdasein des Menschen, bzw. der Seele in der reinen Feuerregion der Sonne, dies eine offensichtliche Umgestaltung der schon angedeuteten pythagoreischen Anschauung, nach der der Sitz der Seele in den Gestirnen sei. Gleichzeitig erkennen wir wieder, wie auch in den Einzelheiten der Kosmoskonstruktion die Gleichung »Nacht = Nichtseiendes = Welt des Meinens = Welt des

Sterblichen« wirksam bleibt. Die Erde besteht nicht nur physisch aus der Gestalt der Nacht, sie ist auch der wahre Totenort, in dem die Seelen begraben sind; so hat es später auch Empedokles im Reinigungsgedicht geschildert. [279 ff.]

18. Kahn (Rez. Tarán; übers. von Hans von Steuben)

Ich gebe zu bedenken, daß der Text völlig übereinstimmt mit der Annahme, daß das Sein durchweg als räumlich ausgedehnt beschrieben und durch eine Struktur charakterisiert wird, die in einigen wichtigen Zügen der einer geometrischen Kugel vergleichbar ist. Natürlich ist der Text auch mit Fränkels Meinung vereinbar: »Was er meint, liegt jenseits aller Vorstellbarkeit; was er zu sagen hat, steht an der Grenze dessen, was überhaupt noch von Sprache bewältigt werden kann« (»Wege und Formen« 197). Angesichts eines so mächtigen originalen Geistes müssen wir zugeben, daß er versucht haben *könnte*, eine nicht räumliche Wirklichkeit zu denken, und einfach nicht imstande war, für seine Auffassung einen Ausdruck außer in räumlicher Sprache zu finden. Es kann sein, daß er die Absicht hatte, den Aufbau einer intelligiblen Welt zu beschreiben, die Struktur eines νοητὸς τόπος. Dann wäre er darin ein Vorläufer Platos gewesen, gerade wie in seiner Leugnung von Vergangenheit und Zukunft. Aber dann müssen wir anerkennen, daß es Parmenides nicht gelungen ist, explizit auszusprechen, was Plato zum ersten Mal in der Geschichte des griechischen Denkens ausgesprochen hat: daß das Sein, das er beschreibt, nicht im üblichen Sinn *am Orte* ist, überhaupt nicht hier oder dort. Im Gedicht des Parmenides gibt es keinen *ausdrücklichen* Bruch mit der üblichen griechischen Auffassung, daß, was auch immer etwas ist, irgendwo ist, wie es einen Bruch mit der üblichen Auffassung gibt, daß, was auch immer ewig ist, war und immer sein wird. Taráns Darstellung hat die Tendenz, Parmenides eine herkömmliche Haltung hinsichtlich der Zeit und eine umstürzende Haltung hinsichtlich des Raumes zuzuschreiben. Die Aussage des Textes weist in beiden Fällen in die entgegengesetzte Richtung. [132]

19. Hölscher

Belehrung durch die Musen hat Hesiod erfahren, als ihm beim Rinderweiden am Helikon die Göttinnen erschienen waren. In die Reihe solcher Berufungs- und Einweihungsgeschichten gehört auch die Wagenfahrt des Parmenides. Hier wird also nicht der allgemeine, wiederholte und wiederholbare Erkenntnisvorgang, sondern etwas Einmaliges beschrieben. Man würde wohl Ton und Absicht verkennen, wenn man auf ein ekstatisches oder mystisches Erlebnis des Parmenides schließen wollte. Die Wagenfahrt erzählt den Grund seines philosophischen Berufs als Berufung. [71 f.]

Die Beziehung, die hier zwischen dem Denken und dem Sein aufgewiesen wird, ist also in der Tat eine ähnliche wie in Fragment 3, jedoch mit umgekehrter Absicht. Dort ging es um den Nachweis, daß nur Seiendes ist; das Seiende wies sich als das einzig Denk-Mögliche aus vor der Instanz des Denkens. Jetzt dagegen ist das Seiende mit allen seinen Kennzeichen versehen und zeigt sich zuletzt als der Grund der Wahrheit dieses Denkens: das Denken empfängt seine Gültigkeit wiederum von der Instanz des Seienden. – Der Erkenntniskritiker wird auf den Zirkelschluß dieser Argumentation hinweisen und darauf bestehen, daß sie aus dem Kreis der Subjektivität nicht herausführe. Parmenides befindet sich in der extremen Gegenposition zur Erkenntniskritik: nicht das Sein ist im Denken verwurzelt, sondern das Denken im Sein.
So zeigt sich der Zusammenhang nach vorn und hinten klar: Die Identität des Seienden verbürgt die Wahrheit des Den-

kens; es ist schließlich das Seiende selber, das den *Gedanken* des Seienden und damit die ganze Lehre des Parmenides in ihrem einsamen Paradox garantiert. [98 f.]

So ist die Anschauung der vollendeten und in ihren Grenzen ruhenden Kugel des Seienden von den vorher entwickelten Vorstellungen durchaus vorbereitet. Umstritten ist, wie weit die Anschauung vergleichsweise gemeint, ob das Bild der Kugel nur Bild ist. Der Ausdruck: »gleich einer Kugel« würde das nahelegen. Indessen heißt »sphaira« an sich nicht die stereometrische Kugel, sondern der Spielball. Verglichen wird also nicht das Seiende mit einer Kugel, sondern seine Form mit einem Ball. Bei aller Entschiedenheit, mit der Parmenides das Seiende von der Sinnlichkeit trennt, deutet doch nichts darauf hin, daß er ihm das Prädikat der Ausdehnung – ebensowenig wie das der Dauer – absprechen wollte. Im Gegenteil: die vorher gewonnenen Prädikationen des Kontinuums haben einen Sinn nur in der Dimension des Raumes. So gibt es auch keinen Grund anzunehmen, daß Parmenides mit dem »Seienden« eigentlich ein Abstraktum, das »Sein« gemeint habe.

Wenn also die Kugel hier nicht nur Gleichnis ist, hat der Begriff der Grenze für Parmenides neben der ontologischen zugleich auch räumliche Bedeutung. Solche Mehrdeutigkeit eines Begriffs ist keineswegs unwahrscheinlich. Man hat sich vor allem des »Unbegrenzten« des Anaximander zu erinnern, das an sich die räumliche Vorstellung eines unendlich tiefen und »allumgebenden« Wesens enthält, zugleich aber die der unbegrenzten Erzeugungskraft eines unerschöpflichen Vorrats, woraus auch die Prädikationen der unbegrenzten Dauer, der anfangs- und »alterslosen« »Ewigkeit«, der »Unsterblichkeit« und Allmächtigkeit gewonnen werden. Bei Parmenides ist es aber umgekehrt: aus dem ontologischen Begriff der Vollendung wird der Begriff der Grenze gewonnen, die aus der Eigenkraft ihrer Begrifflichkeit zur Konzeption der vollkommenen Form führt. [100 f.]

Einen Hinweis kann Theophrasts Bemerkung geben: daß die Erkenntnis durch das Heiße die bessere und reinere sei (Test. 46 [18]). Der Erkenntnisvorrang des Feuers vor dem Dunkeln und Festen geht aus der Theorie des Sehens hervor, welches als ein in unermeßliche Fernen reichendes Augenlicht verstanden wurde, und demgegenüber die anderen Sinne auf viel kürzere Nähe oder unmittelbare Berührung angewiesen sind. Wenn das Sehen eine Funktion des Feuers ist, so gewiß noch mehr das Denken, das nach dem Bild des Proömiums »den wissenden Mann an alle Orte versetzt«. So dürfte auch die ganze Lichtsymbolik des Proömiums zu erklären sein: nicht aus der Identität des Lichtes mit dem Seienden, sondern aus seiner Fähigkeit, auch das fernste Seiende zu denken. Die Auszeichnung des Parmenides beruht also auf der besonderen Lichtnatur seiner Seele. [115]

20. Bormann

Das Seiende ist die Ganzheit, welche alles andere ausschließt. Dieser Satz ist die Grundlage der gesamten parmenideischen Ontologie; sie wird aus ihm abgeleitet. Direkte und indirekte Beweise knüpfen an ihn an. Jedes neu eingeführte Prädikat ist aus der Ganzheit des Seienden abgeleitet. Als alles andere ausschließende Ganzheit kann das Seiende nicht entstehen und vergehen, es ist nicht teilbar, als Ganzheit in Grenzen gefesselt, daher unbewegt, als unbewegtes Ganzes ist es einzig, daher kann nur es als real gekannt werden; als allseitig Begrenztes hat es Kugelgestalt und ist homogen.

Die Argumentation verläuft kreisförmig, gelegentlich in einer solchen Weise, daß nach aristotelischer Logik ein circulus vitiosus zustande kommt. Hiermit wird die Wohlgerundetheit des Seienden nachgeahmt.

Spezielle Polemik ist nicht nachweisbar; kritisiert wird die

vorparmenideische Philosophie insgesamt, wenngleich gelegentlich Anaximander und Anaximenes, vielleicht auch die Pythagoreer sichtbar zu werden scheinen.
Die Frage, was außerhalb des räumlich begrenzten Seienden sei, dürfte vom parmenideischen Denken her illegitim sein. Wird sie dennoch gestellt, dann ist Parmenides' Antwort: Außerhalb des räumlich begrenzten Seienden ist nichts, nicht einmal das Nichts. Diese zunächst befremdlich erscheinende Konzeption kehrt, allerdings in anderer Form, wieder in den neuzeitlichen Eliminationen des absoluten Raumes. [179]

Da das Seiende in räumliche Grenzen eingeschlossen ist, ist es materiell; denn ein immaterielles Seiendes kann nicht räumlich begrenzt sein. Was ist unter dem materiellen Seienden zu verstehen? Die Frage müßte sich von einer Übersicht über die ihm beigelegten Merkmale her beantworten lassen.
Das Seiende ist ein Ganzes, einzigartig, unbewegt und ohne Ende in der Zeit, unentstanden und unvergänglich, absolut einfach, zeitlich und räumlich mit sich identisch, d. h. völlig gleichartig und unteilbar. Es ist unbeweglich in räumliche Grenzen eingeschlossen, gleichmäßig von sich selbst erfüllt und hat die Gestalt einer Kugel. Somit ist das Seiende eine homogene, kontinuierliche, unteilbare Kugel, die sich nicht bewegt und verändert. Als ein solches ist es ausgedehnt. Nicht aber wird ihm irgendeine Qualität beigelegt, auch ist es nicht belebt oder mit einer vernunftbegabten Seele ausgestattet. Eine Gottheit ist es nicht, göttliche Eigenschaften hat es nicht. Mit dem νοεῖν als dem Kennen der Realität bildet es eine Einheit, innerhalb der Einheit besitzt es die Priorität. Was ist dieses Seiende, das keine Qualitäten hat und das dem νοεῖν vorgegeben ist? Das kugelförmige Seiende, dem Ausdehnung nicht als Akzidens, sondern wesentlich, keine Qualitäten, auch nicht Bewegung, Veränderung, Leben, Denkkraft zugesprochen werden, scheint ein stereometri-

sches Gebilde zu sein. Da es aber zu sehr mißverständlich ist – das Seiende könnte als mathematischer Körper aufgefaßt werden –, sei auf diesen Terminus (stereometrisches Gebilde) kein Nachdruck gelegt. Richtig ist allerdings, daß das parmenideische Seiende στερεόν genannt werden kann, insofern es ein gleichmäßig von sich selbst erfüllter, unteilbarer, kugelförmiger Körper ist. [181 f.]

Was nur ausgedehnt ist, jedoch keine Akzidenzien hat, kann nicht sinnlich wahrgenommen werden. Dem rein menschlichen νοεῖν bleibt daher die gleichförmig ausgedehnte, qualitätslose Seinskugel verborgen; menschliches νοεῖν erzeugt den Schein der Vielheit, der Bewegung und Veränderung. Die Welt und alles, was in ihr geschieht und zu sein scheint, ist vermeintliche Realität; die Wirklichkeit ist statisch, gleichmäßig ausgedehnt, qualitätslos, so wie sie vom göttlichen νοεῖν geschaut wird. Aber das rein menschliche νοεῖν erstrebt dasselbe wie das von der Gottheit belehrte νοεῖν; es will die Wirklichkeit erkennen. Die Verbindung von Seiendem und scheinbarer Realität ist gnoseologischer Art: Menschliche Betrachtungsweise will das Seiende erfassen, aber sieht Vielheit und Veränderung und verfehlt damit die undifferenzierte, eine und unveränderliche Wirklichkeit. Die Pseudo-Realität der körperhaften Welt wird vom belehrten Denken in ihrer Nichtigkeit erkannt: Nicht die sinnlich wahrnehmbare Körperwelt ist seiend; das Seiende ist eine Kugel, welche keine Akzidenzien hat und deshalb den Sinnen nicht zugänglich ist. [182]

21. Heitsch, »Logischer Zwang«

Schon vor und neben Parmenides hatte die erkenntniskritische Diskussion zu einer resignierten und skeptischen Haltung geführt. »Die Wahrheit wissen allein die Götter. Die Menschen können sich nur an Phänomene halten und ihre

Erfahrungen machen und deuten; aber auch alle noch so erweiterte Erfahrung bleibt ihre Erfahrung, und so kommen sie über Vermutungen grundsätzlich nicht hinaus.« Offensichtlich ist Parmenides mit solchen zeitgenössischen Thesen völlig im Einklang, wenn er die Beschreibung und Erklärung der empirischen Welt, die er im zweiten Hauptteil seines Werkes gibt, ausdrücklich unter einen erkenntniskritischen Vorbehalt stellt (B 1,30–32; B 8,51 f.; B 8,60 f.). Aber: Daneben gibt es, wie Parmenides als erster sieht, eine Sphäre des allein vom νόος erkannten εἶναι. In diese Sphäre gehören die kontradiktorische Alternative ἔστιν ἢ οὐκ ἔστιν und damit das Prinzip der Widerspruchsfreiheit. In dieser Sphäre kann daher zwingend bewiesen werden. Hier erhalten alte und geläufige Ausdrücke wie »notwendig«, »nicht möglich«, »(ent)scheiden«, »Zwang« den völlig neuen Aspekt der logischen Folgerichtigkeit. Und in dieser Sphäre schließlich herrschen δίκη und θέμις, die alten Mächte der gebührenden Ordnung und des persönlichen Rechts, in neuer Manifestation als die Mächte des logisch Zwangsläufigen.

Und so gibt es hier, wo alles unter der kontradiktorischen Alternative und damit unter dem Gebot der Widerspruchsfreiheit steht, nun doch auch für den Menschen einen Zugang zur Wahrheit. Diese Wahrheit wird nicht geoffenbart, und sie wird auch nicht mit den Sinnen wahrgenommen; sie ist unanschaulich; sie beruht weder auf Tradition noch auf Autorität. Der Zugang zu dieser Wahrheit wird vielmehr eröffnet durch die überzeugende Argumentation (B 7,5 λόγῳ; B 8,50 πιστὸν λόγον) und durch die Kraft des Beweises (B 8,12 πίστιος ἰσχύς). Seine Kraft aber bezieht der Beweis einfach daraus, daß er einleuchtet: weil er einleuchtet, ist er zwingend; eben dieses Einleuchten ist seine Kraft.

Es ist denn wohl auch kein Zufall, daß Parmenides für uns überhaupt als erster nicht nur von der Kraft, sondern auch von der Evidenz des Beweises (B 1,30; B 8,28 πίστις ἀληθής) redet; vielmehr spricht alles dafür, daß tatsächlich er es ist, der mit der Entdeckung des elementaren logischen Gebildes des kontradiktorischen Gegensatzes und der Prinzipien der Widerspruchsfreiheit und Folgerichtigkeit den evidenten Beweis als Instrument menschlicher Erkenntnis eingeführt hat. Diese Einführung von Beweis, Argumentation und logischer Evidenz, wie wir sie hier um die Wende vom 6. zum 5. Jhdt. beobachten können, war offenbar eine einmalige Leistung, die, wie unsere Beispiele aus der Literatur des 5. Jhdts. zeigten, denn auch sogleich ihre Fruchtbarkeit beweisen konnte. Und in der Tat sollte sie, wie wir heute nach 2500 Jahren sagen können, für alle Folgezeit von fundamentaler Bedeutung sein. [24f.]

Wahrheit und Gesetz

Die Offenbarung des Parmenides

Von Hans von Steuben

Vorbemerkung

Das kurze Lehrgedicht des Parmenides aus dem frühen 5. Jahrhundert v. Chr. gehört zu den Marksteinen der Philosophie. Man kann es noch immer mit Hegel ihren eigentlichen Anfang nennen, in historischer wie in wissenschaftlicher Hinsicht.

Parmenides gilt als Vater der Logik. Seine Lehre vom Denken und vom Sein hat Logiker und Ontologen bis heute in Anspruch genommen. Auch ihrem moralischen Gehalt ist man schon lange nachgegangen. Der ästhetische ist dagegen kaum beachtet worden. Die logischen, ontologischen und kosmologischen Aussagen des Parmenides über Ruhe und Bewegung, Einheit und Mannigfaltigkeit, Grenze und damit verbunden Raum und seiner Negation, Licht und Dunkel sind jedoch zugleich ästhetischer Natur, klassische Themen der Kunstwissenschaft, und könnten zur Grundlage einer Ästhetik werden, der dasselbe Gewicht wie seiner Logik oder Wahrheitslehre zukommen müßte. Es war vor allem das Interesse an ästhetischen Problemen, das diese Untersuchungen geleitet hat.

Der Schlüssel alles dessen ist Dike (Recht oder Gesetz), die Parmenides zur Wahrheit führt und in seinem Gedicht eine zentrale Bedeutung hat.

Dike hütet das ätherische Tor zum Reich der Göttin, die Parmenides die Wahrheit verkündet. Das ist das erste, das wir über sie erfahren. Es gibt also einen Zusammenhang zwischen Gesetz, wenn wir bei diesem allgemeinen Ausdruck bleiben dürfen, und Äther oder Licht und Wahrheit. Das scheint uns eine weit über Parmenides hinausreichende Bedeutung zu haben, doch haben wir es nirgends so deutlich und dem Denken zugänglich dargestellt gefunden wie bei ihm. Diesem Zusammenhang vor allem glaubten wir nachgehen zu müssen. Vielleicht ist bei Parmenides der Punkt zu finden, an dem logische, moralische und ästhetische Gesetze zusammentreffen.

Angesichts der immer stärker anschwellenden Literatur über Parmenides haben wir unsere Hinweise und Diskussionen auf Beiträge beschränkt, die uns repräsentativ zu sein schienen. Wir bitten um Nachsicht, wenn dabei manches beiseite blieb, was eine Würdigung verdient hätte. Für ein weiterführendes Studium sei auf Tarán verwiesen, der die Literatur zu den einzelnen Versen und Fragmenten ausführlich diskutiert, ferner auf den Forschungsbericht von H. Schwabl (in: *Anzeiger für die Altertumswissenschaft* 24, 1972, S. 15 ff.) und den einführenden Überblick über den Stand der Forschung bei Bormann und Pfeiffer. Ein Spektrum der Urteile über Parmenides und die wichtigsten Streitpunkte seines Gedichtes bieten schließlich auch die Auszüge aus der neueren Literatur, die wir unseren Untersuchungen vorausgeschickt haben.

Bei dem Gebrauch häufig wiederkehrender Begriffe wie Identität, Gleichheit, Logik, Denken, Anschauung, Kosmologie, Kosmogonie u. ä. sind wir nicht immer konsequent gewesen. Ihre Bedeutung oder ihr Akzent dürfte sich jedoch aus dem Zusammenhang ergeben.

Anders als in der Übersetzung haben wir stets »Sein« (anstatt »Seiendes«) gesagt. Die Bedeutung hängt nicht an dem Wort, sondern an der Interpretation des Gedichtes, dessen originaler Titel nicht bekannt ist. Später wurde es »Über die Natur« (περὶ φύσεως) überschrieben (Testimonia 19).

Wir danken J. Mansfeld, der bereitwillig eine neue Übersetzung der Fragmente zur Verfügung gestellt und nützliche Hinweise gegeben hat; R. Leimbach, der die Testimonia ausgewählt und übersetzt hat. Wir halten uns an diese Vorlagen, auch wo sie nicht unserer Interpretation entsprechen. K. Deichgräber und F. Preißhofen danken wir für das wohlwollende Studium des Manuskriptes, H. Patzer darüber hinaus für eine lange, förderliche Diskussion.

Einführung

Es gibt kaum eine Epoche in der Geschichte der Philosophie, die uns noch so erregt und uns so viele Rätsel hinterlassen hat wie ihre Frühzeit im 6. und 5. Jahrhundert v. Chr. Wir fühlen uns dahin zurückgezogen wie zu Orakelweisheit und Prophetensprüchen. Anstatt zu Glauben und Gehorsam werden wir jedoch zum Denken aufgefordert – und als Denkende zugleich zurückgestoßen. Diese ersten Denker sind selber wie die Auserwählten aufgetreten und haben verächtlich auf den menschlichen Verstand herabgeblickt, über den sie ihr eigenes Wissen als etwas Gottgegebenes erhaben dachten. Ihre Lehren haben den Charakter von Offenbarungen.

Für Parmenides waren die Menschen, die seine Erkenntnis nicht teilten, unwissende Sterbliche, Irrende, machtlos, blind, blöde (fr. 6,4 ff.). Heraklit schließt da auch die größten Namen ein. Er hält die Menschen überhaupt für zu beschränkt, ihn jemals zu begreifen. Wenn das ein im Charakter der Personen liegendes oder der Zeit eigentümliches Pathos wäre, so könnten wir darüber hinwegsehen und uns nüchtern aneignen, was uns von ihren Lehren noch bedeutend ist. Jedoch, was die Verständlichkeit betrifft, so scheint die Zeit Parmenides und Heraklit recht zu geben. Das Studium der antiken und neueren Deutungsversuche kann nur zu dem Eingeständnis führen, daß wir auch heute noch vor einem Rätsel stehen. Oder wer möchte im Ernst behaupten, das Gedicht des Parmenides zu verstehen? Wir rufen kurz in Erinnerung, was in diesem Gedicht steht.

Parmenides schildert, wie er auf einem von Stuten gezogenen Wagen und von Sonnenmädchen geleitet zum Licht fährt. Er kommt an ein Tor, zu dem Dike die Schlüssel verwahrt. Die Mädchen überreden Dike, das Tor zu öffnen. Parmenides fährt hindurch und wird von einer Göttin empfangen, die ihm die Wahrheit verkündet. Welche Wahrheit? Daß Sein ist und Nichtsein unmöglich ist. Daß Denken und

Sein dasselbe ist. Daß das Sein ungeworden ist und unvergänglich, ein unbewegtes, unteilbares Eines, das nicht irgendeinmal war und irgendeinmal sein wird, sondern jetzt ist, ein zusammenhängendes Ganzes und Eines. Dieses Sein ohne Anfang und Ende liegt in den Fesseln der Dike (oder Ananke oder Moira), die Werden und Vergehen von ihm fernhält und seine es rings umschließende Grenze bildet. Durch die mächtigen Bande der Dike ist das Sein nach allen Seiten vollendet, der Masse einer wohlgerundeten Kugel vergleichbar.

Der Wahrheit stellt Parmenides dann die irrige Meinung der Sterblichen gegenüber, die auf das täuschende Zeugnis der Sinne gegründet ist: daß es Werden und Vergehen gebe, Sein und Nichtsein, den Ort ändern, die leuchtende Farbe wechseln . . .

Wie können wir dieser Vorstellung näherkommen, die uns heute fremd ist und doch unverkennbar von einem großen, an unsere grundsätzlichen Erkenntnisprobleme rührenden Gedanken beherrscht wird? Wer sind die göttlichen Gestalten oder Mächte, die Verkünder und Garanten des Seins, und was ist es selbst, dieses mit den Sinnen nicht wahrnehmbare, nur dem Denken zugängliche Sein, von dessen Existenz und alleiniger Wahrheit Parmenides uns so leidenschaftlich wie methodisch, in Bildern redend und mit abstrakten Argumenten überzeugen will? Man kann die vielen Versuche, sich in diesem Zwielicht von Mythos und Logik zurechtzufinden, kaum noch überblicken. Schon die Antike – die eigenen Schüler, Platon, Aristoteles und seine Nachfolger, die Neuplatoniker – haben Parmenides kommentiert, ohne damit vor uns Heutigen bestehen zu können.[1] Man hat sogar zu Recht gesagt, Aristoteles habe Parmenides zwar zeitlich näher, doch geistig ferner gestanden als wir.[2] Hegel und Nietzsche haben Parmenides gewürdigt, und seit wenig später H. Diels die Fragmente der Vorsokratiker gesammelt und dem allgemeinen Studium zugänglich gemacht hat, gehört die Beschäftigung mit Par-

menides zum üblichen philosophischen und philologischen Forschungsbetrieb. Wir wollen jedoch keinen Überblick über den Stand der Forschung geben, sondern nur eine gewisse Vorstellung davon vermitteln, in welche Verlegenheit uns das Gedicht des Parmenides noch immer bringt.
Zunächst die Auffahrt zum Licht. Der Skeptiker Sextus Empiricus im 2. Jahrhundert n. Chr., der uns die in dreißig Versen geschilderte Wagenfahrt überliefert hat, sah darin eine Allegorie, in der die Pferde die vernunftlosen Triebkräfte der Seele, die Sonnenmädchen den Gesichtssinn bedeuten usw. Dike sei die untrügliche Vernunft und identisch mit der Göttin, die die Wahrheit offenbart.[3] Von Sextus beeinflußt spricht auch Hegel[4] und noch mancher nach ihm von einer allegorischen Einleitung des parmenideischen Gedichts. Davon sind die meisten jedoch abgekommen. Aber es galt doch lange als selbstverständlich, und großenteils ist das noch die heutige Auffassung, daß Parmenides seine Erkenntnis keinem religiösen Erlebnis verdanke, sondern nur durch seine Göttin aussprechen lasse, was ihm kraft eigenen Denkens zuteil geworden sei. Diels hat die ältere Entrückungsliteratur der Griechen herangezogen – Hesiods Inspiration durch die Musen, Orphiker, Pythagoräer, schamanistische Geisterbeschwörungen –, um die nach seinen Begriffen so gar nicht zur Rationalität des Parmenides passende Epiphanie einschließlich der darin erscheinenden Aletheia und Dike als Nachklang orphischer Mystik verständlich zu machen.[5] W. Kranz[6] und andere sind ihm darin gefolgt, und die Herleitung der parmenideischen Metaphern von Hesiod und anderen Vorbildern (in der Meinung, daß sie etwas Fremdes, Aufgesetztes seien) ist bis heute in Übung geblieben.[7]
Bald kam aber auch die Überzeugung auf, daß der rationale Gehalt des Gedichts und die mythische Form seiner Einleitung doch nicht unvereinbar, auch mit dem Temperament des Parmenides nicht hinreichend zu erklären seien. K. Reinhardt hat da einen vorsichtigen Anfang gemacht: Wer

die ungeheure Kluft aufzeige, die zwischen Diesseits und Jenseits liegt wie zwischen Mensch und Gott, dem stehe es auch an, seine Erkenntnis einer Gottheit in den Mund zu legen. Das Poetisch-Mythische sei nicht Manier, es gehöre zum Wesen dieses Denkens, wobei der Primat des Denkens allerdings nicht angezweifelt wird.[8]

Der Zweifel hat sich dann bei anderen gemeldet. Zunächst war man allerdings nur bereit, Parmenides überhaupt Religiosität zuzubilligen, was Reinhardt noch entschieden bestritten hatte.[9] Für einen Griechen jener Zeit waren Göttliches, Natur und Mensch noch nicht wie heute geschieden. Alles, was als Kraft auf den Menschen wirkt, war göttlichen Ursprungs, und Parmenides habe seine Erkenntnis nicht anders als unter göttlicher Einwirkung entstanden denken können. So haben vor allem H. Fränkel und W. J. Verdenius die Himmelfahrt verstehen wollen: als Gleichnis eines Erkenntnisaktes, den wir heute einen vom Subjekt geleisteten Durchbruch zur Klarheit nennen würden, während Parmenides als Mensch seiner Zeit darin zugleich ein Werk göttlicher Huld gesehen habe.[10]

Von einer Allegorie im Sinne des Sextus oder einer poetischen Einkleidung abstrakter Gedanken haben wir uns damit schon beträchtlich entfernt. Aber Fränkel und Verdenius scheinen mit ihren Erklärungen selbst noch nicht zufrieden gewesen zu sein. Beide haben das Thema noch einmal aufgegriffen und sprechen der Offenbarung des Parmenides nun einen mystischen Charakter zu, der bestimmter und zugleich allgemeiner zu verstehen ist als das der frühgriechischen Vorstellung gemäße Ineinandergreifen der menschlichen und göttlichen Welt. Verdenius weist darauf hin, daß die Lichtsymbole im Gedicht des Parmenides, oft auch die dem Licht (oder dem Sein) zuerkannten Eigenschaften des Wahren, Einen, Übersinnlichen auffallende Entsprechungen in der Offenbarungsliteratur anderer Völker, Religionen und Zeiten haben.[11] Fränkel erinnert an Buddha. Parmenides könne durchaus eine *unio mystica* erlebt haben, nicht wie Buddha in stiller Versunkenheit, sondern wie nach einer heftig erkämpften Befreiung von den Fesseln der sinnlichen Welt, die in der reißenden Himmelfahrt ihren symbolischen Ausdruck finde.[12] Dabei wird jedoch stets vorausgesetzt, daß die Erleuchtung vom Subjekt erwirkt sei, Lohn eines intendierten Einswerdens mit dem Sein. Das Denken der Wahrheit hätte damit zwar einen überrationalen, mystischen Grund erhalten, doch das entscheidende Agens bliebe der menschliche Erkenntniswille. Auch Verdenius hält sich nach heutigen Begriffen im Bereich der Subjektivität oder weiß doch keinen Weg, aus ihm herauszukommen. In einem wichtigen Punkt geht er weiter als Fränkel, denn das Licht ist für ihn nicht nur Symbol der Erkenntniskräfte, sondern auch höchstes Prinzip der Wirklichkeit. Aber er hält das für zweierlei. Wie Parmenides vom Licht seines eigenen Geistes zum göttlichen Licht geführt wurde, von der »Psychologie zur Metaphysik«, bleibt bei ihm als Frage stehen.[13]

Es braucht wohl nicht betont zu werden, daß Verdenius und Fränkel andere Offenbarungsliteratur in anderer Absicht heranziehen als Diels. Für Diels war es ausgemacht, daß der Himmelfahrt des Parmenides keine wie auch immer geartete Realität zukomme. Die Bilder und Götter müßten daher irgendwo geborgt sein, und die Quellen sollten nachgewiesen werden. Fränkel und Verdenius sprechen gerade zugunsten der Originalität und Realität der parmenideischen Vision, indem sie auf vergleichbare Erscheinungen außerhalb des frühgriechischen Kulturbereiches hinweisen, die mit Parmenides und unter sich durch keine historischen Traditionen verknüpft sind. Fränkel sagt denn auch auf seine Weise: »Der einzigartige Aufstieg aus der irdischen Welt, wie ihn Parmenides gewagt hat, entzieht den Denker zugleich auch in gewissem Sinne der historischen Kontinuität. Den Gedanken hält und trägt eine sachliche, abstrakte Konsequenz, die mit den Zufällen der geschichtlichen Situation nichts mehr zu tun hat.«[14]

Schließlich hat man auch den letzten Schritt getan und die Offenbarung des Parmenides ohne Einschränkung ernst genommen. Nach J. Mansfeld sei es nicht genug, eine persönliche religiöse Erfahrung zu konzidieren, deren Wurzeln letztlich in der Epoche oder in der Bereitschaft oder besonderen Veranlagung des Parmenides selber liegen. Der Inhalt und Wortlaut des Gedichts spreche für die Existenz und primäre Aktivität der göttlichen Mächte bei der Offenbarung, der Parmenides seine Erkenntnis dankt. »Nur durch die Intervention einer persönlichen göttlichen Gewalt kann Parmenides sein Menschsein hinter sich lassen und in die Logik eingeweiht werden. Die Offenbarung selbst bleibt unerklärt und unerklärbar, obwohl ihre Annahme für ein besseres Verständnis des Lehrgedichts nicht entbehrt werden kann.«[15]
Man kann nicht sagen, daß Mansfeld die heutige Auffassung repräsentiere. Die Ansichten gehen weiterhin auseinander.[16] Es ist sogar zu erwarten, daß die Geister überhaupt geschieden bleiben in einer Frage, die sich ihrer Natur nach einer einwandfreien philologisch-philosophischen Interpretation so widersetzt wie die von Parmenides geschilderte Himmelfahrt. Es ist aber schon von Bedeutung, daß die Möglichkeit einer mit dem üblichen Verstand nicht zu fassenden Offenbarung, was man sich auch darunter vorstellen mag, heute nicht mehr einfach von der Hand gewiesen wird. Mansfeld braucht keine Zustimmung zu finden, sondern nur Raum für Zweifel geschaffen zu haben, und das Gedicht des Parmenides muß für uns erst recht eine Herausforderung sein. Könnte Parmenides tatsächlich eine Offenbarung empfangen haben, die das freie Walten einer höheren Macht voraussetzt? Schon die Frage wiegt viel. Sie zu beantworten scheint nicht mehr Sache der Wissenschaft zu sein. Wir sollten ihr aber deshalb nicht ausweichen und sie vor allem nicht zu früh verneinen. Die Antworten in der Parmenidesliteratur lassen in diesem Punkte, scheint uns, mehr Überzeugungen oder Vorurteile erkennen als den Wunsch, alle Möglichkei-

ten unvoreingenommen zu prüfen. Das Proömion des parmenideischen Lehrgedichts ist ein Stein des Anstoßes, über den uns so leicht nichts hinwegbringen wird.

So unsicher wie der Offenbarung, auf die sich Parmenides beruft, stehen wir auch seiner Lehre gegenüber. K. Deichgräber und andere haben gezeigt, daß das ganze Gedicht inhaltlich mit dem Proömion verknüpft ist und daß daher auch die Interpretation des ganzen einen gemeinsamen Nenner haben müsse. Dann wird es immer schwerer, in den Lichtwesen des Proömions nur literarische Figuren oder Symbole für die Lichtkräfte der Erkenntnisorgane zu sehen. Warum soll das Licht nicht zu den Qualitäten des wahren, objektiven Seins gehören, das der Gegenstand der Erkenntnis ist? Wo Parmenides das Sein bestimmt, als ungeworden, unbewegt, wird Licht zwar nicht genannt, aber das Sein ist die Wahrheit, und die Wahrheit, zu der Parmenides im Proömion getragen wird, ist Licht. Die Vorbehalte gegen eine Gleichsetzung von Licht und Sein sind zwar noch immer stark, doch auch sie werden nach und nach, so scheint uns, aufgegeben. Auch das ätherische Tor der Dike, Dike selbst muß dann am objektiven Sein teilhaben und ihm ihre ätherische oder halbätherische Natur verdanken.

Ehe wir dem weiter nachgehen, wollen wir noch zeigen, wie gespalten die Meinungen auch über die wichtigsten anderen Aussagen des Gedichtes sind. Was stellt man sich unter dem parmenideischen Sein vor, was unter Dike, die mit dem Sein so eng verbunden ist? Für den einen ist das eine, ewige, allgegenwärtige, unwandelbare Sein göttlichen oder quasi göttlichen Ranges, der andere leugnet das entschieden. Parmenides selbst hat sich dazu nicht ausdrücklich geäußert. Er sagt nur, daß eine Göttin ihm das Sein verkündet hat. So können die Interpretationen von einer gereinigten, von jeder sinnlichen Vorstellung befreiten Gottesidee bis zu einer leeren Abstraktion reichen, in der alle Erscheinungen untergegangen sind: die Gewißheit reiche sozusagen nur bis zur Konstatierung des »Sein ist«, und auch das müsse noch

durch viele Beteuerungen gegen das Nichtsein gesichert werden. Ist das Sein Materie[17] oder nicht, ausgedehnt oder nicht, wie ist der Vergleich mit der Kugel zu verstehen? Darüber hat sich schon das Altertum nicht verständigen können, und die Ansichten gehen noch immer auseinander.
Simplicius, der um die Zeit der Auflösung der Platonischen Akademie im Jahre 529 n. Chr noch einmal Teile des Gedichtes abgeschrieben und gerettet hat, sagt zu dem Vergleich mit der Kugel: »Wenn er das eine Sein der Masse einer wohlgerundeten Kugel gleich nennt, so wundere dich nicht, denn dem Gedicht haftet auch etwas mythische Dichtung an.«[18] Ebenso lassen Fränkel und andere das Bild der Kugel nur in einem übertragenen Sinne gelten, als Symbol der Vollendung, allseitiger Ausgeglichenheit,[19] während andere daran festhalten, daß Parmenides tatsächlich ein kugelförmiges Sein gemeint habe, das gewissermaßen das feste, unsinnliche Substrat der wechselnden Erscheinungen sei.[20] Die Erklärungen sind im übrigen oft ihrerseits so vieldeutig und komplex, daß sie sich nicht in wenigen Sätzen wiedergeben lassen. Man kann beinahe alles wiederfinden, was die Philosophie seither über ein von unseren Wahrnehmungen unabhängiges, absolutes Sein gedacht hat.
Dike öffnet und verschließt das Tor zum Lichtreich der Wahrheit, wie es im Proömion heißt. Im Hauptteil hören wir, daß sie das Sein festhält, so wie Ananke es rings umgrenzt oder Moira es bindet. Dike, Ananke und Moira scheinen nur verschiedene Namen für die gleiche Sache zu sein: eine Scheide, die Grenze oder Schale des Seins. Doch in welchem Sinn? Auch hier wieder die Frage, ob das räumlich zu verstehen sei oder nicht. Noch schwieriger wird es, wenn wir die griechischen Namen übersetzen sollen. Dike heißt gemeinhin Recht. Deichgräber spricht daher von des Parmenides Auffahrt zur Göttin des Rechts. Wieso aber hält eine moralische oder richterliche Instanz die Schlüssel zum Tor der Wahrheit und das Sein in Fesseln, damit es sich nicht zum Werden und Vergehen befreie? Und warum fällt die

gleiche Aufgabe Ananke zu, der Notwendigkeit (Unentrinnbarkeit), wie wir gewöhnlich übersetzen?

Wer von einer richterlichen Bedeutung in moralischer Hinsicht ausgeht, kann sich darauf berufen, daß Dike im Proömion die Vielstrafende oder Unerbittliche heißt (πολύποινος, fr. 1,14) und auch Moira dort ein gütiges Geschick bedeutet (οὔτι [...] μοῖρα κακή, fr. 1,26). Damit könnte gesagt sein, daß Erkenntnis auch eine moralische Würde voraussetze oder verleihe. Aber die anderen Stellen lassen doch auf eine weiter gefaßte oder andere Bedeutung schließen. Man hat das Richteramt der Dike deshalb überhaupt auf den Bereich der Erkenntnis, der Logik ausgedehnt und Dike zur Bürgin für die Richtigkeit des Denkens gemacht und damit auch der Wahrheit des von Parmenides erkannten Seins. Unumstößlich richtiges, zwingendes, notwendiges Denken habe Parmenides zur Wahrheit geführt. Damit käme auch Ananke zu ihrem Recht. Als Richterin über wahr und falsch käme Dike wieder der Bedeutung nahe, die ihr schon Sextus Empiricus oder dessen Gewährsmann gegeben hatte. Manche setzen sie daher auch wie Sextus mit der offenbarenden Göttin gleich, obwohl die Begrüßungsworte der Göttin »keine schlechte Moira hat dich gesandt [...], sondern Themis und Dike« dem widersprechen.

Nun kann Parmenides nicht gemeint haben, daß Dike und Ananke nur die Garanten einer Wahrheit seien, die auch ohne sie wahr wäre. Er will sie zweifellos als objektive Mächte, das heißt als wirkliche Grenze und Fessel des Seins verstanden wissen. Heute scheint man auch bereit zu sein, sich dieser eindeutigen Aussage des Parmenides zu beugen, so wenig man vorerst auch mit ihr anzufangen weiß. Für Deichgräber sei die Welt des Seins logisch wie religiös abgeschirmt durch einen nicht allein im Denken liegenden Zwang.[21] Auch Fränkel räumt schließlich ein, daß Dike auch die Sachverhalte bestimme, wenngleich er sie vor allem als »Potenz des Rechtes und der Richtigkeit« und »Norm der logischen Richtigkeit« versteht.[22]

Mehr wollen wir nicht referieren. Die Literatur läßt heute im ganzen die Tendenz erkennen, bei dem parmenideischen Gedicht, auch wo man früher an allegorische, literarische, aus dem Subjekt ins Objektive transponierte Vorstellungen und Figuren dachte, eher nach objektiven Inhalten zu suchen. Das ist der Weg, auf dem diese Studie weiterführen soll. Wir wollen uns so eng wie möglich an den Wortlaut des Gedichtes halten und Parmenides zunächst einmal vorbehaltlos ernst nehmen. Nur wo uns das nicht weiterbringt, halten wir es für nötig, einen anderen Weg zu suchen. Wir schließen also auch nicht von vornherein aus, daß das Gedicht das ist, was es zu sein beansprucht: die Schilderung und logische Exegese einer Offenbarung göttlichen Ursprungs, deren Inhalt das unvergängliche Sein und die das Sein bändigende Macht der Dike/Ananke ist. Das parmenideische Gedicht wäre dann in der Tat in seiner entscheidenden Substanz den historischen Bedingungen entzogen, denen es im übrigen im sprachlichen Ausdruck und in der religiösen Vorstellung frühgriechischer Prägung verhaftet bleibt. Es wurde immer wieder eingestanden, daß das Gedicht sich nicht allein aus historischen Wurzeln erklären lasse. Gerade das sichert ihm ja unser bleibendes Interesse. Die meisten Studien sind denn auch offensichtlich von dem Bewußtsein getragen, daß Parmenides uns Probleme aufgegeben hat, die auch noch unsere Probleme sind. Daraus ergibt sich wie von selbst die Frage, wie denn das Wahre, das uns da im zeitlichen Gewand des frühen griechischen Denkens mitgeteilt wird, vor unserem heutigen Blick besteht. Wir wollen daher versuchen, Parmenides zu verstehen, indem wir noch einmal seine Themen aufgreifen und sie mit den Mitteln untersuchen, die uns heute zu Gebote stehen. Wir gehen dabei von der Seite seiner Lehre aus, die uns am ehesten voranzubringen verspricht.

Das Sein und seine Grenze

Durch das ganze Lehrgedicht zieht sich die Kluft zwischen gottgeschenkter Wahrheit und dem Schein, in dem die Menschen befangen sind. So sollst du denn alles erfahren, verheißt die Göttin im Verkündungsteil des Gedichts,

ἠμὲν Ἀληθείης εὐπειθέος ἀτρεμὲς ἦτορ
ἠδὲ βροτῶν δόξας, ταῖς οὐκ ἔνι πίστις ἀληθής.
(fr. 1,29 f.)

Dann warnt sie davor, sich von der Gewohnheit leiten zu lassen, zu vertrauen auf »das ziellose Auge und das widerhallende Gehör und die Zunge« (fr. 7,3–5). Schließlich unterbricht sie ihre Beweisführung über das wahre Sein noch einmal mit dem Verdikt, daß alles nur Name sei, was die Sterblichen gesetzt haben, in der Meinung, es sei wahr: Werden und Vergehen, Sein und Nichtsein, den Ort wechseln und die leuchtende Farbe verändern:

τῷ πάντ' ὀνόμασται,
ὅσσα βροτοὶ κατέθεντο πεποιθότες εἶναι ἀληθῆ,
γίγνεσθαί τε καὶ ὄλλυσθαι, εἶναί τε καὶ οὐχί,
καὶ τόπον ἀλλάσσειν διά τε χρόα φανὸν ἀμείβειν.
(fr. 8,38–41

Die Sinneswahrnehmungen werden schlechtweg als Täuschung abgetan. Was wir gewohnt sind, für wahr zu halten, was wir sehen, hören, schmecken, die ganze vielfältige Welt der Erfahrung ist nichts als Trug und leerer Name. Besonders trughaft aber ist der Wandel der Dinge, die entstehen und vergehen, der Wechsel ihrer Eigenschaften, jede Art von Veränderung und Bewegung.

Daß diese unbeständige bunte Welt uns nur vorgegaukelt wird, weiß Parmenides, seit sich ihm bei seiner Himmelfahrt das Tor zu der anderen Welt des wahren Seins geöffnet hatte, in der es weder Vielfalt noch Veränderung gibt. Die Kennzeichen der trügerischen Welt der Sinne sind ausgewählt und hervorgehoben im Gegensatz zu denen der Wahrheit, deren Licht die Schattenhaftigkeit der Scheinwelt erst zum Bewußtsein bringt – und umgekehrt. Der Kontrast zum wahren Sein erlaubt es, weitere Eigenschaften der Scheinwelt zu benennen.

Das Sein war nie und wird nie sein, weil es jetzt ist, zusammen und ganz:

οὐδέ ποτ' ἦν οὐδ' ἔσται, ἐπεὶ νῦν ἔστιν ὁμοῦ πᾶν
(fr. 8,5)

Im Gegensatz dazu ist unsere Welt der Zeit unterworfen, in Vergangenheit, Gegenwart und Zukunft zerfallen. Wir hätten das auch aus der Wechselhaftigkeit der Dinge folgern können, die der Zeit bedarf, aber es ist doch wichtig, daß Parmenides sich dessen bewußt gewesen ist und sich bemüht hat, das auch auszudrücken. Gestern, heute und morgen ist der sinnliche Ausdruck der Zeit, wie hier und dort der sinnliche Ausdruck des Raumes wäre. Die räumliche Dimension der Veränderung heißt bei Parmenides τόπον ἀλλάσσειν, den Ort wechseln, und noch lange danach hat τόπος der Ort auch im Sinne des Raumes bedeuten können. Raum und Zeit werden aus den Gliedern gedacht, die sie bilden: dieser Ort, jener Ort, gestern, heute und morgen.

Wir wären über viele Schwierigkeiten hinweg, wenn wir nun einfach schließen dürften, daß das unbewegte, unveränderliche Sein des Parmenides im Unterschied zu dieser vorgetäuschten Welt Raum und Zeit entzogen sei – οὐκ ἐν τόπῳ, οὐκ ἐν χρόνῳ wie das Eine bei Plotin.[23] Dann könnte Dike auch keine räumliche Grenze sein. Aber gerade darin gehen ja die Interpretationen auseinander.

Raum, Zeit und Bewegung bilden die Welt des Vielen, das wahre Sein ist nur eines. Als solches ist es ungeteilt und unteilbar, ein in sich grenzenloses Ganzes:

ἔστι γὰρ οὐλομελές τε καὶ ἀτρεμὲς ἠδ' ἀτέλεστον·
(fr. 8,4)

Auf die anderen Lesearten der strittigen Stelle[24] gehen wir nicht ein. Auch teilbar ist es nicht, weil es ganz gleichartig ist:

οὐδὲ διαιρετόν ἐστιν, ἐπεὶ πᾶν ἐστιν ὁμοῖον·
(fr. 8,22)

τέλος kommt in demselben Fragment noch einmal an der bedeutsamen Stelle vor, an der Parmenides den Vergleich mit der Kugel zieht:

αὐτὰρ ἐπεὶ πεῖρας πύματον, τετελεσμένον ἐστί
πάντοθεν, εὐκύκλου σφαίρης ἐναλίγκιον ὄγκῳ,
μεσσόθεν ἰσοπαλὲς πάντῃ· (fr. 8,42–44)

Vollkommenheit, Vollendung, Grenze (τέλος, πεῖρας) gehören offensichtlich zusammen. Das Sein ist vollendet und begrenzt. Parmenides sagt das wiederholt und mit einem Nachdruck, der keinen Zweifel darüber aufkommen lassen sollte. Bei den πείρατα des parmenideischen Seins verweist man oft auf das ἄπειρον des Anaximander, das viele als das Unbestimmte verstehen. Parmenides meine dann das bestimmte Sein. Gewiß ist begrenztes auch bestimmtes Sein, aber von der Grenze kann man deshalb bei Parmenides nicht absehen. Das Sein ist abgeschlossen und vollendet, weil es in festen Grenzen liegt (fr. 8,30f. 46) – weil es eine letzte Grenze gibt, heißt es in dem zitierten Vers. Begrenzung ist also nicht ein anderer Ausdruck für Vollendung, sondern deren Grund. πεῖρας bei Parmenides anders als mit Grenze oder Schranke zu übersetzen heißt jedenfalls, dem Wort Gewalt antun und seiner selbstverständlichen Bedeutung ausweichen.

Ebenso gewiß ist es, daß das Sein in sich keine Grenzen hat. Anders wäre es nicht das Eine. Parmenides bemüht viele Wörter, uns davon zu überzeugen: ἀδιαίρετον, οὖλον μουνογενές, ὁμοῦ πᾶν, ἕν, συνεχές, πᾶν ὁμοῖον, ταὐτόν τ' ἐν τ' αὐτῶι τε μένον, πάντοθεν ἶσον – »unteilbar, ganz einzig, zusammen als ganzes, eines, zusammenhängend, als ganzes gleichartig, als dasselbe in demselben beharrend, überall gleich.«

Das unterschiedslose eine und einzige Sein ist also in sich grenzenlos, als ganzes aber begrenzt. Wogegen begrenzt? Doch gegen das, von dem es unterschieden ist, die in Raum, Zeit und Bewegung zerstreute und verlorene Welt der Erscheinungen. Kraft seiner Grenze ist das Sein vor dem Werden und Vergehen dieser Welt geschützt.

Hier liegt der springende Punkt der parmenideischen Ontologie und Kosmologie. Die Grenze des Seins ist auch die Grenze der Erscheinungswelt, doch so, daß das eine jenseits, das andere diesseits der Grenze liegt. Man versucht bisweilen, das Sein aus den Erscheinungen herauszudestillieren, indem man alle Prädikate von ihnen abstreift, bis das »es ist« als das allen gemeinsame Substrat zurückbleibt, ein unsichtbares, wenn auch, wie man beteuert, kein leeres und nichtiges Kontinuum. Wir gestehen, daß wir mit einem solchen Kontinuum nichts anzufangen wissen. Wir würden uns darin eher ins Leere und Dürftige verlieren, anstatt zu der unzerstörbaren Feste und der Fülle des parmenideischen Seins emporzusteigen. Die Verächter des Parmenides haben ihm gerade die Leere einer solchen Abstraktion zum Vorwurf gemacht. Auch die Versicherung, daß das scheinbar Leerste zugleich das Ungeheuerste sei,[25] ist kein Trost, wenn uns nicht etwas anderes als jenes Kontinuum geboten wird.

Die übliche Vorstellung hat vor allem gegen sich, daß das als Kontinuum oder Substrat gedachte Sein in denselben Grenzen liegen müßte wie die Welt, deren Substrat es ist, und von derselben Problematik infiziert wäre. Was kommt hinter der Grenze? Schon stünde das Nichts wieder auf, das Parmenides verbannt geglaubt hatte. Auf ein so unsicheres Fundament kann er sein in festen Grenzen vollendetes Sein nicht gegründet haben. Man kann die Frage nach der Grenze auch nicht umgehen, indem man πεῖρας einfach anders übersetzt.

Aber es gibt ja eine unverrückbare Grenze, und die muß auch Parmenides gemeint haben: die das Begrenzte von dem Unbegrenzten trennt, das viele Endliche von dem unendlichen Einen. Dieser Grenze und Schranke fiele es in der Tat zu, das Sein vor der Vernichtung zu bewahren, die ihm ja nicht von einem abstrakten leeren Nichts her droht, das es nach Parmenides nicht gibt –

ἔστι γὰϱ εἶναι
μηδὲν δ' οὐϰ ἔστιν·
(fr. 6,1 f.)

Gegen ein solches Nichts eine Grenze aufzurichten, würde bedeuten, daß es existiert. Vernichtung, Nichtsein ist vielmehr das Los der Menschen und der endlichen Dinge, die geboren werden und sterben, entstehen und zugrunde gehen. Dem ist das Sein nicht ausgesetzt. Es ist ja außerhalb der Zeit, in der sich Veränderung, Werden und Vergehen abspielen. Also kann es nicht aus Nichtsein hervorgegangen sein und nicht in Nichtsein übergehen. Es gibt das Sein, das ist unwandelbar dasselbe, darum kann es kein Nichtsein geben. Unwandelbar aber ist das Sein, weil es hinter der unaufhebbaren Schranke festgehalten wird, die zu der wandelbaren Welt des Vielen, Endlichen usw. gelegt ist.
Wenn wir die Schranke zwischen das Begrenzte und das Unbegrenzte legen, befreien wir uns von der falschen Alternative »begrenzt oder unbegrenzt«, ohne die Frage nach den Grenzen des parmenideischen Seins überhaupt zu unterdrücken. Bei Parmenides stehen sich das Begrenzte und das Unbegrenzte zwar nur unausgesprochen gegenüber. Der Gegensatz wird nicht beim Namen genannt, wie Parmenides überhaupt die Gegensätze, die zwischen Wahrheit und Meinen (ἀλήθεια und δόξα), Sein und Scheinen (ἐόν und δοϰοῦντα) walten, nicht paarweise zusammenstellt. Das mag es entschuldigen, daß man den Gegensatz »begrenzt – unbegrenzt« bei Parmenides nicht gebührend beachtet und diskutiert hat. Vor allem aber stand wohl die so nach-

drückliche Betonung der Grenze der Erkenntnis im Wege, daß die Grenze des jenseits der Erscheinungen liegenden unteilbaren einen Seins mit den anderen Gegensätzen auch den zwischen dem Begrenzten und dem Unbegrenzten zum Ausdruck bringt und stabilisiert.

Das Begrenzte und das Unbegrenzte begrenzen sich also gegenseitig, d. h. auch das Unbegrenzte hat in Wahrheit eine Grenze. Im Verhältnis des vielfältigen Scheines zu dem einen wahren Sein des Parmenides ist der natürliche Widerspruch enthalten, der zwischen begrenzt und unbegrenzt, endlich und unendlich waltet. Doch wieso Widerspruch? Wir sehen doch auch keinen Widerspruch zwischen dem Vielen und dem Einen, obwohl wir ihn dort gerade so gut finden könnten. Das Eine hat hier ja die Bedeutung des Einzigen, das sich nicht durch ein Weiterzählen vermehren läßt. Es ist so wenig multiplizierbar, wie es dividierbar ist, etwas anderes als die Zahl eins, qualitativ mehr als jede Vielzahl. Das Unendliche und das Eine sind dasselbe.

Das Begrenzte und das Unbegrenzte gehört zu den zentralen Themen der frühen Philosophie.[26] Die Interpreten pflegen mit dem einen gegen das andere zu argumentieren und davon auszugehen, daß das begrenzte Sein des Parmenides gegen das Unbegrenzte des Anaximander stehe. Aber schon der Parmenides-Schüler Melissos hebt hervor, daß das Eine das Grenzenlose sei,[27] womit allerdings auch bei ihm die Grenze verlorengeht, die das parmenideische Sein zusammenhält. Das Begrenzte und das Unbegrenzte sind jedoch zugleich vorhanden und halten sich gegenseitig in Schranken. Dieses scheinbar paradoxe Verhältnis hat vor allem Hegel dargestellt. Auf seine ausführliche Analyse möchten wir verweisen. Wir wissen, daß es bedenklich ist, Parmenides mit späterer Philosophie beikommen zu wollen. Aber man hat sich zu solchen Verweisen oft genug genötigt gesehen, und Parmenides und seine Zeitgenossen können schließlich nicht so isoliert dastehen, daß es zu der nachfolgenden Philosophie keine Brücke mehr geben sollte. Es kommt allein darauf an, ob eine Verbindung zu Recht geknüpft wird oder nicht, und das muß sich im Rahmen der ganzen Interpretation erweisen.

Was unser Problem betrifft, so hat Ch. H. Kahn an Spinoza erinnert. Er hält das parmenideische Sein, wenn es auch unteilbar ist, so doch für ausgedehnt wie die eine unendliche Substanz Spinozas und sagt: »In this respect, Spinoza's metaphysical intuition is perhaps closer in spirit to Parmenides' concept of Being than any other doctrine in the later history of philosophy (with the notable difference of course, that Spinoza's substance is infinite where Parmenides' Being is bounded).«[28]

Lassen wir Spinoza jedoch beiseite. Hegel wendet sich gegen die Vorstellung, daß man das Unendliche erreichen könne, indem man immer weiterzählt, die Grenzen des Endlichen immer weiter hinausrückt. Eine solche »Flucht ins Unendliche« führe niemals aus dem Reich des Endlichen hinaus. Ihr Ziel sei nur eine falsch verstandene Unendlichkeit, die Hegel mit seinem klassisch gewordenen Wort das »schlechte« oder »wüste« Unendliche genannt hat. In Wahrheit sei der Unterschied zwischen dem Endlichen und Unendlichen qualitativer Natur und durch keine quantitativen Operationen zu überbrücken.[29] Ob hier oder dort, groß oder klein, dem Unendlichen bringt uns nichts näher, noch können wir uns von ihm entfernen, da es jenseits eines jeglichen Endlichen liegt. Das Unendliche bleibt transzendent und mit ihm die Grenze, die es von allem Endlichen trennt.

Die Grenze, die das Unendliche gegen das Endliche hat, ist unübersteigbar und unverrückbar wie die des parmenideischen Seins. Sie ist so, weil sie eine transzendente Grenze ist. Andere Grenzen lassen sich übersteigen und verrücken. Auch das parmenideische Sein liegt in einem transzendenten Sinn jenseits der Welt des Endlichen und allem, was zu ihr gehört. Deshalb hat auch das Sein eine Grenze. Schon wenn wir Diesseits und Jenseits unterscheiden, ist diese Grenze unwillkürlich mitgedacht. Parmenides erlebt sie daher bei seiner Himmelfahrt, die ihn vom Diesseits zum Jenseits trägt. Als er aus der täuschenden Welt der Sinne zum wahren Sein geleitet wird, trifft er auf das Tor und seine Hüterin Dike, von der wir später ausdrücklich hören, daß sie das Sein in Grenzen hält. Heute erübrigt sich wohl jede Diskussion, daß der Weg und Aufstieg des Parmenides das Bild einer transzendierenden Erkenntnis ist, nicht einer räumlichen Entrückung. Es bedarf ja keines Schrittes, in welche irdische Richtung und Region auch immer, um an das Tor des grenzenlosen Seins zu kommen.

Das absolute Sein hat eine absolute Grenze. Diese Einsicht wird uns in den meisten Ontologien vorenthalten. Auch in der Offenbarungsliteratur erfahren wir gewöhnlich viel über den unendlichen göttlichen Geist, sein ewiges Licht, doch nur selten etwas Faßliches über die Grenze oder Schranke, durch die er seine Göttlichkeit bewahrt und zugleich an das Endliche rührt – über die er auf das Endliche wirkt, mit ihm verkehrt. Wie schwer diese Erkenntnis fällt, kann man auch den Interpretationen des Parmenides entnehmen. Deichgräber scheint das immerhin im Auge zu haben, wenn er bemerkt, daß die Welt des parmenideischen Seins logisch wie religiös abgeschirmt sei durch Dike/Ananke (vgl. S. 146), von der wir nur noch wissen müssen, wieso sie mit der Grenze, Schranke, Fessel des Seins identisch ist.

Wenn wir das parmenideische Sein und seine Grenze in der genannten Weise als transzendent verstehen, so haben wir uns damit gegen jene ausgesprochen, die dem Sein Ausdehnung zuschreiben und es sich in räumlichen Grenzen denken. Der Vergleich mit der Kugel kann dann nur ein Gleichnis sein. Ist das aber auch tatsächlich das, was Parmenides uns sagen will? Sein Gedicht ist voll von Ausdrücken und Bildern, die eine räumliche Vorstellung suggerieren oder jedenfalls unserer in der sinnlich-räumlichen Welt beheimateten Vorstellungskraft entnommen sind. Doch wie konnte Parmenides das nicht vorstellbare Sein anders kennzeichnen als mit der Sprache, die der Umgang mit der sinnlichen Welt geschaffen hat? Parmenides wußte nur zu gut, daß die Sinnesorgane versagen und nur das Denken imstande ist, das wahre Sein zu erkennen (fr. 7,3 ff.). Wenn es jedoch bei der Himmelfahrt fr. 1,11 heißt: »dort ist das Tor . . .«, so ist die Natur der Sache bereits verfälscht, denn das Sein und seine Pforte haben keinen Ort.[30] Die Sinneswahrnehmung hat sich wieder eingeschlichen. Sollte das auch bei dem Vergleich mit der Kugel der Fall sein?

Sobald wir versuchen, die Natur des transzendenten Seins genauer zu erfassen, geraten wir in dieselben Nöte wie Parmenides. Wie ist die transzendente Grenze beschaffen, die sich durch alle Größen und Bereiche der sichtbaren Welt zieht und das überallhin zerstreute Viele mit dem einen und einzigen Sein verbindet? Gegenüber der Welt reicht sie hierhin und dorthin, in alle Richtungen. In dieser Hinsicht ist sie also nach Orten unterschieden, die voneinander beliebig weit entfernt sein können. In der anderen Hinsicht, gegenüber dem Sein, rafft sie jedoch alles zu einem einzigen Jenseits zusammen, vor dem alle Unterschiede der Entfernung nichtig sind. Vom Sein ist alles gleich weit entfernt – wie die Oberfläche vom Zentrum einer Kugel. Die Kugel ist in der Tat ein treffendes Symbol des allgegenwärtigen Seins, aber auch nur ein Symbol. Gegenüber dem wahren Sein und seiner »Gleichheit nach allen Seiten« hätte sie zumindest eine Dimension zu wenig. Das Sein ist ja von allen Punkten des Raumes gleich weit entfernt, nicht nur von denen mit gleichem Radius von einem gedachten Zentrum her. Dieses Zentrum kann dann selber nicht im Raume liegen.

Man kann also nicht umhin, immer wieder Ortsangaben wie »hier und dort« oder »überall«« zu verwenden, selbst wenn man gerade die Ort- und Raumlosigkeit des Seins zum Ausdruck bringen will. Hier und dort und überall ist das Sein jedoch nur in Bezug auf die diesseitige Welt, in ihm selbst sind solche Unterscheidungen nicht möglich. Das unendliche Eine ist für jedes Endliche als Ganzes da, mit der ganzen ungeteilten Gegenwart und Macht seiner Unendlichkeit, in der es keine nahen und fernen Zonen gibt. Genau das ist es, meinen wir, was auszusprechen Parmenides sich so beredt bemüht: οὖλον ὁμοῦ πᾶν, ἕν, συνεχές, πάμπαν (fr. 8,11 u. a).; οὐδὲ διαιρετόν ἐστιν, ἐπεὶ πᾶν ἐστιν ὁμοῖον (fr. 8,22).

Ein solches Sein wäre auch in sich »überall« und zu seinen Grenzen »überallhin« gleich mächtig (ἰσοπαλές, fr. 8,44), nirgendwo stärker oder schwächer, größer oder geringer, mehr oder weniger (μᾶλλον – χειρότερον, μεῖζον – βαιότερον, μᾶλλον – ἧσσον, fr. 8,23 f.; 44 f.; 48). Hätte Parmenides nur sagen wollen, daß das Sein die Form einer Kugel habe und die Kugel gleichmäßig ausfülle, eine homogene Substanz, so hätte er das einfacher tun können und nicht an ein Denken zu appellieren brauchen, das alles sinnliche Vorstellen abgestreift hat. Eine so schlichte Aussage hätte nicht so vieldeutig oder mißverständlich ausfallen müssen, daß die Interpreten darüber bis heute uneins bleiben konnten. Warum heißt es nicht »das Sein hat die Gestalt einer Kugel«, wenn Parmenides das und nichts anderes gemeint hat, anstatt daß es einer Kugel – und nicht einmal ihrer Gestalt, sondern ihrer Masse – nur vergleichbar sei (ἐναλίγκιον)? Ein kugelförmiges Sein wäre auch nicht überall gleich, sofern wir darunter nicht nur Homogenität, einfache, gleichmäßige Ausbreitung verstehen, sondern auch gleichwertig, gleichgewichtig, gleichstark, von gleicher Intensität, wie es in ἰσοπαλές enthalten und offenbar auch mit dem οὐδέ τι μᾶλλον, [...] οὐδέ τι χειρότερον und den anderen Komparativen gemeint ist. Gleichgewichtig wäre das kugelrunde Sein nur »von der Mitte her«, von anderen Punkten oder der Peripherie aus gesehen müßte es ein Ungleichgewicht, ein Kraftgefälle geben. Nicht alle Punkte innerhalb der Kugel haben im Sinne von ἰσοπαλές den gleichen Wert.

Der Einwand mag übertrieben sein. Aber das Sein, das wir dagegenhalten, besitzt tatsächlich die Eigenschaft, überall unmittelbar in seiner vollen Potenz und Totalität anwesend zu sein, so daß die Kugel auch als Ballung im Sinne einer Zusammenziehung, einer Massierung von Kraft verstanden werden könnte. Nur ein solches Sein, nicht ein langweiliges, energieloses Kontinuum bedarf der mächtigen Fessel der parmenideischen Dike/Ananke, um in Grenzen gehalten zu werden. Die Kugel mag zwar ein Symbol der Vollendung sein, real gesehen besitzt sie jedoch nicht die Vollendung und Unbedürftigkeit (fr. 8,32 f.), die das parmenideische Sein auszeichnen. Man fragt sofort, was liegt außerhalb, wenn nicht sogar, wie groß ist sie?[31] Ihre Grenzen sind niemals das πύματον πεῖρας des parmenideischen Seins – letzte, äußerste Grenze (fr. 8,42). Der Superlativ hat bei Parmenides den Ton und die Bedeutung des Endgültigen, Letztmöglichen, Höchsten, die den Gedanken an eine räumliche Grenze ausschließen müssen. Er trifft nur auf die transzendente Grenze zu, die wahrhaft und endgültig letzte. Nur sie, die unüberwindliche, unverletzliche, hält das unverletzliche Sein zusammen (ἄσυλον, fr. 8,48). Die Endlichkeit des Seins, die es unbedürftig und vollkommen macht, ist die Endlichkeit des Unendlichen. Die Endlichkeit des Endlichen ist unvollkommen und bedürftig.

Das parmenideische Sein ist also nicht kugelförmig im Sinne eines physikalischen Modells einer endlichen Welt. Gleichwohl könnte Parmenides mehr mit dem Vergleich gemeint haben, als wir soeben, auf die Natur der Sache zielend, eingeräumt haben. Bei dem aus Licht- und Nachtringen gemischten Kosmos des Parmenides werden wir noch einmal darauf zu sprechen kommen (S. 151 ff., 165 ff.).

Gegen die Vorstellung eines Kontinuums, das sich als letzter Seinsgrund unsichtbar durch alle Dinge ziehe, hatte sich schon Augustin mit der ihm eigenen Leidenschaft gewendet. Augustin hat das Gedicht des Parmenides nicht gekannt. Er spricht auch nicht vom Sein, wenigstens nicht unter diesem Namen. Was er sagt, kann jedoch wie eine Interpretation oder Paraphrase zu Parmenides verstanden werden. Wie Parmenides in der Schilderung seiner Himmelfahrt, so

beruft auch Augustin sich auf eine persönliche Offenbarung göttlichen Lichts (conf. 7,10,16), über deren Objektivität und Gottgegebenheit zu urteilen uns in dieselbe Lage bringen würde wie bei Parmenides. Auch Augustin hatte den Intellekt und den Willen, wenn auch nicht so ausschließlich wie Parmenides, den Inhalt der ihm zuteil gewordenen Erkenntnis argumentierend, philosophierend mitzuteilen. Es sind auch schon bedeutsame Übereinstimmungen seiner Aussagen mit denen des Parmenides festgestellt worden.[32]
Bis zu seiner Erleuchtung hatte Augustin gemeint, Gottes Geist durchdringe die Welt wie das Sonnenlicht die Luft und breite sich durch alle Räume und über alle Grenzen hinweg ins Unermeßliche. Oder er sei wie das unendliche Meer, das die nach allen Seiten begrenzte Welt wie einen Schwamm in sich enthalte und durchtränke. Ausdehnung sei die Bedingung jeder Existenz. Was keine Ausdehnung besitze, sei nicht, nacktes Nichts. Doch dann wurde ihm klar, daß dieser irrigen Vorstellung zufolge das Große mehr Göttlichkeit in sich schlösse als das Kleine, ein Elefant mehr als ein Spatz – *atque ita frustatim partibus mundi magnis magnas, brevibus breves partes tuas praesentes faceres.* Die Erscheinung des transzendenten Lichts, das unwandelbar ist wie das parmenideische Sein (*inconmutabilis lux*), hatte ihn eines anderen belehrt: »Ist denn die Wahrheit Nichts, weil sie nicht von Orten zu Orten durch begrenzte oder unbegrenzte Räume gebreitet ist – *numquid nihil est veritas, quoniam neque per finita neque per infinita locorum spatia diffusa est?*« Der Erhabene und Allernächste, Verborgenste und Gegenwärtigste sei überall ganz, auch wenn er nirgends dem Orte nach ist: *ubique totus es ut nusquam locorum es* (conf. 6,3,4; conf. 7 passim).
Die Kluft der Jahrhunderte und Religionen kann die Übereinstimmung zwischen Augustin und Parmenides in diesem Punkte nicht in Frage stellen und ihr nichts von ihrer Bedeutung nehmen, ihr höchstens noch Gewicht verleihen. *ubique totus* (oder *totum*) hätte eine Übersetzung aus Par-

menides sein können und wäre, was die Frage der Ausdehnung betrifft, ohne Erläuterung gleichfalls mißverständlich geblieben: das Ganze ist überall nur in Bezug auf die Welt, in ihm selbst gibt es keine Unterschiede, läßt sich nichts abstecken, nichts verteilen. Es ist – und jetzt der nahezu unvermeidliche Rückfall in das vertraute Denken und Sprechen – »überall gleich«. Man kann ermessen, welchem Problem Parmenides sich gegenübersah, warum er immer wieder nach neuen Ausdrücken gesucht hat, um sich verständlich zu machen. Schließlich war er der erste, der dieser Sache denkend nachgegangen ist. Auch das ausgedehnte Leere, wenn es das gäbe, wäre niemals *in toto* für etwas anderes gegenwärtig, sondern nur mit seiner nächstgelegenen Seite. Das Unendliche hat keine Tiefe, in der es erst ins Unendliche wachsen würde. Es ist bereits an seiner Grenze ganz und gar unendlich.

Ausdehnung ist offenbar die letzte Zuflucht des sinnlichen Vorstellens und wird am schwersten preisgegeben, wenn man das transzendente Sein begreifen will. Augustin hat seine Bekehrung auch in dieser Hinsicht sehr schön und plastisch dargestellt. Mit der Frage der Ausdehnung ist aber auch die nach der Grenze verbunden und mit dieser wiederum die Frage nach dem Nichts. Wer dem einen oder anderen Punkt unserer Ausführungen nicht zustimmen würde, müßte wohl bereit sein, sie im ganzen zu akzeptieren. Insgesamt bieten sie, soweit wir bisher gekommen sind, für die parmenideischen Bestimmungen des Seins eine schlüssige Erklärung, die bei anderen Lösungen nicht zu finden ist. Eine Grenze des Seins, die Nichtsein unmöglich macht, anstatt es vorauszusetzen oder zu erzeugen, müßte jeder Logik widersprechen, wenn wir das Sein und seine Grenze anders als transzendent verstehen würden. Was wäre von dem Vater der Logik und seiner epochalen Wirkung zu halten, wenn er so leicht zu widerlegen wäre, und das in dem Punkt, den er zum Kern der Ontologie und Krisis des Denkens (fr. 8,15 f.) gemacht hat? Setzen wir uns darüber hinweg, als ob die Ausschaltung des Nichts nicht ernst zu nehmen sei, können wir die ganze parmenideische Ontologie zu den Akten überholten Denkens legen. Das Nichtsein wird allein durch die transzendente Grenze aus dem Feld geschlagen. Sie allein sichert die Unwandelbarkeit und Unvergänglichkeit des Seins, die dem Nichtsein keine Stätte lassen. Jenseits der räumlichen Grenzen der Welt oder ihres unbewegten, unvergänglichen Substrates, genannt Sein, wäre nichts, jenseits ihrer transzendenten Grenze ist das Sein. Darauf ist unsere ganze Interpretation gegründet.

Es kommt uns zunächst darauf an, die Transzendentialität des ἓν μοῦνον ἐόν so ungetrübt wie möglich zu erfassen. Das fällt noch heute schwer. Wieviel schwerer mußte es Parmenides fallen, der jenes Reich jenseits der wahrnehmbaren Welt als erster denkend betreten hat, von keinem anderen Führer unterwiesen als der Göttin, die ihm gnädig war. Auch wenn Parmenides den Unterschied zur sinnlichen Welt erkannt und immer wieder ausgesprochen hat, so braucht ihm doch das Wesen der Transzendentialität nicht voll bewußt geworden zu sein und ihn nicht gehindert zu haben, dem Sein einen festen Ort im Kosmos zu geben, es wieder in die vorgestellte Welt zu transponieren, falls es für ihn da je eine wirkliche Trennung gegeben hat. Das parmenideische Weltmodell ist mythisch, zugleich auf transzendent-religiöse und auf empirische Wahrheit gegründet. Es wäre naiv, die diesbezüglichen Aussagen des Pamenides, zu denen vielleicht auch das Bild der Kugel gehört, wörtlich zu nehmen und unserem heutigen Weltbild und seiner Problematik gemäß auszulegen. Hier liegt die Wurzel mancher Zweideutigkeiten, die die Interpreten bald in diese, bald in jene Richtung gezogen haben. Demselben Zwiespalt, der auch aus derselben Wurzel stammt, sieht man sich ja schon bei der einfachen Lektüre des Gedichtes gegenüber, in dem Rationales und Visionäres auf eine so verwirrende Weise wechseln und verschmolzen sind. Wir versuchen zunächst, uns auf dem Weg des Denkens zu halten, und nehmen so lange gewisse Mängel unserer Interpretation in Kauf.

Wie an jedem Ort, so ist das Sein auch in jedem Augenblick allgegenwärtig, d. h. als unteilbares Ganzes da. Hier hat Parmenides sich klarer ausgesprochen, jedenfalls hat er kein der Kugel entsprechendes Bild gebraucht, das uns im Zweifel lassen könnte, was er wirklich meint. Das Problem ist jedoch dasselbe, auch die Mühe, die zeitliche Allgegenwart des Seins von der Dauer oder Ausdehnung in der Zeit zu unterscheiden wie im Falle des Raumes. Unentstanden und unvergänglich (ἀγένητον [...] καὶ ἀνώλεθρον, fr. 8,3) oder in diesem Sinne ohne Anfang und Ende (ἄναρχον, ἄπαυστον, fr. 8,27) könnte wieder als ein quantitatives Hinausgehen über alle Grenzen mißverstanden werden wie bei dem Unendlichen und würde uns nur zum »schlechten« anstatt zum wahren Ewigen führen. Die Dauer der Zeit ließe sich vorwärts und rückwärts verlängern, ohne uns je das Ewige zu bringen. Was war davor, was kommt danach? Die Frage läuft mit jeder vorstellbaren Verlängerung der Zeit einher und ist an keiner Grenze abzuschütteln.

Das parmenideische Sein war nie und wird nie sein, weil es jetzt ist, zusammen und ganz:

> οὐδέ ποτ᾽ ἦν οὐδ᾽ ἔσται, ἐπεὶ νῦν ἔστιν ὁμοῦ πᾶν
> (fr. 8,5)

Das ewige Sein – es ist ungeworden und unvergänglich, also ewig – hat weder Vergangenheit noch Zukunft. Damit ist der Gedanke abgewiesen, daß das Ewige als unaufhörliche Zeit zu verstehen sei. Es ist mit seiner ganzen Ewigkeit jetzt. Das Jetzt, unser Jetzt, wandert aber in der Zeit. Es war einmal ein anderer Augenblick und wird einmal ein anderer Augenblick sein, als es dieser Augenblick ist, so daß Parmenides mit demselben Recht hätte sagen können, das Sein war, ist und wird sein, d. h. in bezug auf jede Zeit. So drückt man sich gewöhnlich aus, wenn man das Ewige bezeichnen will. Auch Heraklit hat diese Formel für das ewiglebende Feuer gebraucht:

ἦν ἀεὶ καὶ ἔστιν καὶ ἔσται πῦρ ἀείζωον...
(DK 22 B 30)

Dabei bleibt jedoch unklar, ob das Ewige als der Zeit unterworfen oder als ihr entzogen gedacht ist. Es ist ein unschätzbares Verdienst des Parmenides, daß er sich bemüht hat, den Unterschied zwischen der Ewigkeit des Seins und zeitlicher Dauer festzuhalten. Das ἀείζωον πῦρ des Heraklit ist schon wegen des Zeitbegriffs ἀεί mißverständlich. Wenn damit wie bei Parmenides wahre Ewigkeit gemeint ist (wir glauben in der Tat, daß es das ist), so entspräche »immer« dem irreführenden »überall«, über dessen Bedeutung wir bereits gesprochen haben. Das parmenideische Sein ist überall und immer, ohne sich selbst in Raum und Zeit zu zerstreuen. Ausgebreitet wäre es gar nicht fähig, für jedes Hier und jedes Jetzt in seiner ungeteilten Gänze da zu sein. Man würde es stets an einer anderen Stelle treffen, und ein solches Sein wäre in sich unterscheidbar, zerlegbar, teilbar wie jede andere Strecke oder Zeitspanne, ob die Strecke oder Spanne nun durch etwas ausgefüllt gedacht wird oder nicht. Die Analogie im Verhältnis des Seins zum Raum und zur Zeit ist so evident, daß wir uns dabei nicht aufzuhalten brauchten. Aber es geht schließlich um den Wortlaut bei Parmenides, den man auch hier verschieden auszulegen pflegt. Tarán etwa denkt sich das parmenideische Sein zwar in der Zeit, nicht aber auch im Raume ausgedehnt, während es sein Rezensent gerade umgekehrt versteht.[33] Das eine ist jedoch nicht von dem anderen zu trennen, und wir meinen, daß auch Parmenides darauf insistieren wollte, so gut es einem Menschen seiner Zeit nur möglich war, daß das Sein keine Ausdehnung besitze, weder im Raum noch in der Zeit.

Würde das Sein in der Zeit dauern, so könnte es nicht ewig sein, denn Zeit und Dauer haben ja den Mangel, daß sie nie zur Ewigkeit anwachsen. Es könnte auch, wie gesagt, nie in seiner unteilbaren Ewigkeit zugegen sein (darüber läßt Parmenides uns nicht im Zweifel), sondern immer nur stückweise, *frustatim*. Ein Teil wäre bereits vergangen, ein Teil noch nicht vorhanden. Wir können hier wieder Augustin zum Zeugen rufen. In *Confessiones* 9,10,24 heißt es über die göttliche Weisheit: »Und sie selbst ist ohne Werden, sondern ist so, wie sie gewesen ist, und wird immer so sein. Vielmehr, es gibt in ihr kein Gewesensein und kein Künftigsein, sondern einzig Sein, weil sie ewig ist, denn Gewesensein und Künftigsein ist nicht ewig – *et ipsa non fit, sed sic est, ut fuit, et sic est semper. Quin potius fuisse et futurum esse non est in ea, sed esse solum, quoniam aeterna est: nam fuisse et futurum esse non est aeternum.*«

Es ist erhellend, daß Augustin sich erst der üblichen Ausdrucksweise wie »es war, ist und wird sein« bedient und sogleich bemerkt, daß hier eine Richtigstellung nötig ist. Wir erinnern an den ähnlichen Zusatz bei *ubique totus.* Gewesensein und Künftigsein bedeutet, außer Gegenwart auch Vergangenheit und Zukunft haben, nicht etwa, bloß gewesen sein oder erst in Zukunft beginnen. Eine solche Erklärung über die Natur des Ewigen wäre überflüssig gewesen. Wir machen diese Bemerkung im Hinblick auf die ähnlich lautenden, doch problematischen Verse 8,19–21 bei Parmenides, in denen u. E. genau dasselbe ausgedrückt werden soll. Da ihre Diskussion schon bei der Frage nach dem richtigen Text beginnt, geben wir sie hier nicht wieder.

Man ist versucht, sich bildhaft vorzustellen, auch wenn das prinzipiell unmöglich ist, wie etwas für jede Zeit sein kann, ohne sich selbst in der Zeit oder parallel zu ihr als etwas Unbewegtes, Starres zu erstrecken. Die Ewigkeit ruht nicht wie ein weiter Himmel hinter einer unendlichen Mauer, vor der die Zeit abrollt. Eher könnte man an einen Trichter oder Kegel denken, der sich in seiner Spitze wie zu einem Augenblick verengt und sein Gewicht, seine Fülle in diesem einen Punkt zusammenführt. Bei den wandernden Augenblicken, die vom Ewigen alle gleich weit entfernt sind, würde sich das Bild jedoch umkehren, die Zeit in ihrem Jenseits wie in einem Brennpunkt konzentriert erscheinen. Der Glaube an eine Kreisbewegung der Zeit, die der Kugel in der Dimension des Raumes entspräche, mag hier – unter anderem – ihren Ursprung haben. Wir sehen oder ahnen, daß die Zeit jene Dimension ist, die uns bei dem parmenideischen Bild vom kugelförmigen Sein zu fehlen schien.[34] Das muß tatsächlich zutreffen. Raum und Zeit sind zu einer unlösbaren Einheit verknüpft. Zu jedem Hier gehört ein Jetzt, und man kann den Raum nicht transzendieren, ohne auch die Zeit zu transzendieren. Das Unendliche und das Ewige sind dasselbe, Qualitäten ein und desselben Seins.

Kehren wir noch einmal zu dem doppeldeutigen »Jetzt« zurück, das als jedes zeitliche Jetzt wie auch als das ewige Jetzt des Seins verstanden werden kann. Meinen wir: gleich ewig für jedes Jetzt, das ein vergangenes so gut wie ein künftiges Jetzt sein kann, so bleibt die Zeitbestimmung Jetzt auf die Zeit angewendet, und das Ewige bleibt davon frei. Sprechen wir dagegen von dem ewigen Jetzt des Seins, nun nicht mehr in bezug auf jede Zeit, sondern in bezug auf das Sein selbst, so haben wir das Sein wieder mit einem Zeitbegriff verknüpft, der ihm nicht zukommt. Wir können das Ewige gar nicht definieren, solange wir uns überhaupt eines auf die Zeit anwendbaren Wortes bedienen. Mit dieser Schwierigkeit hatte auch Augustin zu kämpfen. Er fragt, wie Gott die Zukunft kennen könne, wo es für ihn doch etwas Künftiges nicht gebe. Hier hat selbst er nicht auf die Unterscheidung der Beziehungen geachtet, denn mit der vorausgewußten Zukunft ist die kommende Zeit gemeint, die vor Gott wie alle Zeit »ewige Gegenwart« ist. Darum gleich die nächste Frage (conf. 11,19,25): *vel potius de futuris doces praesentia?* Wir halten hier ein. Es ist besser, sich dem Unergründlichen zu beugen als etwas, was inkommensurabel ist, aneinander messen zu wollen.

Es genügt nicht einmal, das Ewige gegen die Zeit abzusetzen. Das Ewige ist ja mit dem Unendlichen identisch und liegt ebenso jenseits des Raumes wie jenseits der Zeit. Wenn das Sein das unteilbare Eine ist, in sich in jeder Hinsicht grenzenlos, so ist es damit ewig und unendlich. Das Eine, Unendliche, Ewige sind nur verschiedene Namen desselben Seins, gewählt in Hinblick auf das in Raum und Zeit zerstreute Viele, von dem es unterschieden werden soll. Es liegt im Wesen des ἓν μοῦνον ἐόν, d. h. des Seins, das von Natur nur eines ist, daß es sich nicht teilen läßt, durch nichts vermindern und durch nichts vermehren. Etwas wegnehmen hieße teilen, etwas hinzufügen hieße, daß ein Teilen vorausgegangen sein müßte. »So muß es entweder ganz und gar sein oder gar nicht«, könnte man auch hierher setzen (fr. 8,11). Nicht anders das Ewige und Unendliche. Sie sind entweder ganz, durch nichts zu mindern und durch nichts zu mehren, das heißt aber auch: unbedürftig und vollkommen, oder sie sind gar nicht. Die Grenze des unendlichen, ewigen, einen Seins läßt sich um nichts verrücken. Sie ist so fest und ewig wie das Sein selbst. Oder so unbeweglich wie die Grenze ist das Sein, das sie in Schranken hält:

> ταὐτόν τ' ἐν ταὐτῷ τε μένον καθ' ἑαυτό τε κεῖται
> χοὕτως ἔμπεδον αὖθι μένει· κρατερὴ γὰρ Ἀνάγκη
> πείρατος ἐν δεσμοῖσιν ἔχει, τό μιν ἀμφὶς ἐέργει,
> οὕνεκεν οὐκ ἀτελεύτητον τὸ ἐὸν θέμις εἶναι·
> ἔστι γὰρ οὐκ ἐπιδευές· ἐὸν δ' ἂν παντὸς ἐδεῖτο.
>
> (fr. 8,29–33)

Wir stehen hier wieder vor dem Konflikt zwischen dem gedachten und dem vorgestellten Sein und können nur wiederholen, daß allein das gedachte Sein, das sich jeder sinnlichen Vorstellung entzieht, den logischen Forderungen des Parmenides genügt. Wir können das Sein wohl gleichnishaft in die Anschauung übertragen und können auch in Rechnung stellen, daß dem Denken des Parmenides eine übersinnliche Vision zugrunde liegt, deren Wesen wir noch, so weit das angeht, aufzuhellen haben. Gehen wir dagegen von der sinnlichen Bedeutung des »ringsum einschließen« aus, werden wir niemals einen vernünftigen Weg zur parmenideischen Logik finden. Es fällt gewiß nicht leicht, sich der Suggestion des parmenideischen Bildes von einem ringsum abgeschlossenen Sein zu entziehen und darin das Unendliche verankert zu sehen, das ja eher etwas Offenes ist. Aber auch das Ewige ist ja etwas Offenes und Grenzenloses und doch von denselben Grenzen eingeschlossen, ohne die es den unerschütterlichen Halt nicht hätte, der es ewig macht und gegen das schwankende Dasein der wandelbaren Dinge feit. Wir müßten auch wieder fragen, wieso eine räumliche Schranke die Macht besitzen kann, Ewigkeit zu verleihen, anstatt einer Schranke gegen die Zeit, wie es vernünftig wäre. Es ist jedoch ein und dieselbe Schranke, kraft derer das Sein ein Einziges und Ganzes ist, in sich grenzenlos, d. h. ewig und unendlich, unbewegt, unwandelbar dasselbe. Diese Schranke ist das Gesetz.

Grenze und Gesetz

Wir erinnern daran, daß die Parmenidesinterpreten sich gewöhnlich einer Alternative gegenübersehen, die wir hier noch einmal vereinfacht wiedergeben:

Das Sein liegt tatsächlich in festen Grenzen, wie es Parmenides sagt, und ist im üblichen Sinn des Wortes endlich. An die andere Seite der Endlichkeit hat man nicht gedacht. Endlichkeit sei der notwendige Ausdruck der Vollkommenheit des Seins, also richtig und rechtens. Anders kann es nicht sein, das Denken fordert es so. Darum seien die πείρατα des Seins δίκαια und ἀναγκαῖα.

Hier sträubt man sich schon gegen die einfache Gleichsetzung von vollendet und endlich, das allen gegenteiligen Beteuerungen zum Trotz doch stets das mangelhafte, über sich hinausweisende Endliche bleibt und die Aussagen des

Parmenides über die Vollkommenheit des Seins ständig widerlegen muß. Der Fehler liegt in der Gleichsetzung von Vollendung, einer Qualität, mit quantitativer Endlichkeit. Und nun soll diese faule Gleichung noch besiegelt werden von Dike, der hohen Richterin des Denkens und der Wahrheit, der wir glauben sollen, daß die Grenzen eines also endlichen Seins – in Wirklichkeit gleitende, nirgends festzuhaltende Grenzen – absolut unbeweglich und von unüberwindlicher Stärke seien.

Der andere Weg: man nimmt die Unverträglichkeit der so verstandenen Endlichkeit mit den übrigen Argumenten des Parmenides ernst und hält sich allein an die qualitative Bedeutung der Vollendung, die dann auch auf die Begrenztheit zu übertragen ist: »Für Parmenides aber kann das Sein nicht möglich, unbegrenzt und unfertig sein, sondern nur wirklich, bestimmt, vollendet. In diesem Sinne hat es eine feste ›Grenze‹, das heißt Endgültigkeit.«[35] Dike könnte dabei die genannte Bedeutung behalten und sogar selbst zur Grenze werden im Sinne einer bestimmenden Norm. Normen setzt sie ja auch als Göttin des Rechtes und der Richtigkeit. Grenzen haben wie Normen die Eigenschaft, etwas Bindendes zu sein. Das parmenideische Wort für die bindende Kraft der Grenze ist »mächtige Fessel«.

Das führt zwar in die Richtung, die wir mit unserer Interpretation gegangen sind, aber es ist nur der halbe Weg. Mit der Schwächung und Sublimierung des Grenzbegriffs, die hier vorgenommen wird, kann man sich so wenig abfinden wie mit der räumlichen Grenze. Wie sollte das Sein, wenn es für Parmenides nicht unbegrenzt und unfertig sein kann, anders sein können als fertig und begrenzt? Außerdem hat die Grenze des Seins bei Parmenides zweifellos das Gewicht einer mächtigen Realität und muß eine wirkliche Grenze sein, nicht nur eine in Anführungszeichen. Diese Grenze, die dem Sein wahre Vollendung verleiht und so fest ist, wie Parmenides sie schildert, haben wir nachgewiesen. Das muß auch ein schärferes Licht auf Dike und Ananke werfen, die nichts anderes sind als diese Grenze selbst. Die parmenideischen Äußerungen darüber seien noch einmal zusammengestellt:

> Ebendeswegen hat Dike es nicht, die Fesseln lockernd, freigegeben, daß es werde oder untergehe, sondern sie hält es fest. (fr. 8,13–15)

> unveränderlich in den Grenzen gewaltiger Fesseln (fr. 8,26)

> Denn die mächtige Unentrinnbarkeit hält es in den Fesseln der Grenze, die es ringsum einschließt (fr. 8,30 f.)

Diese Beispiele zeigen, daß man zwischen den Fesseln und Ananke, die sie hält, keinen Unterschied machen kann. Beiden ist die gleiche Stärke eigen (bei Parmenides μέγας und κρατερός). Ananke ist die personifizierte, deifizierte Fessel des Seins, nicht etwas, was zu dieser Fessel noch hinzutreten würde und nicht bereits in ihrem Wesen läge. Wenn Dike anderswo Zügelhalterin des Olymps genannt wird – Zügel sind ja gleichfalls Fesseln –, so heißt das eben, daß Dike eine zügelnde, bändigende Kraft besitzt oder daß diese Kraft in Dike Namen und Gestalt erhält. Bei der Himmelfahrt des Parmenides sind es Schlüssel, die sie führt – die Schlüssel zu dem lichten Tor, das die Welt des Scheines von der Wahrheit scheidet. Auch das Tor und seine schlüsselwendende Hüterin sind Bild und Ausdruck der Grenze, die hier allerdings auch in ihrer vermittelnden, nicht nur in ihrer trennenden Funktion gesehen ist. Eine Grenze ist ja stets auch das Gemeinsame, das die beiden Seiten, die sie auseinanderhält, verbindet. Und das geöffnete Tor, nicht ein verschlossenes, ist das Bild einer Grenze, hinter der sich das grenzenlose lichte Sein dem erleuchteten Auge zeigt. Doch davon wollten wir erst später sprechen.

Zunächst heben wir hervor, daß Dike und Ananke dieselbe Realität besitzen müssen wie die Grenze, mit der sie identisch sind. Dann geht ihre objektive Wirklichkeit auch, wie das Sein selbst, dem Denken voraus und allem, was sie für das Denken bedeuten mögen. Nach Parmenides sind Denken und Sein dasselbe, oder wie seine bekannte Gleichung

. . . τὸ γὰρ αὐτὸ νοεῖν ἐστίν τε καὶ εἶναι
(fr. 3)

auch zu verstehen ist.[36] Genau besehen bleibt das jenseitige Sein jedoch, seiner Jenseitigkeit wegen, Objekt der Erkenntnis. Zwischen Denken und Sein muß noch eine Brücke geschlagen, eine Vermittlung hergestellt werden, und das geschieht durch Dike als der Grenze und Mittlerin zwischen unserer Welt einschließlich des erkennenden Subjekts und dem absoluten Sein. Es ist daher ganz folgerichtig, daß Themis und Dike Parmenides zur Seite treten, sobald er den Weg abseits vom Verkehr der Menschen transzendierend »in Richtung« auf das wahre Sein genommen hat (fr. 1,27 f.). Auf der Bahn zum lichten Tor der Wahrheit befindet er sich im Reich der Dike, in ihrem Wirkungsfeld, dem Grenzbereich des Seins. Durch Dike hat das Sein, so könnte man sagen, den Erkenntniskräften den Zügel angelegt und sie, indem sie sie an sich zieht, auf die richtige Bahn gelenkt.

Dike kann also nach zwei Seiten wirken, wie ja eine Grenze immer zwei Gesichter hat. Einmal bindet sie das Sein selbst und hält es fest, worauf Parmenides beinahe die ganze Betonung legt. Dann vermag sie aber auch etwas an das Sein zu binden, das außer ihm liegt. Was auf das Sein bezogen ist, gehorcht der Dike. Dike ist diese Beziehung selbst (ein Name mehr für Vermittlung, Bahn, Richtung). Was nicht auf das Sein bezogen ist, sondern von ihm abgekehrt, vergänglich, ans Nichtsein fallend, das ist auch ohne Dike. Bei Anaximander fällt in diesem Zusammenhang das Wort ἀδικία, das uns sogleich auch an sein unvergängliches ἄπειρον erinnern muß. Das Unbegrenzte des Anaximander braucht keineswegs im Gegensatz zu dem begrenzten Sein des Parmenides zu stehen, das ja auch das unbegrenzte heißen könnte. Wir könnten wieder sagen: das Alterslose, Unsterb-

liche, Göttliche des anaximandrischen Apeiron (ἀγήρω, ἀθάνατον, θεῖον) ist grenzenlos im Unterschied zu . . . Und schon wären wir wieder bei der Grenze, denn unterscheiden – das eine hier, das andere dort, oder nur: das eine, das andere – heißt eine Grenze ziehen, und in der Metaphysik, deren erstes Wort, wie es immer heißt, Anaximander gesprochen hat, handelt es sich um eine Qualitäten unterscheidende Grenze; anders wäre es, dünkt uns, keine Metaphysik.
Wir können uns hier nicht auf Anaximander einlassen, doch können wir uns auch nicht die Bemerkung versagen, daß wir die Übersetzung τὸ ἄπειρον (das Unbestimmte) nicht für richtig halten, sofern etwas anderes als das Grenzenlose gemeint sein sollte. H. Fränkel hebt mit vollem Recht hervor, daß die Grenze bei Parmenides eine qualifizierende Bedeutung habe, nur geht für ihn damit, was gar nicht nötig wäre, die einfache Bedeutung der Grenze verloren. Es bleibt dann (wie auch für andere) das Bestimmte und das Unbestimmte, und der Frage nach der Grenze wird nicht weiter nachgegangen.[37] Die Bestimmtheit, die dem Apeiron fehlt, ist jedoch nur die der endlichen, der gewordenen und darum wieder untergehenden Dinge, und die fehlt auch dem parmenideischen Sein. Auch Göttlichkeit, Unsterblichkeit sind Qualitäten, sogar die höchsten. Überdies liegen sie in der Natur des Unbegrenzten, nicht unbedingt auch in der Natur des Unbestimmten. Der Tod würde ein Ende, eine Grenze setzen. Das Unbegrenzte – unbegrenzt in jeder Hinsicht – ist essentiell unsterblich, das Unbestimmte wäre es höchstens akzidentiell. Dem überlieferten Satz des Anaximander zufolge kann das Apeiron auch nicht geworden sein, denn die Strafe allen Werdens ist der Tod. Das führt uns zu Dike und Adikia zurück.
Bleiben wir dabei, daß Dike – Recht, Gerechtigkeit, Richtigkeit, um an die geläufigen Bedeutungen zu erinnern – gleichbedeutend ist mit der Grenze des Seins und allem, was sich dieser Grenze nähert. Es gehört zu den unschätzbaren Leistungen des Parmenides, daß er das so deutlich ausge-

sprochen hat. Wir müßten lange suchen, um darüber noch einmal eine ähnlich klare Auskunft zu finden. Selbst Augustin scheint uns hier zu verlassen. Für Parmenides ist Dike geradezu nichts anderes als Grenze und Fessel des Seins. Darin sieht er also ihre ursprüngliche Gewalt. Wenn dem so ist, muß sich daraus das ganze Spektrum von Bedeutungen entwickeln lassen, das der Dike eigen ist.

Der Dike verdankt es das Sein, daß es vollkommen ist, ungeboren und unsterblich. Ohne ihre Fessel vermag sich nichts zu halten. Es ist dem Wechsel ausgeliefert, weil es ohne Dike ist. Das Sein besitzt also noch eine weitere, wichtige Qualität: es ist δίκαιον,[38] die wandelbaren Dinge sind es nicht. Δικαιοσύνη gehört zur Vollkommenheit des Seins, denn Dike ist es, die es »nach allen Seiten« abschließt und vollendet. Ohne sie wäre es nicht vollkommen, nicht unwandelbar und nicht unsterblich. Parmenides zieht daraus keine weiteren Schlüsse, doch ist es klar, daß Dikes Rolle als Grenze des Seins sie auch zur Verteilerin von δικαιοσύνη und ἀδικία macht. Auf diese Erkenntnis muß u. E. auch der Spruch des Anaximander gegründet sein, der sein kosmologisch-theologisches Gewicht erst in Verbindung mit dem wahrhaft göttlichen ἄπειρον erhält, das heißt dem von allem Endlichen abgegrenzten Unbegrenzten.

Unsere Ratlosigkeit gegenüber der parmenideischen Dike und Ananke rührt noch immer daher, daß wir, wie so oft bei frühgriechischen Begriffen, ihres umfassenden Sinnes nicht mehr gewärtig sind. Natürlich ist man sich dessen bewußt. Aber mit »Recht« und »Notwendigkeit« und deren Modifikationen geben wir doch nur eingeengte Bedeutungen wieder, von denen ausgehend wir nach weiteren Bedeutungen suchen, die ihrerseits nur Teilbedeutungen sind und die Suche nicht zum Ziel kommen lassen. Dike dürfte für eine solche Wanderung von einer Spezifikation zur anderen ein besonders schlagendes Beispiel sein.[39] Ihre allgemeinste und umfassendste Bedeutung hat uns Parmenides jedoch selbst genannt: Grenze oder Schranke. Aber gerade damit ist man

bisher am wenigsten zurechtgekommen. Der allgemeinste Ausdruck, über den man von »Grenze« zu Dike und Ananke und ihren vielfältigen Inhalten gelangt, meinen wir, ist »Gesetz«.
Was sind Gesetze anderes als Grenzen? Gesetze geben heißt Grenzen ziehen, Gesetze brechen Grenzen überschreiten. Das πύματον πεῖρας des Parmenides wäre demnach auch πυμάτη δίκη, höchstes Gesetz. Alles andere muß sich daraus ergeben, der ethische und vor allem der logische Aspekt der parmenideischen Dike, ihre zugleich objektive wie subjektive, d. h. Sein und Denken verbindende Natur, deren so schwer habhaft zu werden ist. Der moralische Aspekt, an den man bei Dike sonst zuerst zu denken pflegt, tritt bei Parmenides beinahe ganz zurück. Das ist oft genug und mit Verlegenheit hervorgehoben worden. Und doch ist auch er der parmenideischen Dike eigen, mehr als es der Wortlaut des Gedichts erkennen läßt. Schon das Ethos, von dem das ganze Gedicht getragen ist, sollte auf die moralische Potenz der dargestellten Wahrheit schließen lassen. Wir gehen darauf jetzt nicht weiter ein, sondern bleiben bei der Identität von Grenze und Gesetz und wollen sehen, was sich daraus für die parmenideische Dike gewinnen läßt.
Die neuere Forschung kommt uns auf verschiedenen Wegen entgegen. Fränkel verweist unter anderem darauf, daß Dike in der *Odyssee* des öfteren so etwas wie Wesensrichtigkeit meint, das was einer Person oder einem Stand angemessen ist.[40] Er sieht darin einen Bedeutungsbereich, der sich von dem der Gerechtigkeit entferne, die parmenideische Dike dagegen einschließe. Inwiefern hat das etwas mit Grenze und Gesetz zu tun?
Meine Dike im Sinne von mein Wesen, meine Natur, was ich als Mensch, König oder Knecht bin, was mir gemäß und eigen ist, das sind auch die Grenzen, in denen ich mich bewege und über die ich mich nicht hinwegsetzen kann, ohne mein Wesen zu verlieren. Was den Menschen ausmacht, ist zugleich das, was ihn von Göttern oder Tieren

unterscheidet. Er hört in dem Maße auf, Mensch zu sein, in dem dieser Unterschied verschwindet. Hält der Mensch sein Maß nicht ein und überschreitet er die Grenze, so ist er nicht mehr er selbst und darum nicht mehr δίκαιος. Die Grenze zu den Göttern überschreiten ist Frevel und Hybris, offenkundiges Unrecht. Aber wie steht es in Hinblick auf die Tiere? Wenn ein dritter diese Grenze nicht achtet und einen Menschen einem Tier gleichsetzt, so ist auch das zugefügtes resp. erlittenes Unrecht. Erniedrigt sich ein Mensch dagegen selbst zum Tier, so wie er sich zum Gott erhebt, so würden wir nicht mehr ohne weiteres von Unrecht sprechen. Und doch wäre der Betreffende dann nicht mehr δίκαιος. So glauben wir das jedenfalls verstehen zu dürfen. Auch in diesem Fall hätte der Mensch mit der Grenze seine Bestimmung, seine Dike verloren, die hier auch so viel wie Würde bedeuten kann.

In unseren Begriffen Recht und Gerechtigkeit geht diese Dike tatsächlich nicht ganz auf. Aber sie ist doch ein ethisches Maß oder wird zu einem solchen, sobald sie überhaupt für ethisch bestimmte Wesen gilt. Grenzen werden jedoch auch in der physischen Welt eingehalten oder verletzt. Auch Sachen können daher eine Dike haben und δίκαια sein oder nicht. Die Analogie zu Recht und Unrecht wäre dann Typus, Norm, Regel und auf der anderen Seite Abweichung, Fehler, Deformierung usw., wofür Fränkel die Belege bringt. Wir meinen, daß sich alle diese Erscheinungen am besten auf einen Nenner bringen lassen, wenn wir Dike auch hier als Grenze verstehen.[41]

Weil Dike bei Parmenides als Hüterin eines Tores erscheint, hat man sich danach umgesehen, ob sie nicht auch anderswo in dieser Rolle anzutreffen ist.[42] Aber das Proömion des Parmenides scheint dafür das einzige Beispiel zu bleiben. Auf den ersten Blick ist das verwunderlich. Pforten, Türen oder Tore pflegen sich ja an der Grenze eines Ackers, Hauses, Heiligtums, einer Stadt oder eines Landes zu befinden, die meistens auch eine rechtliche Grenze ist und Besitztümer und Hoheitsgebiete unterscheidet. Andererseits: was wäre damit gesagt, wenn man der Dike dort ein Mal errichtete? Doch nicht, daß nun ein anderes Recht gültig wird oder gar welches und wessen. An einem Grenzstein oder Tor interessiert das besondere Recht, das nun anstelle eines anderen beginnt, also der Name des Besitzers oder Gottes, dessen Domäne ich betrete. In einem öffentlichen Park gelten andere Gesetze oder Regeln als auf der Straße, darum hängt man sie am Parktor aus. Dike an dieser Stelle würde bedeuten, daß der Park eine besondere Stätte der Gerechtigkeit, ein Hain der Dike sei. Und an einem Stadttor würde sie besagen, daß die Stadt unter dem Schutz der Dike stehe, die dann kein bestimmtes Recht mehr wäre, sondern Recht im Gegensatz zu Unrecht. Es ist also verständlich, daß es, neben dem Tor- und Wegegott Hermes, meistens die jeweiligen Ortsgottheiten und Heroen sind, die auch an den Toren Verehrung genießen.[43]

Für die Dike des Parmenides ist das nicht ohne Bedeutung. Mansfeld hat daraus den Schluß gezogen oder es als Bestätigung dafür genommen, daß Dike die zentrale Gestalt des ganzen Lehrgedichtes und mit der offenbarenden Göttin identisch sei, wie es auch andere schon angenommen hatten.[44] Sie sei nicht mit dem Tor identisch, sondern zeige sich dort wie die Herrin an der Pforte ihres Hauses. Wir möchten dem darin folgen, daß das ätherische Tor der Dike gewiß nicht nur ein Recht von einem anderen scheidet, sondern in der Tat das Rechte, Gültige und Wahre von dem Unrechten, Ungültigen und Falschen. Indem Parmenides zum Tor der Dike emporsteigt, verläßt er die Welt der Adikia (auch sie in der weitesten Bedeutung genommen). So oder ähnlich wird das jedoch auch von denen verstanden, die in Dike und der offenbarenden Göttin dennoch nicht dasselbe sehen. Auch wir halten hier nach wie vor eine Unterscheidung für geboten, schon in Anbetracht dessen, daß die offenbarende Göttin, kaum daß sie das Wort an Parmenides richtet, von Themis und Dike als seinen Begleiterinnen spricht (fr. 1,28) und auch später Dike in der dritten Person beim Namen nennt, dort, wo Dike wie Ananke als Grenze oder Fessel des Seins bezeichnet wird.[45] An der Grenznatur der Dike ist mit keinem Argument vorbeizukommen, auch bei der Hüterin des Tores nicht.

Der Exkurs über Torgottheiten zeigt aber noch einmal in willkommener Weise, daß auch die von Dike umgrenzte und behütete Wahrheit, d. h. das wahre Sein, δίκαιον ist, wie wir schon bei anderer Gelegenheit angemerkt hatten (S. 130). Der Vergleich hat jedoch auch eine schiefe Seite. Einmal wäre δικαιοσύνη nur ein Aspekt oder Moment des Seins neben den zahlreichen anderen, die Parmenides nennt, und dann sogar ein Aspekt besonderer Art und den anderen nicht völlig gleichzusetzen. Denn das Sein ist nicht in sich gerecht, wie es in sich unbeweglich und unteilbar ist. Gerade weil das Sein unteilbar ist, Recht und Gesetze jedoch die Beziehung von Teilen regeln oder ausdrücken, kann in ihm nicht Gerechtigkeit herrschen wie in einer gut regierten Stadt. Wo keine Grenzen, keine Unterschiede sind, kann es auch keine Gesetze geben. Demnach kann Dike auch nicht die Göttin sein, die Parmenides, nachdem er das ätherische Tor passiert hat, im »Haus der Wahrheit« empfängt. Die parmenideische Dike ist und bleibt die Göttin der Grenze und des Tores. Erst an ihrer Grenze, gegenüber dem Nichtwahren, tritt die Wahrheit als Richterin in Erscheinung und wird Gesetz.

Dike ist also nicht das Ziel, sondern der Weg der Erkenntnis. Die Auffahrt des Parmenides führt dem Wortlaut des Gedichts entsprechend zur Göttin der Wahrheit, unter dem Geleit und durch das Tor der Dike, die die unumgängliche Mittlerin der Wahrheit ist. Ob Dike ihre vermittelnde Kraft von der Seite der Göttin oder des Parmenides her ausübt, bleibe noch dahingestellt. Jedenfalls sind beide Seiten auf ihre Dienste angewiesen. Indem sie in Verbindung treten, zur Berührung kommen, waltet das Gesetz. Wie auch die Religionen dazu stehen, erkenntniskritisch ist zu sagen: es gibt keinen Weg des Menschen zu Gott und Gottes zu den Menschen, es sei denn über das Gesetz.

Wir halten es für angebracht, auch um den Preis der Wiederholung, noch einmal einen Blick auf die Begriffe »Vermittlung, Weg, Grenze« usw. zu werfen, mit denen wir immer wieder denselben Sachverhalt zu beschreiben versuchen, obwohl sie doch an sich verschiedene Bedeutungen haben. Aber wir stehen mit diesem Wechsel des Wortgebrauchs nicht allein. Zunächst einmal können wir uns auf Parmenides selbst berufen. Dabei setzen wir allerdings voraus, daß die Dike im Proömion dieselbe ist wie die im Wahrheitsteil des Gedichts und daß ferner das Haus der Wahrheit, das Parmenides im Proömion betritt, auch das Sein der anschließenden Wahrheitslehre ist. Im Proömion und in der Wahrheitslehre sind Wahrheit resp. Sein aufs engste mit Dike verknüpft, die hier als Torhüterin und Weg (προὔπεμπε τήνδ’ ὁδόν, also »Entsenderin, Geleiterin«), dort als Grenze und Fessel erscheint. Warum kann Dike die eine wie auch die andere Eigenschaft haben?

Wir haben auf der einen Seite die Wahrheit (das wahre Sein oder einfach das Sein), auf der anderen Seite die Scheinwelt der Menschen. Dazwischen waltet Dike mit der doppelten Funktion, die beiden Seiten zusammenzuführen und sie zugleich getrennt zu halten. Zusammenführen und trennen widersprechen sich hier nicht. Sie sind sogar derselbe Vorgang und intensivieren sich zugleich. Je näher ich der Wahrheit rücke, oder je klarer sie sich zeigt, desto deutlicher tritt auch der Unterschied zutage, der sie von der Scheinwelt trennt. Je enger die Verbindung wird, desto weiter tut sich die Kluft der Wahrheit auf, des in sich grenzenlosen Seins, und mit der Kluft die ewige Schranke, an der alles Endliche zurückgewiesen wird.

Vielleicht ist in dieser Darstellung, die sich unwillkürlich aufdrängt, sogar schon etwas von dem wirklichen Akt der Erkenntnis oder Offenbarung des Parmenides enthalten. Wir kommen noch darauf zurück.

Vermittlung und Unterscheidung, Bindung und Trennung, Richtung und Grenze, das alles ist also in Dike vereint. Man kann die eine oder die andere Seite betonen, und pflegt es auch zu tun, je nach der Aussage, auf die es gerade ankommt. Fränkel geht beiden Bedeutungen nach. Allerdings geht er nicht wie wir von dem objektiven Zusammenhang von Wahrheit und Gesetz aus, sondern von der Seite des urteilenden Subjekts, und kommt zu Ausdrücken wie Verbindlichkeit, Entscheidung, Verfahren und ähnlichem, also den subjektiven Korrelaten zu Bindung, Unterschied, Weg, von denen her oder in Analogie zu denen dann auf eine subtile, in unseren Augen jedoch nicht durchschlagende Weise der Weg zu den Tatbeständen gesucht wird.[46] Eines jedenfalls zeichnet sich dabei ab: über die vermittelnde und scheidende Natur der Dike nähern wir uns immer mehr auch dem Verhältnis von Denken und Sein.

Ausführlich hat Mansfeld die Bedeutungsmöglichkeiten von δίκη diskutiert.[47] Er stützt sich dabei auf die Untersuchungen zahlreicher Autoren, die wir hier nicht einzeln nennen wollen.[48] Es genügt ein kurzer Überblick. In der Rechtssprache steht δικάζειν oft wie κρίνειν (also »scheiden«) für das Urteilen des Richters, δίκη für κρίσις. Aristoteles nennt Dike die Scheidung von Recht und Unrecht, eine unseren Ausführungen über die parmenideische Dike besonders nahekommende Definition: ἡ γὰρ δίκη κρίσις τοῦ δικαίου καὶ τοῦ ἀδίκου.[49] Über die häufige Verbindung von δίκη und κρίνειν (und auf anderen Wegen) ist man auch zu der Bedeutung »Grenze« gekommen (boundary, limit) – in räumlicher, ethisch-soziologischer wie auch in theologischer Hinsicht.[50]

Wir haben unsere ganze Studie mit der Frage nach der Grenze des parmenideischen Seins begonnen und dann die Identität dieser Grenze mit Dike/Ananke zu erklären versucht. Nun sehen wir, daß man den Weg auch in der umgekehrten Richtung hätte gehen und von Dike auf die Grenze des Seins hätte schließen können. Aber die Natur dieser Grenze wäre so gewiß nicht leichter zu finden gewesen. Die vielen Bemühungen, die parmenideische Dike zu verstehen, haben ja auch keineswegs zu den πείρατα τοῦ ὄντος und deren Bedeutung geführt, so nahe das eigentlich gelegen hätte. Auch Mansfeld geht diesem Zusammenhang aus dem Wege. Aus den zahlreichen Beispielen, die Dike als Grenze charakterisieren, folge seiner Meinung nach noch nicht, daß Dike selbst die Bedeutung »Grenze« haben müsse. Mansfeld verfolgt vielmehr ein anderes Ziel. Geleitet von der Idee, daß Dike die offenbarende Göttin sei, zieht er jene Bedeutungen vor, die wir mit »Vermittlung, Richtung, Weg« usw. umschrieben hatten. Die Sprachwissenschaft pflegt δίκη etymologisch mit δείκνυμι und *dicere* zu verbinden, also »zeigen, weisen, sagen« und was sich alles daran anschließen läßt. In Hinblick auf die Göttin des Parmenides wäre das »aufzeigen, offenbaren«. Die offenbarende Göttin müsse also Dike selber sein: »Es ist die Göttin, die als Göttin des offenbarenden, scheidenden und bestimmenden Rechts dem Denker die Wahrheit über das Seiende und über die Welt offenbart. Sie scheidet die Gegenteile Seiendes und Nichtseiendes und beschränkt das abhängige menschliche Denken auf das Seiende.«[51]

Hier wird deutlich, warum Mansfeld zwar die unterscheidende, d. h. grenzenziehende Kraft der Dike anerkennt, nicht aber, daß Dike selber »Grenze« bedeute. Unterschied und Grenze können schließlich keine offenbarenden Mächte sein, und Mansfeld baut ja darauf, daß Parmenides wirklich die Offenbarung durch eine unabhängig vom menschlichen Willen tätige Macht geschildert habe (vgl. S. 101). Andererseits legt auch er das Gewicht auf den Unterschied und wendet sich gegen Fränkel, der sich die Offenbarung als eine »unio mystica« des Parmenides mit dem Sein vorstellt. Er greift vielmehr auf Reinhardt zurück, nach dem zwischen Diesseits und Jenseits bei Parmenides eine Kluft bestehe, die sich nur mit dem Unterschied zwischen Mensch und Gott vergleichen lasse, und beanstandet nur, daß Reinhardt es bei

dem Vergleich belassen habe: »[...] insofern er eingesehen hat, daß der Nachdruck im Proöm nicht auf die Identität von Gott und Mensch, sondern auf ihren Unterschied fällt, sind wir völlig einverstanden. Im Gegensatz zu Reinhardt aber nehmen wir an, daß nicht die Logik die Offenbarung, sondern umgekehrt die Offenbarung die Logik bestimmt. Damit fällt der Primat der Offenbarung und der diese Offenbarung verkündenden Göttin zu.«[52]
Wir sind bereit, Mansfeld in diesem wichtigen Punkt zu folgen. Unsere Darstellung läuft ja schon lange auf denselben Unterschied hinaus. Aber es muß deshalb nicht Dike sein, die die Wahrheit offenbart und Parmenides in die Logik einweiht. Wir können zwischen der offenbarenden Göttin und Dike als dem »scheidenden und bestimmenden Recht« differenzieren wie zwischen dem Subjekt und dem Medium der Offenbarung. Dike wäre dann nicht die zeigende und unterscheidende, sondern die *sich* zeigende, die *sich* unterscheidende Wahrheit, ihr Zeichen in dem zweifachen Sinn des sich einem anderen Zeigens und der Selbstbezeichnung. Das Zeichen der Wahrheit als Bezeichnung ihrer selbst und für den anderen entspricht der Grenze, die ja gleichfalls Begrenzung ihrer selbst und für den anderen ist. Indem die Wahrheit sich zeigt und ihren Unterschied enthüllt, weist sie nicht nur der Scheinwelt ihre Seite zu, sondern mit derselben Absolutheit auch sich selbst, d. h. sie erweist sich als das absolute Jenseits, in dem sie wie hinter festem Riegel und in unlöslichen Banden liegt und aus dem sie nicht heraustreten kann, ohne sich selbst, ihr Wesen, ihre Dike zu verlieren.
Man kann also auch von der Dike der Wahrheit sprechen wie von der Dike eines Mannes oder einer Sache, mit der Verschärfung, daß das einen Mann oder eine Sache bestimmende Maß (resp. der Übergang zu Unangemessenheit und Unmaß – ἀδικία) nicht in jeder Hinsicht und für alle Zeiten unverrückbar ist, wohl aber das Maß der Wahrheit und des Seins. Dabei fällt auf, daß auch Maß hier eine doppelte

Bedeutung hat und sowohl eigene Abmessung wie auch Maßstab oder Kriterium ist. Dike ist das Kriterium der Wahrheit. Ob das ontologisch oder logisch gemeint ist, spielt keine Rolle mehr. Es gilt ja für beide Seiten. Jedenfalls haben wir es hier nicht mit einem verführerischen Sprachgebrauch zu tun. Wir legen vielmehr Wert darauf und halten es für entscheidend, daß wir die Eigenschaften der Dike bisher ausschließlich aus ihrer realen Natur als Grenze des absoluten Seins entwickelt haben. Die parmenideische Dike ist die Dike des Seins und darum auch des Denkens.

Mansfeld würde dem gewiß beipflichten. Seine Argumente sind den unseren sogar weitgehend gleich.[53] Aber dann geht er einen anderen Weg, um aus der sich mit der Wahrheit offenbarenden Dike eine eigene offenbarende Kraft zu machen. Wir möchten jedoch darauf verweisen, daß auch Zeus oder Jahve sich in Gesetz und Recht offenbaren, nicht umgekehrt. Dike ist Tochter[54] und Botin des Zeus, nicht weniger, aber auch nicht mehr.

Sein und Licht

Es wird Zeit, daß wir auf eine weitere Qualität der Dike zu sprechen kommen, angesichts derer die Frage nach dem objektiven oder subjektiven Charakter sich wiederholt und u. E. genauso wie bisher zu beantworten ist. Das Tor der Dike ist ätherisch:

> αὐταὶ δ' αἰθέριαι πλῆνται μεγάλοισι θυρέτροις·
> τῶν δὲ Δίκη πολύποινος ἔχει κληῖδας ἀμοιβούς.
>
> (fr. 1,13 f.)

Äther ist eins der »Lichtsymbole«, die Parmenides auf seiner Fahrt zur Göttin der Wahrheit begegnen, wie die Heliadenmädchen und das Licht, zu dem sie ihn führen (εἰς φάος, fr. 1,10). Diese »Symbole« sind für das Verständnis des

Erkenntnis- oder Offenbarungsaktes des Parmenides überaus wichtig. Sie haben die Interpreten seit der Antike beschäftigt, und ihre Bedeutung ist noch immer strittig. Das Verständnis wird noch erschwert dadurch, daß Äther und andere Lichtkräfte auch im sogenannten Doxateil des Gedichtes eine wichtige Rolle spielen und auch dort schwer auszumachen ist, was diese Lichtkräfte jeweils zu bedeuten haben. Manche gehören gewiß zur Scheinwelt der Menschen, zu der ja unser irdisches oder weltliches Licht in allen seinen Formen zu rechnen ist. Ob und wie sich davon ein anderes Licht unterscheiden läßt, ist noch zu erörtern. Wir halten es aber für besser, den Doxateil vorerst beiseite zu lassen. Er ist, wie man immer mehr einsieht, aus der Wahrheitslehre entwickelt. Die Wahrheitslehre aber gründet sich auf das, was Parmenides bei seiner im Proömion geschilderten Fahrt gesehen und von der Göttin erfahren hat. So jedenfalls steht es bei Parmenides selbst, und so weit es irgend möglich ist, sollten wir auf ihn hören.
Wo das ätherische Tor zu suchen ist, darüber brauchen wir nach dem, was wir über Dike ermittelt haben, nicht mehr zu rätseln: an der Grenze zwischen der Scheinwelt der Menschen und dem Sein. Es ist also das in sich grenzenlose transzendente Sein, das sich hinter dem Tor der Dike zeigen muß, und so möchten wir die klaffenden Türflügel verstehen oder die Kluft, die sich mit den aufspringenden Flügeln öffnet:

ταὶ δὲ θυρέτρων
χάσμ᾽ ἀχανὲς ποίησαν ἀναπτάμεναι πολυχάλκους
ἄξονας ἐν σύριγξιν ἀμοιβαδὸν εἰλίξασαι
γόμφοις καὶ περόνῃσιν ἀρηρότε· (fr. 1, 17–20)

Wir hätten von Parmenides gern mehr über das χάσμα ἀχανές gehört, zu dem das Tor sich öffnet. Auch in den Kommentaren scheint uns das zu kurz zu kommen. Die Übersetzer versuchen es teils auf das weite Aufschlagen der Türflügel zu beziehen, teils aber auch ausdrücklich auf die sich öffnende Kluft, zu der dann auch die Dimension der Tiefe gehören würde. Letzteres hebt auch Hölscher in seiner Übersetzung hervor (»gähnender Schlund«). Ein Chasma dürfte in der Tat mindestens ebenso sehr durch Tiefe wie durch Weite charakterisiert sein, wie unser »Abgrund« oder »Schlund«, mit denen wir es gewöhnlich übersetzen. Chasma kann aber auch die Weite (oder Tiefe) des Himmels oder des Meeres bezeichnen. Auch für ἀχανής (oder ἀχάνεια) findet man Bedeutungen wie »unermeßlich ausgedehnt, unendliche Weite oder Leere«, was dann mit Schlund nicht mehr getroffen wäre.[55] Aber es ist natürlich schwer, die Worte des Parmenides so genau zu wägen, da wir den Vorgang, den er beschreibt, nicht wirklich nachvollziehen können.

Die Wortverdoppelung χάσμα ἀχανές mag durchaus epischer Technik entsprechen, für bloße Technik möchten wir sie an dieser bedeutungsvollen Stelle des Gedichts jedoch nicht halten.[56] Schließlich stehen wir hier vor dem Augenblick, in dem Parmenides der Göttin der Wahrheit gegenübertritt. Wir meinen vielmehr, daß Parmenides beim Aufspringen des Tores tatsächlich die unermeßlich weite und tiefe Kluft des grenzenlosen Seins vor Augen hat und das mit dem durch ἀχανές verstärkend wiederholten χάσμα zum Ausdruck bringen wollte. Wie »weit und tief« hier zu verstehen wäre, haben wir bei der Frage nach der Ausdehnung des Seins ausführlich diskutiert.

Ist es eine dunkle oder eine lichte Kluft? Chasma kann nach den genannten Beispielen für beides gelten. Es wird noch immer verschiedentlich die Meinung vertreten, die Fahrt des Parmenides ende in dem Haus der Nacht. Die meisten verstehen die »Lichtmetaphorik« des Proömions jedoch so, daß die Fahrt in eine Region des Lichtes führt, und das scheint auch uns die einzige ungezwungene Erklärung zu sein.[57] Das Haus der Göttin ist ein Haus des Lichts, darum ist das Tor ätherisch.

Der Weg des Parmenides zur Wahrheit ist also ein Weg zum

Licht. Wahrheit oder Sein sind Licht. Und der Weg zu diesem Licht führt durch ein ätherisches oder halbätherisches Tor, zu dem Dike als das unterscheidende und vermittelnde Moment der Wahrheit die Schlüssel besitzt. Die Schranke zwischen Schein und Wahrheit ist ätherisch, insofern sie das eine, grenzenlose, lichte Sein, und sie ist materiell, insofern sie das in sich grenzenreiche Viele der Scheinwelt begrenzt, an der das Tor mit seiner steinernen Schwelle, dem Türsturz und den bronzebeschlagenen Pfosten Anteil hat.

Aus dieser Darstellung geht hervor, daß wir auch das Licht zu den Qualitäten der Wahrheit selber zählen, des absoluten Seins, und in dem Maße auch zu den Qualitäten der Dike, in dem Dike als Grenze des Seins auch an dessen Licht teilhat. Wir messen dem Licht der Wahrheit und Erkenntnis im Proömion also nicht nur eine symbolische, gleichnishafte oder literarische, allein auf das Subjekt bezogene Bedeutung zu, wie es seit Sextus mit dieser oder jener Modifizierung bis in die jüngste Zeit hinein üblich war und von vielen noch heute verstanden wird. Auf die Autoren, die das heute anders sehen und deren Auffassung wir teilen, kommen wir noch zurück. Jedenfalls kann das Licht hier nicht nur so viel wie Klarheit eines Gedankens bedeuten, dessen Inhalt noch dahingestellt bleibt,[58] wie auch Dike hier nicht richtiges, zwingendes Denken über einen beliebigen Gegenstand ist, sondern Gegenstand und Inhalt der Erkenntnis selbst oder jedenfalls in der Erkenntnis selbst enthalten ist und unlösbar zu ihrem Gegenstand gehört. Zu der Erkenntnis des Seins gehört auch die Erkenntnis seiner Grenze. Die Fesseln und das Tor der Dike gehören zur Beschaffenheit des Seins.

Nun können wir Dike nicht als Inhalt der Offenbarung und Erkenntnis bestehen lassen, das Ätherische aber von ihr absondern und dem Subjekt als eine eigene Erscheinungs- oder Ausdrucksform der Erkenntnis zuschlagen. Auch das Ätherische muß zur Beschaffenheit der Grenze und des Tores selbst gehören.[59] Das heißt aber, daß überhaupt das

Licht und seine Erscheinungsweisen im Proömion nicht Ausdruck irgendeiner Erleuchtung sind, sondern Qualität der Wahrheit und des Seins und darum Inhalt der Erkenntnis. Die Wahrheit ist Licht, nicht nur soviel wie Licht.[60]
Der Weg zur Wahrheit und zum Sein ist also realiter ein Weg zum Licht, und er führt über die ätherische Grenze, an der Licht und Dunkelheit sich scheiden. Dike ist also auch Scheide und Vermittlerin von Dunkelheit und Licht.
Ganz richtig wäre das allerdings nur dann, wenn wir auch unser irdisches und himmlisches Licht (das Licht des Sternenhimmels) als Schwester der Nacht zur dunklen Welt der Menschen rechnen, was Parmenides so strikt nicht zu meinen scheint. Sein Weg zur Wahrheit ist ja bereits von Lichtgestalten begleitet, ehe er an das Tor der Dike kommt, das wir uns also irgendwo im Äther vorzustellen haben, als letzte Schwelle einer durch den Himmel führenden, den Himmel durchstoßenden, d. h. ihn teilenden, öffnenden, transzendent erhellenden Bahn zum jenseitigen Licht des absoluten Seins, wie es die sich entschleiernden Heliadenmädchen u. E. sehr schön und treffend zum Ausdruck bringen.
Das mag noch immer auf Skepsis stoßen, obwohl es sinngemäß der Aussage des Parmenides entspricht oder ihr am nächsten kommt. Meistens glaubt man jedoch, sich damit nicht abfinden zu können, weil Licht und Dunkelheit dem Dualismus der Scheinwelt entsprächen, dem Parmenides im Proömion gerade zu entrinnen behauptet, und weil nach der Erkenntnisphysiologie des Doxateils die Fähigkeit zur Erkenntnis des Lichten und des Dunklen an ein entsprechendes Mischungsverhältnis im Menschen gebunden sei. Danach müßten es die Lichtkräfte in Parmenides selber sein, die ihn zur Erkenntnis des Lichts befähigen, und das Licht wiederum habe als Komplement der Nacht keinen höheren Rang als diese und könne darum nicht die Wahrheit sein.
Wir dagegen folgen dem von Vlastos und anderen beschrittenen Weg: Wie der Tote nach Parmenides vollkommene

Dunkelheit sei und nur unwandelbare Dunkelheit wahrnehme, gebe es einen entgegengesetzten Zustand vollkommenen Lichts, der dann nur das unwandelbar lichte Sein zum Gegenstand der Erkenntnis haben könne: »[. . .] not the ›seeming‹ light of the senses, whose apparent qualities depend on a felt contrast with darkness, but the purely logical object, whose every attribute can be deduced from its known self-identity. It would think light as pure Being.«[61]
Im Proömion, bei der Himmelfahrt, gehören Licht und Dunkelheit also nicht zu den gemischt vorhandenen Gegensätzen innerhalb der sinnlichen Welt. Wie das Sein und seine Grenze, so ist auch deren Licht nur als transzendent zu verstehen. Es steht damit im Gegensatz nicht nur zur Nacht, sondern auch zum Tag und allem anderen Licht der sinnlichen Welt, oder es führt aus ihr heraus zu dem einen und unwandelbaren Licht, das mit keiner Nacht mehr wechselt und nichts anderes sein kann als auch die *inconmutabilis lux* der Offenbarung Augustins (vgl. S. 117, 185 f.). Ob wir uns die Fahrt des Parmenides zum ätherischen Tor der Dike am Tage oder in der Nacht vorstellen, immer ist sie ein Weg aus der Dunkelheit zum Licht.

Wir möchten das Proömion also so verstehen, daß Parmenides mit der Scheinwelt und ihren Zweiheiten, die insgesamt der dunkle Wahn der Menschen sind, auch die Dualität von Tag und Nacht hinter sich läßt und hinüberfindet – transzendiert – zu der Wahrheit des einen und einzigen, in sich grenzenlosen und darum lichten Seins. Angesichts der Natur des Seins, wie wir es beschrieben haben, und seiner absoluten Grenze dürfen wir uns dieses Transzendieren nicht als ein Verströmen, ein Auf- oder Untergehen des erkennenden Geistes in einem lichten Meer der Grenzenlosigkeit vorstellen, sondern eher wie das Erreichen einer Schranke oder Mauer aus Licht, an der das Sein unzerstreut, ohne daß sich an ihm Nahes und Fernes unterscheiden ließe, in seiner unteilbaren Totalität anwesend ist. Ins Räumliche übertragen muß daraus eine den Kosmos umschließende feste

Schale aus Licht oder Feuer werden, wie sie der parmenideische Kosmos tatsächlich besitzt.
Schranke oder Mauer aus Licht und zum Licht – so meinen wir, auch das ätherische Tor zur Wahrheit deuten zu können. Ein konkretes Bild bleibt zwar immer ungeeignet, Transzendenz darzustellen. Ungenauigkeiten, Unzulänglichkeiten sind da stets in Kauf zu nehmen. Auch das Tor, wie Parmenides es schildert, dürfte sich einer gedanklichen Auflösung nicht völlig fügen. So müßten wir etwa daran Anstoß nehmen, daß der Wagen das Tor passiert, wo das dahinter liegende Reich des wahren Seins doch unverletzlich und unteilbar, d. h. unbetretbar ist. Aber sobald wir Richtung und Stationen der Fahrt benennen wollen, wird es ohnehin anstößig, selbst wenn wir nur von einer Auffahrt sprechen. Deichgräber hat darum für den Titel seines Aufsatzes »Parmenides' Auffahrt zur Göttin des Rechts« sogleich eine Rüge hinnehmen müssen.[62] Immerhin ist das Erreichen, das Aufstoßen und Durchstoßen eines Tores in einer Sphäre des Lichtes oder Zwielichts ein sinniges Bild für den Weg zum Licht der Wahrheit und des Seins, der anderen Sterblichen verschlossen ist. Damit stellt sich unwillkürlich auch das Bild einer Richtung und des Passierens dieses Tores ein. Und wenn einer Richtung, dann dorthin, woher auch unser Licht uns scheint, hinauf zum Himmel, der ja nicht nur von Parmenides und seinen Interpreten mit dem lichten Jenseits des ewigen Seins assoziiert wird. Bleiben wir uns dieses Unterschieds bewußt, so dürfen wir wohl sagen: das Tor der Dike ist ein Himmelstor.
So gesehen scheint uns, was Deichgräber aus der Auffahrt herausgelesen hat, sehr subtil zu sein. Daß der Inhalt des ganzen Gedichtes schon im Proömion enthalten sei, hat vor allem er herausgestellt und die parmenideischen Metaphern zu objektivieren, ontologisieren gesucht, wie auch wir es für geboten halten. Die Heliadenmädchen seien Göttinnen der hellen Wahrheit, das Tor von überirdischem Glanz, vollkommenem Licht, das sich letztlich wie ein Wunder öffne.

Man befinde sich in der Sphäre des Himmlischen und Leichten. »Haben lichtvoller Verstand und weiches Wort die Fähigkeit, Wunder zu wirken? Oder ist gar das Lichtvoll-Göttliche identisch mit der Göttin Dike und diese wieder mit den wechselnd bewegten und bewegenden Toren?«[63] Weitere Merkmale der Reise seien der Weg von der Vielheit oder Zweiheit zur Einheit, die Geradheit des Weges (ἰθύς, fr. 1,21) im Unterschied zu dem der Menschen, die einende Kraft der Dike, am Tor das Unbewegliche und Feste und vieles andere, was später bei der logischen Belehrung über die Wahrheit wie auch im Doxateil wiederkehre.[64] Das alles sei keine Allegorese mehr im üblichen Sinn, sondern bildliche Parallele zu dem noetischen Weg des Wahrheitsteils, z. T. unter Verwendung gleicher Leitausdrücke.[65] Für Deichgräber hat Dike auch ein autarkes Sein und ist nicht bloßer Gedanke, falls wir den etwas schwierigen Passus bei ihm richtig verstanden haben.[66]

Es bleibt noch der schwer verständliche Vers des Proömions, in dem dasselbe Tor, das wenig später das ätherische heißt, Tor der Bahnen von Tag und Nacht genannt wird:

ἔνθα πύλαι Νυκτός τε καὶ Ἤματός εἰσι κελεύθων
(fr. 1,11)

Hier erweist es sich, daß zwischen Deichgräbers Auffassung und der unseren auch Unterschiede bleiben. Deichgräber versteht die Bahnen von Tag und Nacht unter Hinweis auf das ältere Epos so, daß hinter dem Tor sowohl Licht als auch Nacht zu Hause seien, doch abwechselnd immer nur eines.[67] Für uns aber ist dort nur Licht denkbar, und die Nacht oder der Wechsel von Tag und Nacht nur diesseits des Tores. Auch H. Vos hebt hervor, daß das parmenideische Tor allein zum Äther führe und den πύλαι οὐρανοῦ oder πύλαι ὀλύμπου des Epos gleichzusetzen sei. Der Äther aber sei »Repräsentant« des Seins und auch Teil des Universums im Doxateil, womit Vos sich an O. Gigon anschließt.[68]

Die Einsicht, daß Sein und Äther oder Licht zusammengehören und daß das Licht des Seins auch im Doxateil eine wichtige Rolle spielt, gewinnt heute immer mehr an Boden. Auch Deichgräber zielt ja darauf ab, und indem wir das Sein als transzendent begreifen, mit allen philosophischen und theologischen Konsequenzen, fügen wir dem wohl den triftigsten Grund hinzu. Auch Mansfeld sieht sehr wohl, daß das Jenseits der Scheinwelt, das Parmenides hinter dem Tor der Dike erreicht, ein transzendentes Jenseits ist: »Parmenides passiert dieses Tor und ›*verläßt*‹ damit den Kosmos. Dies bedeutet, daß seine Fahrt in einer Transzendenz gipfelt. Er betritt das Haus der überweltlichen Göttin. Die Transzendenz ist zwar in einer sehr buchstäblichen Weise ausgedrückt und verbildlicht worden, aber man darf fragen, ob in der Zeit des Parmenides eine andere Weise möglich war.«[69]

In unseren Augen ist das vollkommen richtig. Wir müssen uns jedoch im Stich gelassen fühlen, wenn wir hören, Parmenides gelange an den Ort, wo die Bewegung von Tag und Nacht im Kosmos bestimmt werde, und dieser Ort ein Tor in der den Kosmos umschließenden Mauer sei, solange nicht erläutert wird, wie wir dieses buchstäblich und bildhaft genommene Transzendieren denn seiner wirklichen Natur nach zu verstehen haben. Ohne die nötige Erklärung wird damit der Streit über das Ziel der Fahrt zur Wahrheit nicht behoben, sondern nur aufs neue angefacht. Gehen wir dagegen von der transzendenten Bedeutung des »Jenseits der Scheinwelt oder des Kosmos« aus, so muß sich auch der Weg zu der buchstäblichen, d. h. räumlich-physischen Auslegung finden lassen. Wir meinen, daß wir dem schon recht nahe gekommen sind. Nur das transzendente Sein hat eine absolute Grenze, und nur, wenn wir uns diese Grenze in den Raum projiziert denken,[70] kann der parmenideische Kosmos und seine äußerste, letzte Grenze in der Form einer lichten Schale oder Mauer begreiflich werden und als mythisches Weltbild neben jedem physikalischen einen bleibenden Anspruch auf Wahrheit erheben.

Die Fahrt des Parmenides führt also nirgendwo im Raume hin und gleichwohl zu einem lichten Tor, das ebenso wie die Fessel des Seins der Dike gehört und das wir uns daher an einer »letzten« Grenze denken müssen, an einem »äußersten« Rand. Einem Tor also zum Außer- oder Überirdischen, das allein das Reich der Göttin ist, die Parmenides die Wahrheit lehrt. Und dieses Reich ist nicht das der Nacht oder eines, das Tag und Nacht abwechselnd bewohnen, sondern das des jenseitigen, unwandelbaren, lichten Seins, das keine Ausdehnung und ebendarum eine unverrückbare Grenze hat.

Tag und Nacht können demnach nicht durch das Tor hindurchgehen und bald auf dieser, bald auf jener Seite sein. Aber auch mit der Erklärung von Vos kommen wir nicht zurecht. Vos macht doch noch einen Unterschied zwischen den πύλαι οὐρανοῦ des Epos und den αἰθέριαι πύλαι des Parmenides. Weil der Himmel des Parmenides mit aller Wahrscheinlichkeit eine undurchdringliche Mauer sei, müsse das Tor zu dem noch diesseits dieser Mauer liegenden Äther führen, und dieser sei der Raum der Bahnen von Tag und Nacht, wobei die Nacht wie im Land der Lästrygonen der immer klare Sternenhimmel über der Wolkendecke sei. Obwohl Tag und Nacht durch den Äther zögen, sei dieser die immer helle Zone unterhalb des Himmelsgewölbes.[71]

Wir dagegen vermögen Parmenides nur so zu verstehen, daß das Tor sich zwar in dem ätherischen Grenzbereich »zwischen Himmel und Erde« befindet (Erde hier für Kosmos oder sinnliche Welt), daß es jedoch nicht Zugang zu diesem Grenzbereich oder »Vorhimmel« schafft, sondern zu dem letzten und äußersten Himmel selbst, welchen Namen Parmenides auch dafür hat. Das ätherische Tor führt in das Haus der Wahrheit, nicht erst in dessen Vorhof.

Es scheint uns schließlich auch fragwürdig zu sein, ob πύλαι κελεύθων sich ohne weiteres nach dem Muster von πύλαι οὐρανοῦ verstehen läßt. Ein Himmelstor führt in den Himmel, aber ein Tor der Bahnen nicht ebenso selbstverständlich zu den Bahnen, wenn man sich diese als an dem Tor vorüberziehend denkt. Vos verweist bei den Νυκτός τε καὶ Ἤματος κέλευθοι auf die θεῶν κέλευθοι zum Olymp. So könnten vielleicht auch die Bahnen von Nacht und Tag zu dem parmenideischen Himmel führen und sich an dessen Tor vereinigen, das ja als Mittler oder Gelenk zwischen der Dualität resp. Pluralität der Scheinwelt und dem einen Sein die Gegensätze sozusagen schürzt und in eins zusammenzieht. Wir meinen damit dasselbe, was Deichgräber die einende Kraft der Dike genannt hat. Die Bahnen führen dann nicht durch das Tor hindurch, sondern verschwinden in ihm und würden auf dem umgekehrten Weg erst an dem Tor Existenz gewinnen und auseinandertreten.

Der naheliegenden Lösung, Nacht und Tag einfach im Sinne der Fahrt zum Licht der Wahrheit diesseits und jenseits des Tores anzusetzen, dürfte der Wortgebrauch im Wege stehen. Das Tor scheidet Dunkel und Licht, aber kaum die Bahn der Nacht von der Bahn des Tages. Außerdem kann der Tag hier auch kaum mit dem ewigen Licht der Wahrheit und seinen Erscheinungsformen im Proömion wie Äther oder Phaos identisch sein. Νυκτός τε καὶ Ἤματος κέλευθοι ist schon eine homerische Formel, und Parmenides könnte dabei wohl noch immer an die Komplemente der sinnlichen Welt gedacht haben.

Wir geben zu, daß diese Überlegungen über die Bahnen von Nacht und Tag uns selber nicht befriedigen. Sie entsprechen jedoch einer geläufigen Interpretation (oder kommen ihr nahe), und wir sehen nicht recht, wie wir weiterkommen könnten. Oder wir müßten auch das »Haus der Nacht« in dem Chasma suchen, durch das Parmenides den Weg zur Wahrheit nimmt. Es wäre dann ein nächtiger Bereich jenseits von Tag und Nacht, wie wir sie kennen, in dem die Heliadenmädchen erscheinen und Parmenides zum Licht der Wahrheit führen. Die Unergiebigkeit der vorangegangenen Diskussion scheint in der Tat dafür zu sprechen, daß eine »mythische« Nacht der Ort oder der Zustand ist, der dem Aufgang des ewigen Lichts vorausgeht. So würde auch die Nacht zur Himmelfahrt des Parmenides gehören, ohne jedoch deren Ziel zu sein.[72]

Das Tor der Dike, meinen wir jedenfalls, hat jetzt einen sinnvollen Ort in der parmenideischen Ontologie erhalten und steht nicht mehr so unerklärlich da wie bisher.[73] Die subjektivistisch-metaphorische Deutung als »Tor der Erkenntnis« möchten wir noch einmal nachdrücklich zurückweisen. Als transzendentes Tor oder Tor zum transzendenten Sein ist es die Kluft der Wahrheit, die die sinnlichen Erd- und Himmelsräume teilt und sich öffnet zum letzten Himmel des grenzenlosen lichten Seins, einem Himmel jenseits des Himmels. Diesen Himmel vermag es mit der Erde zu verbinden, ohne Rücksicht auf die Entfernung, die zwischen Erde und Sternenhimmel liegt. Es kann ätherisch sein, ein Himmelstor, und gleichwohl eine steinerne, d. h. irdische Schwelle haben.

Sein und Kosmos

Wir haben schon des öfteren auf die im Doxateil entwickelte Kosmologie des Parmenides vorgegriffen, die wir nunmehr mit den anderen Teilen des Gedichts vergleichen wollen. Am besten gehen wir wieder von der Grenze aus. Was erfahren wir darüber im Doxateil?

εἰδήσεις δὲ καὶ οὐρανὸν ἀμφὶς ἔχοντα
ἔνθεν ἔφυ τε καὶ ὥς μιν ἄγουσ(α) ἐπέδησεν Ἀνάγκη
πείρατ' ἔχειν ἄστρων. (fr. 10,5–7)

Auch im Doxateil ist also wieder von der bindenden Kraft der Ananke die Rede, und wieder gehört mit ihr die Grenze zusammen. Schon daran wird deutlich, daß Parmenides hier nicht eine völlig andere Sache als im Proömion und im Wahrheitsteil beschreibt, sondern daß das absolute Sein und seine Grenze auch den Kosmos bestimmen, so wie die Menschen ihn sich aus gutem Grunde denken.[74] Allerdings hat Ananke nun einen anderen Aspekt erhalten, ihre Rolle scheint gegenüber der im Wahrheitsteil vertauscht zu sein. Im Wahrheitsteil ist es das Sein, das von Ananke »ringsum« eingeschlossen und in Fesseln gehalten wird, hier ist es der ringsumgebende Himmel, und die Grenze ist die der Gestirne. Der Himmel (οὐρανός) und seine Sterne können nicht mit dem Sein identisch sein. Dennoch muß Ananke hier dieselbe Macht verkörpern wie im Wahrheitsteil, d. h. sie muß auch hier äußerste Grenze sein und damit auch Grenze des Seins. Indem Ananke das Sein begrenzt, begrenzt sie ja auch die Scheinwelt, die beide – von der einen wie von der anderen Seite her – in Ananke ihre gemeinsame Grenze haben. Allerdings stimmt das Bild von dem kugelförmigen Sein nicht mehr, denn jetzt ist es das Diesseits, die Scheinwelt, der Kosmos, das die Gestalt einer Kugel annimmt, und das jenseitige Sein muß zu der Schale dieser Kugel werden. Weiter heißt es:

πῶς γαῖα καὶ ἥλιος ἠδὲ σελήνη
αἰθήρ τε ξυνὸς γάλα τ' οὐράνιον καὶ ὄλυμπος
ἔσχατος ἠδ' ἄστρων θερμὸν μένος ὡρμήθησαν
γίγνεσθαι. (fr. 11,1–4)

Die Aufzählung scheint der Abfolge der Himmelszonen nicht genau zu entsprechen, sondern sich dem Versmaß anzupassen. Nach der Erde würden wir ja die Mond- und danach erst die Sonnensphäre erwarten. Zuäußerst aber befindet sich der Olymp. Wie ist das zu verstehen? Gigon setzt den äußersten Olympos mit dem Göttlichen jenseits der Himmelsmauer gleich, und in diesem wiederum sieht er den Repräsentanten des Seins.[75] Auch andere verstehen den Olymp als das alles umschließende Gewölbe des Alls, das wir dann jenseits der den Himmel haltenden Ananke zu suchen hätten.[76] Wahrscheinlich ist das richtig. Man könnte dagegen höchstens mit Stenzel einwenden, daß nach Parmenides auch der Olymp »zu entstehen strebte«, also zu den gewordenen Dingen gehört.[77] Aber wir haben es hier ja nicht mehr mit strenger Ontologie zu tun, sondern mit dem Bild, das sich die Menschen machen, also mit einem Werden κατὰ δόξαν, wie die Göttin am Ende noch einmal zusammenfassend sagt (fr. 19,1).

Bei Parmenides selbst ist über die Grenzen des Kosmos weiter nichts zu finden. Fragment 12, das darüber mehr Aufschluß hätte bringen müssen, setzt erst mit den engeren Ringen ein. Der Vergleich mit einer Mauer ist bei Aëtius überliefert, während der Hinweis auf den göttlichen Charakter dessen, was den Himmel umgibt, von Cicero stammt. Cicero sagt oder läßt seinen Epikureer referieren:

Nam Parmenidem quidem commenticium quiddam: coronae similem efficit (στεφάνην *appellat), continentem ardorem lucis orbem qui cingit caelum, quem appellat deum* (nat. deor. 1,11,28. DK A 37).

»Parmenides denkt sich etwas aus, das wie ein Kranz ist – ›stephane‹ nennt er es: einen Kreis von Lichtglut, der den Himmel umgibt. Diesen nennt er Gott.«

Wir sehen auf den ersten Blick keinen Grund, an der Zuverlässigkeit dieser Nachricht zu zweifeln. Sie bringt, was wir nach unserer Interpretation des Lehrgedichts erwarten müssen. *Caelum* muß hier der ringsumgebende Himmel von fr. 10 sein, den Ananke führt, und diesen umgibt noch einmal eine göttliche Lichtglut, ein Feuerring, ein brennendes Licht, das wir wie Gigon mit dem absoluten Sein identifizieren möchten. Parmenides hat in seiner Kosmologie also ausdrücklich zwischen dem Himmel mit seinen Lichtern und Gestirnen und etwas noch darüber oder dahinter Liegendem unterschieden, das er nicht mehr Himmel nennt, sondern Gott und als reines Feuer oder Licht beschreibt. Für uns kann es keine Frage sein, daß dieses Licht im Unterschied zu dem des ausgedehnten Himmels das transzendente Licht des absoluten Seins verkörpert und darum seinen kosmologischen Ort jenseits der absoluten Grenze hat. Die ausgedehnte Welt, der Kosmos, ist an dieser Grenze ein für allemal zu Ende. In den äußersten Lichtgürtel einzudringen oder ihn weiter hinauszudrängen ist unmöglich, denn er ist absolutes Jenseits, undurchdringliche, raumlose, an der Grenze bereits erfüllte, gänzlich gegenwärtige Unendlichkeit, deren Licht darum einer glühenden Schale oder Mauer gleicht:

> καὶ τὸ περιέχον δὲ πάσας τείχους δίκην στερεὸν ὑπάρχειν, ὑφ' ὧι πυρώδης στεφάνη, καὶ τὸ μεσαίτατον πασῶν στερεόν, περὶ ὃ πάλιν πυρώδης. τῶν δὲ συμμιγῶν τὴν μεσαιτάτην ἁπάσαις ⟨ἀρχήν⟩ τε καὶ ⟨αἰτίαν⟩ κινήσεως καὶ γενέσεως ὑπάρχειν, ἥντινα καὶ δαίμονα κυβερνῆτιν καὶ κληροῦχον ἐπονομάζει Δίκην τε καὶ Ἀνάγκην. [...] περιστάντος δ' ἀνωτάτω πάντων τοῦ αἰθέρος ὑπ' αὐτῶι τὸ πυρῶδες ὑποταγῆναι τοῦθ' ὅπερ κεκλήκαμεν οὐρανόν, ὑφ' ὧι ἤδη τὰ περίγεια. (Aet. 2,7,1; Test. 16 – DK 28 A 37)

Nach Aëtius gibt es also etwas alles Umschließendes, und das sei fest wie eine Mauer. Bisweilen wird das so verstanden, als ob der parmenideische Himmel von einer steinernen oder ehernen Mauer eingeschlossen sei, und das Himmelstor des Proömions, das eine steinerne Schwelle und bronzebeschlagene Pfosten hat, kann das tatsächlich nahelegen.[78] Aber warum hat Aëtius das dann nicht deutlich ausgesprochen, sondern nur in der Form eines Vergleichs? Wir können eine solche Mauer ja auch durchaus entbehren, ohne damit auf eine feste Himmelsgrenze zu verzichten. Nach Aëtius ist auch die Schicht unmittelbar diesseits des alles Umschließenden ein Feuerring. Angesichts der unterschiedlichen Natur der beiden Lichtzonen kann das jedoch keine Schwierigkeiten bereiten. Der ringsumgebende Himmel als die hellste Sphäre des Kosmos stößt hier an das Licht, das als Qualität des absoluten Seins eine schrankensetzende, dem

Endlichen seine unverrückbare Grenze zuweisende Macht besitzt.
Mit der Interpretation der äußersten Feuerringe und der sie scheidenden »Mauer« kommen wir O. Gigon am nächsten.[79] Andere lassen die Cicero-Stelle beiseite oder sprechen ihr einen Zeugniswert ab.[80] Deichgräber hält *qui cingit caelum* für das mißverstandene οὐρανὸν ἀμφὶς ἔχοντα des Fr. 10.[81] Aber auch nach Aëtius gibt es ja etwas, das auch den Himmel noch umschließt, und es ist nicht einmal nötig, zwischen der mauerharten Himmelsschale und der göttlichen Lichtglut zu differenzieren, da die Lichtglut selber ja das absolut Begrenzende ist und keine weitere Ausdehnung zuläßt. Wir brauchen also keine besondere Mauer zwischen die beiden Feuerzonen zu legen und nach ihrer Beschaffenheit zu fragen. Damit dürften auch die anderen Schwierigkeiten behoben sein, die für Gigon mit der Schichtung der beiden Feuerzonen noch verbunden geblieben sind.
Aëtius spricht dann noch von einem ἀνώτατος αἰθήρ, was an den ἔσχατος ὄλυμπος des fr. 11 denken läßt. In fr. 11 dagegen ist von einem gemeinsamen Äther die Rede und daneben von dem äußersten Olymp, so daß man zwischen beiden wohl noch unterscheiden muß. Der Äther wäre dann die Zone, die zwischen Olympos und Uranos vermittelt, und in dieser Zone würde sich ja auch das in den Kosmos versetzte ätherische Tor der Dike befinden. Was Äëtius über den Sitz von Dike und Ananke inmitten der gemischten Ringe überliefert, ist so umstritten, daß wir darauf jetzt nicht eingehen wollen. Wichtiger ist, was Parmenides selber sagt. Danach hält Ananke den ringsumgebenden Himmel gefesselt, daß er die Grenzen der Gestirne halte. Das paßt bis in den Wortgebrauch hinein (auch ἀμφίς kehrt wieder) so genau zu dem durch Dike und Ananke begrenzten Sein des Wahrheitsteils, daß man sich den Kosmos genauso wie das Sein von Ananke umgrenzt zu denken pflegt. Sein und Kosmos bildeten demnach dieselbe Kugel. Wir dagegen beharren darauf, daß Ananke auch hier die sinnliche Welt

von dem wahren Sein abgrenzt und der Kosmos allein darum eine endgültige Grenze hat. Anders wäre Ananke Grenze zum Nichts und mit der Ananke des Wahrheitsteiles nicht mehr zu vergleichen. Die ganze Kosmologie wäre auf die völlig falsche Voraussetzung gegründet: auf die Existenz des absoluten Nichts, während heute u. E. zu Recht die Meinung vorherrscht, daß die Göttin des Parmenides auch im Doxateil nichts Falsches sagt, sondern erläutert, wie das Sein zum Schein geworden ist und Ontologie sich folgerichtig in Kosmologie oder Kosmogonie verwandelt. Die Ontologie ist auch die Grundlage der Doxologie.

Daß Parmenides das Nichts auch aus dem Kosmos ausgeschlossen hat, ist fr. 9 zu entnehmen:

> αὐτὰρ ἐπειδὴ πάντα φάος καὶ νὺξ ὀνόμασται
> καὶ τὰ κατὰ σφετέρας δυνάμεις ἐπὶ τοῖσί τε καὶ τοῖς,
> πᾶν πλέον ἐστὶν ὁμοῦ φάεος καὶ νυκτὸς ἀφάντου
> ἴσων ἀμφοτέρων, ἐπεὶ οὐδετέρῳ μέτα μηδέν.
> (fr. 9, 1–4)

πᾶν πλέον möchten wir so verstehen, daß wirklich alles gefüllt ist und auch kein »außerhalb« des Kosmos bleibt, wohin das Nichts oder etwas, das nicht Licht noch Nacht ist, hätte flüchten können. Auch Fränkel und andere sehen hier dasselbe Postulat wie für das Sein erfüllt: den Ausschluß des Leeren. Aber er bezieht das auf einen endlichen Kosmos, der als ganzes von Nichts umgeben ist: »Hinter den Sternen endet das All und stößt in jeder Richtung an das Nichts. In der scheinbaren Welt hat ja aber auch das Negative eine Scheinexistenz; und zwar ist es dem Materiellen gleichgesetzt worden. Daraus folgt logisch, daß die Grenze der Welt das absolut Negative, an dem sich alles positive Sein und alle lebendige Bewegung bricht, eine absolut dichte Masse sein muß.«[82] »Wie eine Mauer umgibt der ὄλυμπος ἔσχατος (11.2) das Weltall. Er besteht aus reiner Nacht (der Nachthimmel); unvermischt, ohne den belebenden Zusatz, ist diese Schale gewissermaßen tot und in ihrer absoluten,

rein materiellen Dichte vollkommen abschließend und undurchdringlich.«[83]
Fränkel versteht den Vergleich mit der Himmelsmauer also sehr konkret, und er kann sich darauf berufen, daß Aëtius für das alles Umschließende denselben Ausdruck στερεόν gebraucht wie für die feste Erde in der Mitte, in der man wiederum eine Verkörperung der dichten und schweren Nacht zu sehen pflegt, während die Lichtkräfte leicht und milde sind. Aber Licht und Nacht sind offenbar nach entgegengesetzten Richtungen geschieden:

> τἀντία δ' ἐκρίναντο δέμας καὶ σήματ' ἔθεντο
> χωρὶς ἀπ' ἀλλήλων, τῇ μὲν φλογὸς αἰθέριον πῦρ,
> ἤπιον ὄν, μέγ' ἐλαφρόν, ἑωυτῷ πάντοσε τωὐτόν,
> τῷ δ' ἑτέρῳ μὴ τωὐτόν· ἀτὰρ κἀκεῖνο κατ' αὐτό
> τἀντία νύκτ' ἀδαῆ, πυκινὸν δέμας ἐμβριθές τε.
> (fr. 8,55–59)

Fränkel fragt auch selbst, was den schweren Stoff in die höchste Höhe getrieben habe, die feste Himmelsgrenze zu bilden, wo bei der Scheidung doch das Leichte emporgestiegen, das Schwere aber gesunken sei.[84] Seltsam dünkt uns auch ein nächtiger Olymp, zumal wenn die Nacht Kennzeichen des Negativen und Materiellen ist, und wir vermögen uns das Nichts auch nicht als Materie, als etwas Dichtes und Schweres vorzustellen, sondern höchstens als absolute Leere, der jede begrenzende Kraft abginge. Das πυκινὸν δέμας ἐμβριθές der Nacht ist zwar nicht Sein, doch auf jeden Fall Etwas und nicht Nichts, wie ja auch aus fr. 9,4 hervorgeht. Fränkel hat sich offensichtlich geirrt, indem er meinte, das στερεόν der Himmelsschale genauso stofflichkörperhaft wie das der dunklen und festen Mitte des Kosmos verstehen zu müssen. Näher als sein Hinweis auf den steinernen Himmel alten Glaubens scheint uns der auf den κρυσταλλοειδὴς οὐρανός des Anaximenes zu liegen, also einen Himmel, der fest und starr und gleichwohl hell, klar, durchsichtig ist.[85] Die »lebendige Bewegung« des parmenideischen Kosmos bricht sich nicht am Nichts wie an einer toten Schale, sondern an der Grenze des starren, ewig unbewegten Seins.

Wir meinen also, daß sich der *orbis ardoris lucis*, der nach Cicero oder seinem epikureischen Gewährsmann den parmenideischen Himmel umgebe, sehr wohl in Einklang bringen läßt mit dem περιέχον δὲ πάσας τείχους δίκην στερεόν des Aëtius und daß diese äußerste Schale aus Licht sehr wahrscheinlich der ἔσχατος ὄλυμπος ist, der Himmel über dem Himmel, in dem für die Zeitgenossen des Parmenides die Götter wohnten und von dem herab sie mit ihren Gesetzen die Welt regierten. Für Parmenides gab es keinen bunten Götterhimmel mehr,[86] wie auch für Heraklit oder Xenophanes nicht, sondern nur ein einziges Sein und darum nur ein einziges Gesetz. Aber das Sein wurde ihm bei einer Himmelfahrt in einem von Dike behüteten Reich des Lichtes von einer Göttin offenbart, und sachlich spricht nichts dagegen, daß Parmenides, wo er beschreibt, wie Meinen und Glauben der Menschen zustande gekommen sind, die äußerste Lichtglut jenseits der Himmel und Sterne in Schranken haltenden Ananke Olymp genannt und tatsächlich als das Göttliche bezeichnet hat, auch wenn das nur durch eine vielleicht fragwürdige Überlieferung bezeugt ist. Nach Aëtius 1,7,26 habe Parmenides auch das unbewegte und begrenzte kugelförmige Sein Gott genannt (Test. 11 – DK 28 A 31).

Wie die Lichtzonen des Kosmos des weiteren aufeinander folgten und mit Nachtzonen gewechselt haben, damit ist noch immer schwer zurechtzukommen. Einig ist man sich wohl darin, daß auf die Beschreibung der lichten, der dunklen und der gemischten Ringe bei Aëtius kein Verlaß ist. In der bei Parmenides unmittelbar an den Wahrheitsteil anknüpfenden Belehrung der Göttin über die Meinungen der Sterblichen (fr. 8,50 ff.) ist nur allgemein von einem Dualismus von Licht und Nacht die Rede, offenbar derart, daß das eine hierhin, das andere dorthin verteilt werde, während er, Parmenides, wußte, daß das lichte Sein »überall ganz« ist, nicht hier weniger, dort mehr. Nach dem Scholion zu fr. 8,59[87] hätten sich Feuer und Licht als das Leichte, das Dunkle als das Harte und Schwere nach verschiedenen Richtungen getrennt. Das eine sei aufgestiegen, das andere gesunken, so daß sich zur Peripherie hin eine Zunahme an Licht, zum Zentrum hin eine Zunahme an Dunkel ergeben muß. Sehen wir von der äußersten Schale ab, über die wir anderer Auffassung sind, so scheint sich uns daraus am ehesten das von Fränkel gekennzeichnete Weltbild zu ergeben: »Die von ihr [der Mauer] eingeschlossene Welt schichtete sich nach der Schwere. [...] Das Leichte stieg auf, das Schwere sank nieder, das Gemischte blieb in der Schwebe. So ist alles nach dem Lichtgehalt geordnet.«[88]

Aber auch daran werden wir unsicher, wenn wir Parmenides selbst daneben halten. Bei ihm heißt es wörtlich:

αἱ γὰρ στεινότεραι πλῆνται πυρὸς ἀκρήτοιο,
αἱ δ' ἐπὶ ταῖς νυκτός, μετὰ δὲ φλογὸς ἵεται αἶσα·
ἐν δὲ μέσῳ τούτων δαίμων ἣ πάντα κυβερνᾷ·
πάντα γὰρ⟨ἣ⟩στυγεροῖο τόκου καὶ μίξιος ἄρχει
πέμπουσ' ἄρσενι θῆλυ μιγῆν τό τ' ἐναντίον αὖτις
ἄρσεν θηλυτέρῳ.
(fr. 12,1–6)

Die ganze Überlieferung spricht dafür, daß unter der äußersten Schale (aus Licht) weitere Lichtringe folgten. Wir neigen wie Fränkel zu der Ansicht, daß damit bereits die engeren Ringe des zitierten Fragmentes gemeint seien und Parmenides die Ringe hier von außen nach innen beschreibe.[89] Die beiden ersten Verse hat Aëtius recht genau wiedergegeben: »Parmenides lehrt, daß Ringe dicht umeinander gelegt seien, der eine aus einer lockeren Masse, der andere aus einer dichten, und daß andere, aus Licht und Dunkelheit gemischt, zwischen diesen seien« (Test. 16 – DK 28 A 37). Das Licht resp. Dünne wird zuerst genannt, weil es das höhere Prinzip der Wirklichkeit ist, wie wir mit

Deichgräber annehmen.[90] Auch die anschließenden Bemerkungen des Aëtius, die wir bereits angeführt haben, bringen zuerst das alles Umschließende und danach die innerste Mitte. Die höheren Regionen des Himmels wären demnach Licht, die unteren Nacht, die mittleren gemischt, denn in sie hinein schieße die Flamme. Das kann jedoch nur heißen, daß die Flamme von den Lichtringen her in die Nachtringe einschießt, also von außen nach innen resp. von oben nach unten, nicht umgekehrt, wie es die Lehre von dem aufsteigenden Leichten und sinkenden Schweren besagt.[91] Zu der Scheidung der Gegensätze kommt also eine ebenso starke Kraft der Mischung und Paarung hinzu, die in entgegengesetzter Richtung wirkt und die mittleren Zonen des Kosmos zwischen Zentrum und Peripherie und schließlich alles, was zwischen Licht und Dunkel und deren Äquivalenten liegt, zum Sitz der alles mischenden Daimon macht. Man darf sogar fragen, warum die Flamme in die Nacht einschießt und nicht die Nacht auch in die lichten Ringe, wie es bei einer Mischung gleichwertiger Elemente zu erwarten wäre.

Der Gedanke an einen Schwebezustand in der Mitte scheint uns also zu neutral und physikalisch zu sein, das Auf- und Absteigen des Lichten und Dunklen (Leichten und Schweren) höchstens eine Seite der parmenideischen Lehre zu treffen. Der Antagonismus der Kräfte, den sie nicht minder enthält, kommt darin nicht zum Ausdruck, und die aktivere Kraft muß die des Lichts gewesen sein. Schon die Lichtglut des äußersten Olympos, in der wir die alles zusammenhaltende Macht und Energie des Unendlichen sehen, muß eine herabwirkende Strahlkraft besitzen, an der noch die fernen Himmelskörper teilhaben, »die heiße Gewalt der Gestirne«, bis die Flamme auch in die dunklen Ringe schießt.

Das alles mutet, in umgekehrter Richtung, wie eine Kosmologisierung des Weges an, den Parmenides bei seiner transzendierenden Himmelfahrt genommen hat: aus der irdischen Welt auf dem Weg der Daimon (fr. 1,2 f.), getragen von einem Wagen mit erglühender Achse (αἰθόμενος, fr. 1,6 f.) und von nachtenttauchten Sonnenmädchen geleitet hinauf in den Äther der Dike und Ananke, hinter deren Tor und lichter Schranke die Göttin der Wahrheit wohnt. Wir haben allen Grund, diese Analogie ernst zu nehmen und aus der emphatischen Beschreibung der Gestirne und aus der den Kosmos begrenzenden Lichtglut zurückzuschließen auf den Weg der Offenbarung und die Natur des in gewaltigen Fesseln ruhenden Seins, über das Parmenides uns, wie man meint, mit so kaltblütiger, zwingender Logik zu belehren versucht. Wir können aus dieser Analogie sogar folgern, daß die Lichtkräfte wie in der Kosmologie so auch im Proömion ihren Ursprung im Lichtreich der Göttin haben, nicht in Parmenides, und als Licht der Wahrheit und Erkenntnis von dort herabgedrungen sind.

Die Daimon des Proömions ist offenbar dieselbe wie die der Kosmologie. Nach Aëtius (vgl. S. 153) wäre letztere mit Dike und Ananke, nach anderen sogar mit der offenbarenden Göttin identisch, so daß sich alle diese Namen und Gestalten schließlich zu einer einzigen Person vereinigen würden. Das ist jedoch unmöglich, schon weil Dike/Ananke und die offenbarende Göttin zu trennen sind, wie wir ausführlich dargestellt haben. Die alles mischende Daimon des Doxateils mit Dike/Ananke gleichzusetzen muß dagegen naheliegen und doch auf Bedenken stoßen. Beide nehmen zwar eine mittlere, vermittelnde Stellung ein, genau besehen jedoch an verschiedenen Orten und mit verschiedener Funktion. Ananke befindet sich im fernen Äther jenseits des Uranos mit seinen Gestirnen, und im Proömion hat Parmenides bereits die Heliadenmädchen zur Seite, ehe er das ätherische Tor der Dike erreicht. Erst auf die engeren Ringe ungemischten Feuers folgen von außen nach innen die Nachtzonen, und hier ist erst das Zwischenreich der Daimon zu suchen, in halber Höhe zwischen Erde und dem von Ananke geschützten Olymp, wenn die von Fränkel übernommene Deutung der verschiedenen Ringe ungefähr richtig ist. Dann wäre womöglich auch das Proömion so zu verstehen, daß Parmenides nacheinander das Reich der Daimon, der Dike und der offenbarenden Göttin betritt, so wie die drei der Reihe nach beim Namen genannt werden, und die Daimon wäre auch hier etwas anderes als die Göttin, die Parmenides am Ende empfängt, wenn es auch derselbe Weg ist, eine fortschreitende Entschleierung, auf dem sich Parmenides bewegt.[92] Die Erscheinung des grenzenlosen lichten Seins müßte wohl mit einer Öffnung, einer Entgrenzung der vielgestaltigen sinnlichen Welt beginnen, die man sich zunächst wie ein dunkles Chaos vorstellen könnte, eine Region »abscheulicher Geburt und Mischung«, mit der wir Dike und ihr Himmelstor und erst recht die Göttin der lichten Wahrheit nicht recht zu verbinden wüßten. Dike und die Thea wohnen oben im Äther oder noch darüber, die Daimon dagegen ἐν δὲ μέσῳ τούτων (fr. 12,3). Auch das würde seine wahre Dimension verlieren, wollte man es nur räumlich-kosmologisch als in der Mitte zwischen den äußeren und inneren Ringen verstehen. Bei Parmenides folgt auf die Ortsbestimmung der Daimon denn auch unvermittelt, daß sie zum Männlichen das Weibliche schicke, damit es sich mische, und umgekehrt. Auch das dürfte kaum zum Wesen der Dike gehören. Wenn Dike nicht nur trennt, sondern auch verbindet und vermittelt, so vermischt sie doch nicht, denn mischen müßte sie mit dem Sein, dessen Grenze sie ist, und das bleibt immer unvermischt dasselbe, ewig unveränderliches Licht.

So würden wir die Wohnung der Daimon also in einem Vorfeld der Dike/Ananke suchen, in einem kosmogonisch-kosmologischen Halbzustand oder Reich inmitten von, d. h. zwischen Diesseits und Jenseits, wobei das Sein das Jenseits wäre und Dike/Ananke die äußere Grenze. Das ἐν δὲ μέσῳ τούτων der Daimon wäre also anders als das μεσσόθεν ἰσοπαλὲς πάντῃ des Seins und seiner Grenze (fr. 8,44) als *intramundan* zu verstehen, freilich auch das nicht einfach in einem nur räumlich faßbaren Sinn. Auch die Daimon, wenn die der Kosmologie und des Proömions dieselbe ist, erscheint auf dem Weg zu dem jenseits von Raum und Zeit befindlichen Sein. Also ist auch sie jenseits unserer nach Raum und Zeit geordneten Welt zu suchen, dort wo diese Welt sich gerade in »abscheulicher Geburt und Mischung« zu konstituieren oder sich aufzulösen beginnt. So ambivalent wie die parmenideische Vorstellung in kosmogonischer und kosmologischer Hinsicht ist auch die Bedeutung des ἐν δὲ μέσῳ τούτων der Daimon. Sie befindet sich »inmitten« einer raumauflösenden, raumzerteilenden Durchklüftung des Alls, die von dem festen Diesseits bis zu dem ebenso festen πύματον πεῖρας reicht, und dieses »inmitten« wird zugleich als mittlere Zone zwischen Zentrum und Peripherie eines in Ringen aufgebauten Kosmos aufgefaßt. Hier durchdringen sich Dimensionen, denen mit Physik allein nicht beizukommen ist, so viele astronomische Beobachtungen in diesem Weltbild auch enthalten sind. Das Chaos als Ort von Paarung und Geburt[93] gerät in die Zwischenzone einer von der Erde bis zum äußersten Olympos in Ringen aus Nacht und Licht geordneten Welt: »[...] hinein aber schießt auch ein Teil Feuer. Inmitten von diesen aber die Göttin, die alles lenkt: Überallhin nämlich gebietet sie über schauderhafte Geburt und Mischung [...].« Man wird sicher zugeben, daß das mit einer aus der physikalisch-räumlichen Welt bezogenen Vorstellung, nach der sich Schwer und Leicht, Dunkel und Licht in der Mitte die Waage halten, nicht mehr getroffen wird.

Auf die physikalische und astronomische Seite der parmenideischen Kosmologie möchten wir nicht weiter eingehen. Es zeigt sich jetzt wohl noch entschiedener als zuvor, welche Bedeutung die transzendente Wahrheit auch für die Erklärung der sichtbaren Welt besitzt und warum die Belehrung über den Diakosmos, den die Göttin im Anschluß an das Sein vorträgt, Parmenides auch in dieser Hinsicht über die Sterblichen und ihre Meinungen erhebt (fr. 8,60 f.). Das Licht des Seins, die das Sein und damit, nach der anderen

Seite, auch das Endliche begrenzende Ananke, der vermittelnde Äther, wie wir αἰϑήϱ τε ξυνός in fr. 11,2 am liebsten übersetzen möchten, die Sphäre der Sonnenmädchen und der Weg der Daimon, auf dem Parmenides die Erde verläßt, das alles kehrt im Bau des Kosmos wieder, ins Räumliche auseinandergezogen, so daß die Menschen – und darin liegt ihr Irrtum – »das ätherische Feuer der Flamme« und »die unbewußte Nacht, als dichte, schwere Gestalt« voneinander getrennt und das eine hierhin, das andere dorthin gesetzt haben. Die räumliche Trennung scheint jedenfalls in fr. 8,53 ff. mitgemeint zu sein, wie spätestens der Hinweis auf den dergestalt entstehenden Diakosmos fr. 8,60 erkennen läßt. In der Hinnahme des Gegensatzes allein liegt der Irrtum offenbar nicht begründet. Anstatt zu erkennen, was nicht mit den Sinnen, sondern nur mit dem Verstand (oder durch Offenbarung) möglich ist, daß nämlich das lichte Sein überall vorhanden ist, wir würden sagen: als die überall als »unmittelbares Jenseits« anwesende lichte Grenzenlosigkeit, nicht irgendwo mehr, irgendwo weniger, sondern »von der Mitte her« überall gleich – anstelle dessen haben sich die Menschen eine Welt gebildet, in der das Licht des grenzenlosen Seins hinter dem fernsten Uranos brennt und auf der entgegengesetzten Seite, ebenfalls für sich, die Nacht sich dehnt »als dichte, schwere Gestalt«. Hier wäre also ein lichtloser, seinsloser oder seinsferner Teil des Kosmos angenommen, den es angesichts des allgegenwärtigen Seins nicht gibt.

Daß auch im Doxateil das Licht nicht nur wie der Tag sinnlicher Gegensatz der Nacht ist, sondern auch Licht der Wahrheit, läßt sich noch weiteren Eigenschaften entnehmen. Außer ätherisch ist es auch milde, ganz leicht, sich selber überall gleich:

ἤπιον ὄν, μέγ᾽ ἐλαφϱόν, ἑωυτῷ πάντοσε τωὐτόν (fr. 8,57)

Letzteres gilt auch für das Sein, und bei dem Milden, gar Leichten darf man an die sanften Worte der Heliadenmädchen im Proömion zurückdenken (μαλακοὶ λόγοι, fr. 1,15). Auf diese Übereinstimmungen haben schon andere aufmerksam gemacht. Wir ziehen daraus noch einmal den Schluß, daß dann auch das Milde und Leichte des Äthers und des Lichts im parmenideischen Kosmos nicht nur physikalische Qualitäten sind, sondern auch Ausdruck einer Transzendentalisierung, Entmaterialisierung und in diesem Sinne einer »Verdünnung« der sinnlichen Welt. Erst in der naturphilosophischen Interpretation wurde das auf die stofflichen Gegensätze Dünn und Dicht, Leicht und Schwer reduziert, die sich nach physikalischen Gesetzen geschieden hätten und emporgestiegen oder gesunken seien. Der einstmals andere oder ambivalente Sinn ist dadurch unkenntlich geworden. Aristoteles bemerkt zwar, daß Parmenides im Hinblick auf die Phainomena das Warme und das Kalte, nämlich Feuer und Erde, unterscheide und das Warme dem Sein zuordne (Testimonia 4), doch hat man sich darüber allzugern hinweggesetzt. Vlastos greift jedoch mit gutem Grund darauf zurück,[94] und daß das Licht im Doxateil nicht nur gleichwertiges Äquivalent der Nacht ist, sondern höheren Ranges, dem Sein, der Wahrheit näher, wird heute auch von anderen hervorgehoben. Der parmenideische Kosmos, meinen wir, wäre gar nicht von dem rigorosen Dualismus Licht und Nacht durchwaltet, wenn das Sein nicht Licht und als solches nicht auch Grundlage der Welteinrichtung wäre, deren Erkenntnis und Kritik Parmenides ebenso wie die Erkenntnis des Seins der offenbarenden Göttin dankt. Nun kann auch über die Doxai und ihren Grund kein Sterblicher eine bessere Einsicht haben.

»So wird gewißlich niemals irgendeine Ansicht von Sterblichen dich überholen« – ὡς οὐ μή ποτέ τίς σε βροτῶν γνώμη παρελάσσῃ (fr. 8,61). Es wäre vielleicht der Mühe wert, einmal zu prüfen, inwieweit diese Prophezeiung in Erfüllung gegangen ist. Natürlich dürfen wir dabei nicht an die unzulänglichen astronomischen und naturkundlichen Vorstellungen des Parmenides denken, von denen wir nur einen kleinen Teil berührt haben. Wo es sich um die prinzipielle Seite des auf das ewige Sein gegründeten Weltbildes handelt, hat der Anspruch jedoch Gewicht. Der wirklichen Natur der transzendenten Wahrheit in Hinblick auf die Frage der Ausdehnung sind sich die meisten »Sterblichen« noch immer nicht bewußt, und wenn sie das Transzendieren sinnlich-räumlich verfälschen, wie es üblich ist, kommt meistens auch eine falsche Grenzenlosigkeit heraus. Oder das Grenzenlose wird überhaupt abgetan, und es bleibt eine endliche Welt ohne Transzendenz, bei der man immer nach dem Jenseits fragen muß, nach dem Nichts. Das parmenideische Transzendieren dagegen führt zur wahren Grenzenlosigkeit, d. h. zur absoluten Grenze des Endlichen, die nunmehr, ins Sinnlich-Räumliche verfälscht, einen endlichen Kosmos ergeben muß, und dieser Kosmos läßt gleichwohl keine Leere übrig, kein Nichts, wie es die Wahrheit verlangt.

Was für den Raum gilt, gilt aber auch für die Zeit. Die den Kosmos begrenzende Schale aus Licht ist auch das Ewige. Das heißt, daß wir uns auch das Jenseits der Zeit auf diese Weise jenseits der räumlichen Grenze des Kosmos denken. Das zeigt vollends, welcher Täuschung die Menschen erliegen, wenn sie die gemeinsame Grenze von Raum und Zeit und das jenseitige Sein mit den Sinnen zu erfassen suchen, und wir verstehen den Eifer, mit dem Parmenides vor dieser Täuschung warnt.

Nach alledem ist es ganz unwahrscheinlich, in unseren Augen sogar unmöglich, daß Parmenides sich das Sein wie den Kosmos in der Gestalt einer Kugel gedacht haben sollte. Das Bild der Kugel bekommt jedoch einen Sinn, wenn wir das »von der Mitte aus nach allen Seiten hin gleich« (gleich sich schwingend, wie Hölscher ἰσοπαλές übersetzt) auch auf die Zeit beziehen, wie es die unteilbare Gegenwart des Seins nicht nur in bezug auf jeden Ort, sondern auch auf jeden Augenblick gebietet. Die Kugel wäre also um eine Dimension zu potenzieren, wie wir es schon erschlossen hatten (vgl. S. 122 f.), und auch dann wäre noch zu beachten, daß das Sein nicht etwa wie die sinnliche Welt Raum und Zeit gleichmäßig ausfüllt, sondern das überall und immer mit seiner totalen Unendlichkeit und Ewigkeit anwesende Jenseits bleibt, das seinerseits keine Ausdehnung besitzt, weder im räumlichen noch im zeitlichen Sinn. Auch das Bild einer vierdimensionalen Kugel wäre also nur von der Seite der ausgedehnten Welt her richtig, nicht auch von der Seite des unteilbaren einen Seins, zu dem hin, wenn man so will, alles wie zu seiner gemeinsamen Mitte, auf jeden Fall aber zu seinem gemeinsamen Jenseits konvergiert. Wenn hier unsere Vorstellungskraft versagt, nur gut. Sie muß versagen, und Parmenides hat das erkannt und mit Verstand durchdrungen wie kein anderer zuvor – und wie nur wenige nach ihm, fügen wir beherzt hinzu.[95]

Der von der Göttin des Parmenides geschilderte Kosmos ist also Schein und Trug, Sinneswelt oder durch die Sinne getrübt, und doch, unter diesem Vorbehalt, ein angemessener Ausdruck der Wahrheit. Er ist ein διάκοσμος ἐοικώς (fr. 8,60), denn hier ist die Wahrheit nach Menschenart in der Welt der Erscheinungen gesucht und mit ihr verbunden worden. Die δόξαι βροτῶν sind in Vorstellung verkehrte Wahrheit. Insofern sie Vorstellung sind, ist auf sie kein Verlaß:

ταῖς οὐκ ἔνι πίστις ἀληθής
(fr. 1,30)

Insofern sich in ihnen die Wahrheit niederschlägt, konnten und mußten sie zu Ansehen kommen und alles durchdringen (fr. 1,31 f.). Doch wer die Wahrheit kennt, weiß, wie es dazu gekommen ist:

οὕτω τοι κατὰ δόξαν ἔφυ τάδε . . .
(fr. 19,1)

Parmenides hat aus der Warte der κατὰ λόγον erfaßten Wahrheit sein Urteil über ein Weltbild gefällt, das wir allgemein mythisch oder theologisch-religiös bestimmt nennen dürfen und das sich andere Zeiten ähnlich wie die Griechen (oder wie Parmenides) mit ihrer Vorstellung des den Himmel umspannenden Olymp geschaffen haben. Wir können dabei auch an das mittelalterliche Weltbild mit der an das Reich Gottes stoßenden Himmelsglocke oder Gestirns- und Engelssphären denken.[96] Auch die christliche Transzendenz manifestiert sich hier in der Form der Endlichkeit und Abgeschlossenheit der Welt, die das Unendlich-Ewige in ein räumlich vorgestelltes Jenseits rückt. Das sollte die letzten Zweifel zerstreuen, daß die parmenideische Transzendenz etwas anderes sei oder es den Griechen überhaupt daran gemangelt habe. In dem πεπερασμένον ἄπειρον – ein anderer Ausdruck für das ἐν πείρασι ἀδιαίρετον ὄν – und dem darin beschlossenen Gesetz, das Dike, Ananke oder auch Nomos[97] heißen kann, glauben wir, eine Formel zu besitzen, die über Parmenides hinaus Bedeutung hat und vieles zu erschließen und verbinden vermag, was in der frühen griechischen Philosophie scheinbar unversöhnlich nebeneinander steht. In dieser Formel ist der Unterschied zu einem Absolutum (und dieses Absolutum) festgehalten, das allen Ansprüchen erhabener Transzendenz genügt, auch wenn die Griechen es als Sein oder Feuer oder unter einem anderen Namen zur Physis oder zum Kosmos gezogen haben. Es muß zu denken geben, daß in dieser Formel auch der Unterschied von Licht und Dunkelheit (oder Finsternis, um es mit theologischem Akzent zu sagen) enthalten ist und daß sie sich bei genauer Prüfung denn auch vor allem solchen Lehren abgewinnen läßt, in denen Feuer, Licht oder ein gleichwertiges »Element« der Ursprung der Dinge ist oder eine besondere Bedeutung hat.

Man hat oft hervorgehoben, daß sich die parmenideische Doxologie nicht gegen bestimmte zeitgenössische Lehrmeinungen richte, sondern in der Tat die δόξαι βροτῶν charakterisieren solle.[98] Auch unsere Zeit ist darüber nicht erhaben. Wenn wir das Licht der Wahrheit im hohen Himmel suchen und uns hier unten in Finsternis wähnen – wie viele

Worte und Bilder stellen uns das dar! – so begehen wir noch denselben Fehler, den Parmenides gebrandmarkt hat, obwohl das für das Erkenntnisvermögen der Sterblichen so durchaus gut und richtig, nach Parmenides sogar das Allerbeste ist. Wir setzen zwei Gestalten, Licht und Nacht, die eine dorthin, die andere hierhin, und nur ein Mann wie Parmenides und wer auf seine wohlbegründeten Worte hört und auf das Denken anstatt auf die Sinne baut, der weiß, daß das wahre Sein überall dasselbe ist, überall ganz, nirgends weniger oder mehr. Die Tragweite der parmenideischen Doxologie und der Anspruch, mit dem sie vorgetragen wird, lassen sich erst ermessen und würdigen, wenn wir den Dualismus von Licht und Nacht aus dem von Sein und – nicht Nichtsein oder Nichts, sondern der sinnlichen Welt ableiten und ihn auf die sinnliche Welt übertragen, deren Licht dann als dem Wahren und Göttlichen gleich oder nahe vorgestellt wird, wie es in vielen Religionen üblich ist. Die Zweideutigkeit des Lichtes im Doxateil des parmenideischen Gedichts ist für Lichtreligionen transzendenten Ursprungs charakteristisch. Verdenius hat das Verdienst, Parmenides in dieser Hinsicht in einen weit über das Griechische hinausreichenden Zusammenhang gestellt zu haben. Seine Argumente müssen den Boden verlieren, wenn wir nicht auch das parmenideische Sein ohne Vorbehalt als Licht verstehen, selbst wenn das im Seinsteil des Gedichts nicht ausgesprochen ist.[99]

Offenbarung und Denken

Dürfen wir jetzt noch wie die meisten Interpreten davon ausgehen, daß Parmenides als Grieche seiner Zeit seine Erkenntnis zugleich auch als Werk göttlicher Einwirkung verstehen mußte? Es sei natürlich nicht bestritten, daß man zur Zeit des Parmenides an ein inniges Zusammenwirken menschlicher und göttlicher Kräfte geglaubt und Götter am Werk gesehen hat, wo wir heute nur noch persönliche Fähigkeiten und Verdienste erblicken. Dennoch meinen wir, daß wir der griechischen Religion und Offenbarungsliteratur, auch der philosophischen, das Mark entziehen, wenn wir es dabei bewenden lassen und nicht auch hier von Fall zu Fall die Frage stellen, ob die Berufung auf eine göttliche Erscheinung nicht akzeptiert werden müsse wie zu irgendeiner anderen Zeit, sofern wir heute dazu überhaupt noch bereit sind. Es wäre aber sicher die verkehrteste Haltung, wenn wir uns als Angehörige einer, wie wir meinen, aufgeklärten Zeit solchen Bekenntnissen gegenüber erhaben dünkten.

Man könnte sich auch auf den Standpunkt stellen, daß es gleichgültig sei, wie Parmenides zu seiner Erkenntnis gekommen ist, wenn wir nur ihren Inhalt verstehen. Auf das Gewicht seiner Aussagen komme es an, nicht darauf, welcher Eingebung er sie verdankt. So ist es jedoch keineswegs. Je mehr die Einsicht wächst, daß das Proömion kein entbehrlicher, ohne Schaden für das Verständnis des Ganzen wegzudenkender Vorspann ist, sondern den Wahrheits- und Doxateil auch inhaltlich vorwegnimmt, desto dringlicher muß die Frage nach der Natur der darin geschilderten Himmelfahrt werden. Nicht umsonst hat sie sich uns immer wieder aufgedrängt. Lassen wir sie beiseite, muß uns ein wichtiges Glied der parmenideischen Wahrheits- und Erkenntnislehre, ihr eigentlicher Kern verschlossen bleiben.

Es scheint ein aussichtsloses Unterfangen, über Offenbarung zu diskutieren und ermitteln zu wollen, was sich bei der parmenideischen Himmelfahrt wirklich zugetragen hat. Daß sich etwas zugetragen hat, was zu jeder Zeit die Berufung auf ein die üblichen Grenzen menschlicher Erkenntnis sprengendes Ereignis rechtfertigen würde, halten wir für gegeben und durch die mitgeteilte Wahrheit verbürgt. Die parmenideische Wahrheit enthält, was zu jeder Zeit auf eine überirdische Erscheinung zurückgeführt wird. Wir haben dafür einige Beispiele gebracht, und Verdenius hat viele andere genannt.

Schon diese Vergleiche sollten für den überzeitlich-, d. h. nicht nur spezifisch griechisch-religiösen Charakter des parmenideischen Proömions sprechen, vor allem aber gegen die Auffassung, Parmenides sei durch eine besondere Denkanstrengung zur Wahrheit gelangt und habe seine Erkenntnis dann aus diesem oder jenem Grund mit dem Proömion versehen. Gehen wir von seiner Lehre aus, können wir vielleicht am ehesten auch etwas über ihre Herkunft sagen. Parmenides muß uns dabei wie kaum ein anderer geleiten können, hat doch kaum ein anderer, der sich auf eine göttliche Erscheinung beruft, darüber so methodisch Rechenschaft gegeben wie er und uns instand gesetzt, ihn denkend, alles mit dem Verstand prüfend, zu begleiten. Parmenides kann die Wahrheit, über die er uns vom ersten bis zum letzten Vers belehrt, unmöglich an der »Strickleiter der Logik« erklettert haben.[100] Er hat diese Leiter nur gestrickt, um die Sterblichen auf seinen Weg zu führen. Er selber ist von einem göttlichen Gespann getragen worden, wie er bildhaft sagt.

Die Wagenfahrt steht jetzt noch als eine der wenigen freien Metaphern des Gedichtes da. Die meisten anderen haben sich als treffende Aussagen über die Wahrheit erwiesen. Auch die Lichterscheinungen im Proömion können wir nicht mehr metaphorisch nehmen, es sei denn, insofern sie bei Parmenides die Gestalt der Heliadenmädchen, der erglühenden Wagenräder und des äthergefüllten Tores angenommen haben. Über den Realitätsgehalt dieser Bilder und ihre Bedeutung für die parmenideische Ontologie und Kosmologie haben wir lange genug gesprochen. Wie aber sollte dieser das ganze Lehrgedicht tragende Gehalt und die so sehr um Anschaulichkeit bemühte Schilderung des Erkenntnisvorganges zu begreifen sein, wenn das alles nicht auf Realität gegründet, das heißt wenn die Wahrheit in der Form des

Lichts und aller anderen Eigenschaften des transzendenten Seins einschließlich seiner so ätherischen wie festen, gesetzesmächtigen Grenze Parmenides nicht wirklich erschienen wäre? Welche Logik, welches Denken oder welche Psychologie, an der Verdenius hier hängen bleibt, sollte das ersetzen können?

Mit einer Beweisführung von der Art, daß Sein ist und Nichtsein nicht ist, läßt sich das alles gewiß nicht gewinnen. Dieser seltsame Satz wäre eine schwache Eröffnung der logischen Entwicklung, wenn er wirklich nur der fundamentale Denkansatz wäre, als der er dazustehen scheint. Wir wollen nicht mit der parmenideischen Logik rechten und die Debatte über die ersten Verse seiner Wahrheitslehre nicht erneuern. Nach unserer Deutung des Proömions lassen sie sich jedenfalls sehr gut als erste emphatische Aussage über das Sein des Seins und ihre Bekräftigung durch das Denken verstehen, ob sie nun logisch triftig sind oder nicht. Und gleich auf diese erste Feststellung und Unterscheidung, die Affirmation des Seins und Zurückweisung seiner Negation, folgt mit einem Pathos, das eines Propheten des Alten Testamentes würdig wäre, die Geißelung der Sterblichen, die in Unwissenheit darüber umherschwanken, eine taube und blinde Menge.[101] Kann so ein Zuchtmeister der Logik sprechen? Es kann doch nicht die Kraft des Denkens sein, sondern nur die Größe des Gegenstandes, mit dem auch schon die ganze Frage des Werdens und Vergehens, die Welt der Sterblichen und der Sterblichkeit getroffen ist, die dieses Pathos rechtfertigt, und auch das in unseren Augen nur, weil Parmenides selber, den Sterblichen und der Vergänglichkeit entrückt, als Gefährte unsterblicher Lenkerinnen vor der Göttin der Wahrheit gestanden hat (fr. 1,24). Wenn Parmenides die Wahrheit nicht erdacht hat, sondern wenn sie ihm erschienen ist, was wir ihm aus vielen Gründen glauben müssen, dann ist mit ihr auch die Unsterblichkeit erschienen, und Parmenides ist der Unsterblichkeit so nahe wie der Wahrheit gewesen.

Die Invektive gegen die Sterblichen gleich nach dieser ersten Konstatierung liefert vielleicht den Schlüssel dafür, daß Parmenides mit dem Sein als elementarer Qualität der Wahrheit begonnen hat, nicht mit dem Einen, dem Ewigen oder einer anderen Eigenschaft, nach der das Wahre sonst benannt zu werden pflegt. Das unerschütterlich feste, sich nie zum Nichtsein wandelnde Sein der Wahrheit muß Parmenides als der überwältigende Unterschied zu den sichtbaren, hörbaren, fühlbaren Dingen der Erfahrungswelt erschienen sein, die auf- und untergehen, sind und nicht sind und den Verstand der Menschen füllen (fr. 8,39 f.). Das also herausstechende und herausgekehrte Charakteristikum: sein, nur und ewig sein, das dem an den Wechsel oder Unterschied von Sein und Nichtsein gewohnten Sinn der Sterblichen so gründlich widerspricht, bedarf der überzeugenden Begründung, die Parmenides mit der so unwiderlegbar scheinenden Aussage über das Sein des Seins und Nichtsein des Nichtseins gefunden zu haben glaubte. In bezug auf das bereits erkannte, als existent gewußte Sein ist das vollkommen richtig, und in der Folge wird das auch beweiskräftig weitergedacht. An sich wird mit ἔστι γὰρ εἶναι das Sein jedoch nicht bewiesen und mit μηδὲν δ' οὐκ ἔστιν das Nichts nicht widerlegt, sondern nur jeweils definiert, was der Wahrheit indessen keinen Abbruch tut. Wir brauchen über diesen elementaren Satz der parmenideischen Ontologie nicht zu straucheln, denn seine Wahrheit – darauf kommt es hier an – hängt nicht von seiner Logik ab.

Nichts ist nicht – was wäre der Philosophie erspart geblieben, wenn das dem Denken standgehalten hätte![102] Wahr und von Parmenides mit Grund so insistierend wiederholt ist das allein, weil Sein das unerschütterliche Herz der Wahrheit ist (fr. 1,29). Die Existenz des ewigen Seins ist es, die Nichtsein, Nichts unmöglich macht, und diese Existenz ergibt sich nicht aus dem zitierten Satz, sondern sie ist die Gewißheit, die dem ganzen Lehrgedicht zugrunde liegt und über deren Herkunft das Proömion Auskunft gibt. Wir verlieren den Boden, wenn wir versuchen, davon abzusehen.

Der parmenideische Seinsbeweis und Ausschließlichkeitsbeweis des Seins (was dasselbe ist) ist also nicht zwingend. Gleichwohl ist, was er beweisen soll, »unabweislich« richtig und von der Wahrheit verbürgt, die Parmenides vor Augen hat, auf die er sich beruft und von der er überzeugen will. Sein Denken ist nicht auf sich selbst gestellt, sondern folgt dem von der Wahrheit gezeigten Weg:

Πειθοῦς ἐστι κέλευθος (Ἀληθείῃ γὰρ ὀπηδεῖ)
(fr. 2,4)

Wir möchten das wieder so konkret und real wie möglich nehmen, nicht nur als Beteuerung, daß so zu denken folgerichtig sei. Bei der als Himmelfahrt geschilderten Erscheinung hat der Geist des Parmenides tatsächlich Weg und Richtung zur Wahrheit hin genommen, abseits vom Verkehr der Menschen (fr. 1,27). In demselben Sinn scheint Parmenides auch jetzt von dem Weg der Wahrheit und dem der irrenden Menschen zu sprechen. Der Weg zur Wahrheit aber ist der Weg zum Sein, nur der ist wahr, und an ihm befinden sich viele Zeichen (fr. 8,1 f.). Damit muß mehr gemeint sein als ein wahrer Weg im Sinne von methodischer Richtigkeit und Konsequenz, und noch einmal wird uns eingeschärft, diesen Weg im Unterschied zu dem anderen als vorhanden und wirklich-wahr zu betrachten – τὴν δ᾽ ὥστε πέλειν καὶ ἐτήτυμον εἶναι (fr. 8,18).

Man möge sich ernsthaft fragen, ob sich das noch auf das Denken, auf die Logik beziehen läßt. Daß Parmenides nicht zwischen subjektiver und objektiver Wirklichkeit unterschieden habe, lassen wir nicht mehr gelten. Was Parmenides als objektive Gegebenheit darstellt, hat sich als solche erwiesen, und wir meinen, daß auch seine Ermahnungen zum richtigen Denken das Bemühen erkennen lassen, uns auf den Weg der Wahrheit zu bringen, den er selber als wahr und wirklich erfahren und betreten hat, ja daß der Hinweis auf die Existenz dieses Weges, die Versicherung, daß es ihn gibt (ein Existieren, dessen Wirklichkeitsgrad dem des Seins offenbar nicht nachsteht), für Parmenides sogar die Kraft eines Arguments besitzt. Wir haben Grund, auch der πειθοῦς κέλευθος die Wirklichkeit zu lassen, die κέλευθος zu haben pflegt, und dabei eher an den Weg der Götter oder an die Bahnen von Nacht und Tag zu denken als an einen nur im Denken vorhandenen Weg, eine Metapher für logische Konsequenz.[103] (Weiteres darüber S. 188 ff.)

Der Weg zum Sein ist realiter vorhanden und wahr, der zum Nichtsein nicht, den gibt es nicht. Das muß sich bei einer unbefangenen Lektüre als der wahre Grund der parmenideischen Beweisführung herausstellen, als ihr Erfahrungsgrund, als der immer wieder ausgesprochene Kern der logischen Begründung.

Wir können hier anschließen, was K. v. Fritz in seiner umfangreichen Studie über νοῦς und νοεῖν bei Homer und in der vorsokratischen Philosophie über die Bedeutung dieser Begriffe und das Verhältnis von νοεῖν und εἶναι bei Parmenides ermittelt hat. Es geht dabei zunächst um das οὕνεκεν von fr. 8,34–36:

> ταὐτὸν δ' ἐστὶ νοεῖν τε καὶ οὕνεκέν ἐστι νόημα·
> οὐ γὰρ ἄνευ τοῦ ἐόντος, ἐν ᾧ πεφατισμένον ἐστίν,
> εὑρήσεις τὸ νοεῖν·

Entgegen seiner früher mit Fränkel und Calogero[104] geteilten Auffassung kehrt v. Fritz dahin zurück, daß οὕνεκεν hier doch οὗ ἕνεκα (weswegen) heißen müsse und sich auf das νοεῖν als *causa efficiens* beziehe: »Parmenides scheint zu meinen, daß νοεῖν und die Ursache oder Bedingung des νοεῖν das gleiche sind. Diese Interpretation stimmt mit dem Satz οὐ γὰρ ἄνευ τοῦ ἐόντος κτλ. überein, der folgt und klar feststellt, daß das ἐόν die conditio sine qua non des νοεῖν ist.«[105]

Parmenides beruft sich auf das Sein als Voraussetzung und

Bedingung des Denkens. Das Sein, nicht das Denken ist seine erste Autorität. Das geht auch aus den folgenden Versen hervor, die den eben zitierten Nachdruck verleihen und aufs neue vom Sein als dem Maß von Wahr und Falsch ausgehen:

> οὐδὲν γὰρ ⟨ἢ⟩ ἔστιν ἢ ἔσται
> ἄλλο πάρεξ τοῦ ἐόντος, ἐπεὶ τό γε Μοῖρ' ἐπέδησεν
> οὖλον ἀκίνητόν τ' ἔμεναι· τῷ πάντ ὀνόμασται.
> ὅσσα βροτοὶ κατέθεντο πεποιθότες εἶναι ἀληθῆ,
> (fr. 8,36–39)

Wir können diese Denk- und Argumentationsweise nur begreifen, sie ist nur sinnvoll und von ihrem Inhalt her gesehen schlüssig, wenn wir davon ausgehen, daß das Sein die von Parmenides primär auf nichtlogische Weise erfaßte Wahrheit ist. Parmenides verläßt immer wieder den uns geläufigen Weg des Denkens und greift mit Eifer auf das bereits *in toto* erkannte Sein zurück, das er beweisen will, als liege in ihm selbst der zuverlässigste Beweis. Soviel wir davon verstehen, ist das nicht logisch, und dennoch ist es der untrügliche Weg der Wahrheit, den Parmenides darin erblickt. Der ständige Wechsel der Sphären – hier das Denken in der Form logischen Schließens, dort der Hinweis auf das begrenzte, unbewegte eine Sein, der eher Prämisse und Schluß zugleich ist und oft einen bildhaften Charakter hat: dieses Balancieren zwischen dem Appell an das Denken und der Berufung auf das Sein gibt auf seine Weise zu erkennen, wie dünn die Grenze zwischen Sein und Denken ist und inwiefern sie für dasselbe gelten können. Das parmenideische Denken ist die Darstellung des Seins in teils logisch-konsequenter, teils elementar-direkter Form, wenn wir uns einmal so hölzern ausdrücken dürfen. Aus beiden zusammen entsteht das Gebäude der Wahrheit, das die bloße Denkkraft des Parmenides nicht zu errichten vermochte und das zusammenbrechen müßte, wenn wir es allein nach der Tragkraft seiner Logik beurteilen wollten. So brüchig aber

seine Logik ist, so machtvoll-zwingend stehen die unmittelbaren Aussagen des Parmenides über das »unerschütterliche Herz der Wahrheit« da, über das in den Fesseln der Dike liegende Sein, über die Banden der Moira und Ananke, in denen wir elementare Potenzen der Wahrheit und des Seins und der darauf gegründeten Kosmologie erkannt haben. Parmenides hat in dem Willen, sich den Sterblichen mitzuteilen und dabei den Verstand zu gebrauchen, seine Logik entwickeln können, aber nimmermehr – wir glauben, das nunmehr so entschieden sagen zu dürfen – nimmermehr hätte ihn ein autonomer Denkprozeß oder Denkakt in den Besitz dieser Erkenntnis gebracht und ihm die Gewalt der Mächte offenbart, die er beschreibt. Das subjektivistisch gemeinte Pathos der Erkenntnis, das wir bei Parmenides und anderen Vorsokratikern noch immer sehen möchten, entstammt den Vorstellungen des 19. Jahrhunderts.
v. Fritz hebt hervor, daß auch νόος bei Parmenides einen teils rationalen, teils intuitiven Charakter habe, wobei er intuitiv mit Bedacht in Anführungszeichen setzt.[106] Auch er hält das »intuitive« für das stärkere Moment. Es ist ganz in unserem Sinne, wenn er sagt: »Soweit sich das schwierige Denken des Parmenides erklären läßt, scheint der logische Prozeß nur die Aufgabe der Klarstellung und Bestätigung und der Reinigung von allen fremden Elementen bei dem zu haben, was in gewisser Weise gleich von Anfang an im νόος gegeben war.«[107] Denken oder Erkennen ist bei Parmenides also nicht primär ein logischer Prozeß, wenn es auch gerade diese Seite seines Lehrgedichtes ist, die die Wende in der Geschichte der Philosophie und, nach v. Fritz, auch der Bedeutung von νόος und νοεῖν im griechischen Sprachgebrauch gebracht hat.[108]
Wir halten es für nötig, noch einmal auf das Verhältnis von νοεῖν und εἶναι bei Parmenides zurückzukommen. Dabei ziehen wir es vor, νοεῖν mit Erkennen zu übersetzen. Erkenntnis der Wahrheit und des Seins kann diskursives Denken einschließen, während Denken den »intuitiven«

Sinn, den νοεῖν hier gleichfalls hat, zu kurz kommen läßt. Nach dem Wortlaut von fr. 3,1 sind Erkennen und Sein für Parmenides dasselbe. Es liegt nicht an Parmenides, sondern an der fragmentarischen Überlieferung des Textes, daß der Satz so lapidar dasteht und man nicht erfährt, wie des genaueren ihn Parmenides verstanden wissen wollte. Einen gewissen Kommentar besitzen wir jedoch in fr. 8,34 ff. Danach ist Erkennen dasselbe wie der Erkenntnisgrund, das Sein, und zwar deshalb, weil es außer dem Sein nichts gibt. Nichts ist nicht, darum gibt es auch keine Erkenntnis von Nichts, sondern nur des Seins oder aufgrund des Seins. Erkenntnis, die nicht Seinserkenntnis oder im Sein gegründet wäre, wäre selber Nichts resp. nichtig wie die werdenden und vergehenden Dinge.

Die Wahrheit wird also auch hier wieder zur Richterin über die Erkenntnis gesetzt (das Sein über das Denken), und wir befinden uns noch immer dort, wo wir schon am Anfang des Gedichtes waren, als die Göttin ihre ersten Worte sprach. Man würde von Parmenides zuviel verlangen, wenn man ihm ein Bewußtsein für die Problematik, so wie wir sie heute sehen,[109] von Identität und Differenz in Hinblick auf Denken und Sein zutrauen und das τὸ γὰρ αὐτὸ νοεῖν ἐστί τε καὶ εἶναι als Aussage zugunsten der Identität in Anspruch nehmen wollte. Wenn wir hier weiterkommen wollen, müssen wir das ganze Gedicht ins Auge fassen. Wir haben dieses Thema ja auch schon verschiedentlich berührt. Am besten sehen wir uns dabei durch G. Vlastos bestätigt, aus dessen Aufsatz »Parmenides' Theory of Knowledge« wir kurz referieren.

Vlastos geht von fr. 16 des Gedichtes aus. Dort stellt Parmenides dar, daß die Erkenntnis des Menschen (νόος) der jeweiligen Mischung seines veränderlichen Organismus entspreche. Gleiches werde durch Gleiches erkannt, resp. die Erkenntnis (νόημα) entspreche dem, was bei der Mischung überwiegt.

Ist das nur eine Theorie der Sinneswahrnehmung oder auch

der Seinserkenntnis? Sehen wir davon ab, ob »Sinneswahrnehmung« hier der richtige Ausdruck ist. Die Seinserkenntnis jedenfalls könne nicht eingeschlossen sein, da das Sein etwas Ungemischtes ist und auch durch das Überwiegen eines Mischungsanteils nicht erkannt werden kann, sondern nur durch Ungemischtes.[110]
Weiteres über die parmenideische Erkenntnislehre überliefert Theophrast, *De sensu* 3 (Testimonia 46). Danach korrespondiere die bessere und reinere Erkenntnis wie auch das Erinnern mit dem Heißen, das Vergessen mit dem Kalten. Schlaf, Alter und Tod gingen auf ein Schwinden des lichten Anteils im Menschen zurück. Der Tote habe keine Erinnerung mehr, wohl aber nehme er das Dunkle wahr.
Parmenides unterscheide also zwischen sensitiven und geistigen Fähigkeiten. Letztere, zu denen das Erinnerungsvermögen gehört, werden durch den Tod ausgelöscht, während erstere erhalten bleiben. Der dunkle Anteil hat dann den ganzen Leib erfaßt und läßt ihn nur noch Dunkelheit erkennen. Die κρᾶσις μελέων πολυπλάγκτων (fr. 16,1) und ihre wechselnde Zusammensetzung charakterisiere also die Erkenntnisart der Sterblichen, und hier liege das Paradoxon der parmenideischen Lehre: »The mortal frame, qua mortal, cannot think Being. Yet the ›knowing man‹ can and does think it.«[111]
Dieses Dilemma sucht Vlastos mit großer Vorsicht zu beheben. Wie die gemischte und wandelbare Natur des Menschen, an die seine Erkenntnis gebunden ist, im Tode einen Zustand ungemischter und unwandelbarer Dunkelheit erreiche (der unwissenden Nacht), so erreiche sein Geist in der Seinserkenntnis als anderes Extrem einen Zustand ebenso ungemischten und unwandelbaren Lichts. »So immovable a thought could only have Being as its object: not the ›seeming‹ light of the senses, whose apparent qualities depend on a felt contrast with darkness, but the purely logical object, whose every attribute can be deduced from its known self-identity. It would think light as pure Being.«[112]

Dann greift Vlastos alle Indizien auf, deren auch wir uns schon bedient haben, einschließlich der zum Licht der Wahrheit führenden Himmelfahrt des Proömions, mit deren Hilfe sich die Identität von Licht und Sein resp. Licht und »Denken« bei Parmenides belegen läßt.

Wir hätten hier nur zu fragen, inwiefern Licht ein rein logisches Objekt sein kann. Es lassen sich, bei gewissen Voraussetzungen, viele Eigenschaften des Seins logisch entwickeln, am wenigsten jedoch sein Licht, das darum wohl auch keine Rolle im logischen Teil des Lehrgedichtes spielt und von den Interpreten, die auf die rein oder primär logische Natur des parmenideischen Denkens setzen, so hartnäckig geleugnet wird. Die Lichtnatur des Seins, die wir inzwischen für erwiesen halten, muß in der Tat das schlagendste Argument dagegen sein, daß Parmenides die Wahrheit durch einen wie auch immer gearteten Denkakt gefunden habe.

Das hat jedoch auch Vlastos nicht behaupten wollen. Er sieht im Gegenteil durch seine Interpretation bestätigt, daß die parmenideische Lehre einen mystisch-religiösen Charakter habe und nicht durch graduelle Annäherung an die Wahrheit, sondern durch ihr augenblickliches absolutes Erfassen zustande gekommen sei. »This is not the way of techne, but the way of relevation: it lies ›beyond the path of men‹ (B 1,27).«[113] Die parmenideische Gleichung von νοεῖν und εἶναι bedeute, daß der »wissende Mann« die sterbliche Natur des Menschen abgestreift und an der Unsterblichkeit des ewigen Seins teilhat. Die vollkommene Dunkelheit ist absolutes Unwissen und Tod, das vollkommene Licht absolute Erkenntnis und das ewige Leben. Zur Bestätigung dessen berufen wir uns noch einmal auf das Proömion, wo Parmenides dem Licht der Wahrheit und damit der Unsterblichkeit entgegengetragen wird – ἀθανάτοισι συνάορος ἡνιόχοισιν (fr. 1,24).

Nach Vlastos habe Parmenides sich im Unterschied zu den Sterblichen im Besitz unfehlbarer, gottgleicher Erkenntnis gefühlt, nicht in Hybris, sondern in Übereinstimmung mit Themis und Dike.[114] Da er an die Identität des Denkenden mit dem Gedachten glaubte, glaubte er auch, daß, wer das Sein denkt, dessen Unsterblichkeit teile. Nach der objektiven Grundlage dieses Glaubens wird allerdings nicht mehr gefragt. Vlastos scheint nicht zu meinen, daß wir ihn mit Parmenides teilen müßten. In diesem Punkt bleibt er offenbar stehen, wo die meisten Interpreten stehenbleiben: sie räumen wohl ein, daß die parmenideische Lehre mystischer oder sonstwie religiöser Natur, nicht aber, des eigenen Bekenntnisses des Parmenides ungeachtet, daß sie wirklich göttlichen Ursprungs sei. Wir möchten versuchen, diese Frage noch einmal, so gut es geht, zu prüfen.

In unseren Augen müßte sie bereits entschieden sein. Haben wir uns einmal davon überzeugt, daß das Licht des Seins und seine lichte Grenze, die bindende, schrankensetzende Macht der Dike und Ananke objektive, Sein und Kosmos konstituierende oder ihnen eigene Kräfte sind, so müssen wir uns angesichts des ganzen Gedichtes auch davon überzeugen lassen, daß Parmenides nicht durch irgendeinen Vorgang in seinem eigenen Innern, aus eigener Kraft, gewollt oder ungewollt, auch nicht durch eine Aneignung fremder Lehren, sondern nur durch die Erscheinung ebendieses lichten Seins und die Erfahrung seiner Gesetzesmacht zur Wahrheit gelangt ist. Die Erleuchtung, wie wir eine erhabene Erkenntnis meistens grundlos nennen, kann nicht nur im Geiste oder in der Seele, im νόος des Parmenides stattgefunden haben. Eine solche Erkenntnis würde gleichsam ohne Gegenstand und Inhalt nur in ihrem eigenen Lichte spielen. Oder wir müßten annehmen, Parmenides habe das »Licht der Erkenntnis« aus seinem Geiste auf das weltbestimmende Sein übertragen, wo es sich doch nach Wortlaut und Inhalt des Gedichtes gerade umgekehrt verhält. In dieser Sicht bleibt selbst Verdenius befangen, soviel er im übrigen dazu beigetragen hat, das Licht bei Parmenides als Qualität des Absoluten zu verstehen. Deshalb ist am Ende auch seine

Frage falsch gestellt. Das Problem ist nicht, »how the ordinary light which formed one of the elements of his mental constitution could pass into the divine light which enabled him to grasp the ultimate principle of reality«, oder der Übergang »from psychology to metaphysics«.[115] Einmal wäre das im Sinne von Vlastos zu korrigieren und dann die Antwort zu geben, daß der Weg eben nicht von der lichten Seite der menschlichen Natur zum göttlichen Licht geführt haben kann, sondern daß eine Konstruktion, die das anzunehmen nötigt, fehlerhaft sein muß. Auch das göttliche Licht, sollten wir meinen, wird nur erkannt, wenn es leuchtet.

Dieses Licht muß Parmenides geleuchtet haben. Solange wir das nicht akzeptieren, bleibt seine Lehre ihres Zusammenhaltes beraubt, ja sie muß unverständlich bleiben. Es ist begreiflich, daß wir uns bei einer Lehre, die mehr Philosophie als Theologie sein will oder es nach unseren Begriffen ist, einer solchen Annahme entziehen möchten, solange wir es können. Wer verzichtet gegenüber einem Denker wie Parmenides schon gerne auf den Anspruch eigener Urteilsfähigkeit und beugt sich einer Instanz, angesichts derer er auch sich selber zu den unwissenden Sterblichen zählen muß? Lieber machen wir Parmenides streitig, was er sagt, und versuchen, seine Aussagen mit den Argumenten des Historikers, des Psychologen oder unseres unzureichend gebrauchten Verstandes zu verwässern. Was Parmenides über die Herkunft seiner Erkenntnis sagt, sei nicht wörtlich zu nehmen, sondern es mußte ihm als Menschen seiner Zeit nur so scheinen – wenn die Kommentare nicht noch schwächer sind.

Wir verzichten nicht auf den Verstand, sondern kommen gerade seinen Forderungen nach, wenn wir zu dem Schluß gelangen, daß Parmenides die Wahrheit nicht anders als durch die Offenbarung des göttlichen Lichtes, das die Wahrheit ist, empfangen haben kann. Nur so bleiben wir seiner eigenen Darstellung treu, anstatt ihr immerfort entgegenzuarbeiten, nur so erschließt sich uns der wahre Inhalt seiner Lehre und nur so gewinnt auch seine Logik die Überzeugungskraft, die Parmenides für sie in Anspruch nimmt. Die bildhafte, mythische Sprache des Gedichtes erscheint dann auch nicht mehr als die schlechte Poesie eines Mannes, der abstrakte Gedanken illustrieren wollte, sondern als Ausdruck einer elementaren Erfahrung, die erst durch Reflexion in Begriffe gefaßt wurde, und damit als das ursprüngliche, stärkere Moment der Lehre. Parmenides konnte nur aufgrund der erlebten, nicht einer erdachten Wahrheit so treffend vom ätherischen Tor der Dike sprechen oder von den Fesseln der Ananke, die das Sein zusammenhält. Wir bestreiten nicht, daß es in der Offenbarungsliteratur erhabenere Dichtungen gibt, aber man wird nicht leicht eine genauere, aufschlußreichere Kennzeichnung des Offenbarungsinhaltes finden. Nicht nur sein Appell an das Denken, auch der an die Einbildungskraft macht Parmenides zu einem unersetzlichen Führer auf dem Weg zur Wahrheit.

Die Offenbarung des Parmenides wäre also übersinnlicher, doch nicht gedanklicher Natur – das Erscheinen der Wahrheit in der Gestalt des transzendenten Lichtes mit allen seinen die physisch-sinnliche Welt disqualifizierenden Eigenschaften, das Parmenides in so folgenreicher Weise das Sein genannt hat. Diese Erscheinung hätte dann mit einem Schlage und gründlicher, als es irgendeine eigene Erkenntniskraft vermocht hätte, das Zeugnis der Sinne entwertet und die Blindheit der Menschen offenbart. Die Sterblichen sind ja nicht allein unwissend und von schwachem Verstand, sondern in der Tat auch blind, da ihr ἄσκοπον ὄμμα (fr. 7,4) die Wahrheit nicht zu sehen vermag. Nach Parmenides ist das keineswegs so zu verstehen, daß die Wahrheit prinzipiell unsichtbar und nur dem Verstande zugänglich sei. Er selber spricht sogar im logischen Teil des Gedichtes deutlich genug dagegen, indem er fordert, mit dem νόος zu schauen, der eben nicht nur Denkkraft, sondern Organ einer im transzendentalen Sinne eidetischen Wahrnehmung ist. Das hinter dem Schleier der wechselnden Erscheinungen allgegenwärtige unwandelbare lichte Sein, das für das sinnliche Auge abwesend ist, vermag der schauend-denkende νόος als anwesend zu erkennen, denn ihm hatte es sich, mit seinem Licht die Schleier der sinnlichen Welt zerteilend, gezeigt:

λεῦσσε δ' ὅμως ἀπεόντα νόῳ παρεόντα βεβαίως·
(fr. 4,1)

Es kommt jetzt nur darauf an, das alles nicht wieder im üblichen, d. h. subjektivistischen Sinn des Intuitiven oder Visionären zu mißverstehen. Kein allein im Geiste des Parmenides aufgegangenes, von ihm ausgehendes Licht hätte je die im objektiv-realen Sinne weltdurchdringende Kraft besitzen können, an die wir bei der Erscheinung des lichten Seins zu denken haben. Das aber heißt, daß wir an den jenseitigen, göttlichen Ursprung der parmenideischen Offenbarung glauben müssen, so wie Parmenides es schildert und wie Mansfeld es gefordert hat. Nach unserer Interpretation des Gedichtes ist das sogar noch zwingender geworden. Solange wir die göttliche Erscheinung nicht in Rechnung stellen, auf die sich Parmenides beruft, wird uns die Wahrheit, die er lehrt, verschlossen bleiben. Erst wenn wir die Vorbehalte aufgeben, die wir in diesem Punkte gegen den Wortlaut des Gedichtes haben, können wir es als Einheit und können wir auch seine Tonart verstehen: die Himmelfahrt unter der Führung unsterblicher Lenkerinnen, den huldreichen Empfang durch die Göttin im Haus des Lichts, das unerschütterliche Herz der Wahrheit, das sie offenbart und an dem teilzuhaben über die Sterblichen erhebt, ihre Lehre vom ewigen Sein, von Himmel und Erde, Licht und Dunkelheit, von der Welt der Menschen und dem Reich der Wahrheit.

Verstehen allerdings auch nur, soviel wir durch Parmenides davon erfahren. Wir müssen die Offenbarung des göttlichen Lichtes als Faktum anerkennen, ohne das Faktum erklären zu können. Warum das göttliche Licht erscheint, wann es

und wem es erscheint, es wäre nicht göttlich, wenn wir darauf eine Antwort wüßten.
Wir können jedoch versuchen, den Weg zur Wahrheit, den Parmenides geführt wurde, noch einmal interpretierend mitzugehen, so fragwürdig das auch sein mag. Parmenides war ja nicht der einzige, der sich darüber verständlich machen wollte und kein Verständnis gefunden hat. Dieselbe Mühe hatte Augustin, bei dem wir nur von der christlichen Auslegung abzusehen brauchen, um die Verwandtschaft mit der Offenbarung des Parmenides zu sehen. In der Offenbarungsliteratur, gleich welcher Zeit und Religion, sind weitere Beispiele dafür zu finden. Wir müssen also gewisse Anforderungen an unsere Einbildungskraft stellen, wenn wir Parmenides folgen wollen. Dabei möchten wir nicht mehr über Formulierungen in den ersten Versen des Proömions diskutieren, die Anlaß gegeben haben, die ganze Offenbarung in Zweifel zu ziehen, wie etwa das Wort von dem »wissenden Mann«, das gleich zu Beginn der Reise fällt (fr. 1,3).[116] Die Deutungen mögen strittig bleiben. Unsere aus dem ganzen Gedicht gewonnene Auffassung, denken wir, kann das nicht anfechten. Auch über Realismen wie das göttliche Gespann und das von Türsturz und Schwelle umfaßte Himmelstor dürfen wir uns hinwegsetzen.
Was also könnte Parmenides auf seinem Weg zur Wahrheit widerfahren sein? Einiges haben wir schon bei der Besprechung des Gedichtes vermutungsweise ausgesprochen.
In den Bekenntnissen der Offenbarungsliteratur, in denen die Erscheinung eines übersinnlichen, geistigen, göttlichen Lichts geschildert wird, bleibt es oft unklar, ob damit etwas von außen oder von innen Kommendes gemeint ist. Das ist nicht verwunderlich angesichts der Natur der Sache und angesichts dessen, daß die Betroffenen nicht immer die intellektuelle Kraft besaßen, sich verständlich zu machen. In der Zeit oder in den Verhältnissen, in denen sie lebten, war ja auch nicht immer das gedankliche Rüstzeug dafür vorhanden, oder es bedurfte seiner nicht, weil man sich schon unter

Gläubigen befand. Die Bekenntnisse enthalten selten die Argumente, die wir gerne hätten, und bei vielen ist tatsächlich eher der Psychologe als der Theologe der zuständige Interpret. Wir wollen keine Beispiele bringen, sondern verweisen auf die erwähnte Literatur, über die man weiterfindet.

Zwiespältig in der genannten Hinsicht ist auch das Bekenntnis Augustins. Augustin erblickt das Licht der Wahrheit, indem er in *intima sua* einkehrt und mit dem Auge seiner Seele (*qualicumque oculo animae*) das unwandelbare Licht erschaut. Nicht das allen sichtbare der sinnlichen Welt oder etwas von derselben Art, nur strahlender und mächtiger, sondern etwas völlig anderes, das über seinem Geiste ist, nicht wie Öl auf Wasser oder der Himmel über der Erde, *sed superior*. »Wer die Wahrheit kennt, kennt es, und wer es kennt, der kennt die Ewigkeit. Die Liebe kennt es« (conf. 7,10).

Ein Licht über seinem Geiste, doch nicht wie der Himmel über der Erde, sondern höher oder erhabener: wir können das genau so verstehen wie das Licht des ewigen Seins, zu dem Parmenides wie in den Himmel, doch nicht in einen Himmel über der Erde, nicht in einen räumlichen Himmel getragen wird. Die Bilder Augustins sind wieder gegen das räumliche Vorstellen gerichtet. Das Licht der Wahrheit breitet sich nicht wie das Sonnenlicht aus. Es lichtet, es ätherisiert, es transzendentalisiert den Raum, der sich in diesem Lichte auflöst und zum Unendlich-Ewigen entgrenzt. Das ist der Schluß, den wir aus der Natur der Wahrheit und des Seins auf die geschilderte Offenbarung ziehen.

Obwohl dieser Vorgang die sinnliche Welt affiziert und Grundlage mythischer Kosmologien ist, wird er oft dargestellt oder verstanden, als spiele er sich allein im Geiste oder in der Seele ab und lasse die äußere Wirklichkeit unberührt. Es ist eben nicht leicht, positiv zu sagen, was denn und wo denn dieses andere Licht ist, wenn es nicht im Raume ist, »sichtbar jedem Fleische«. Wir haben versucht, das mit dem

»Auge der Seele«, mit dem »schauenden Noos« erblickte Licht der Wahrheit als den transzendenten Weltgrund zu begreifen, der sich in der Offenbarung nicht in einem abgeschiedenen Inneren des Ichs, sondern durch die nach Raum und Zeit geordnete Welt hindurch, sie aufhebend, an ihrer Statt, leuchtend, strahlend, brennend zeigt.

Wenn wir damit das Richtige treffen, und unseres Erachtens führt kein Weg daran vorbei, dann werden mit der Ordnung der Dinge in Raum und Zeit auch ihre Gesetze aufgehoben, disqualifiziert durch das »andere Gesetz«, das das »andere Licht« als sein verbindendes und unterscheidendes Moment unlöslich mit sich führt. Die Offenbarung des göttlichen Lichtes ist auch die Offenbarung des göttlichen Gesetzes.

Bei Parmenides ist dieser Zusammenhang evident und in einer der Analyse zugänglichen Weise dargestellt. Sonst ist er uns als Gerechtigkeit Gottes vertraut, die nicht nur Postulat einer Gottesidee ist, sondern in der Natur des absoluten Einen und seiner absoluten Grenze liegt. Die Betonung liegt hier auf dem Moralischen, das aber wieder nur ein Aspekt des ebenso kosmologisch oder ontologisch wie theologisch zu verstehenden allgemeinen Gesetzes ist und bei dem verheißenen Gericht seine alles ergreifende Macht erweist.

Man wird sich gegen eine solche Einordnung der parmenideischen Offenbarung verwahren wollen. Aber wir meinen, daß sie erlaubt und zu ihrem Verständnis nützlich ist.

Unsere Interpretation der parmenideischen Epiphanie, Ontologie und Kosmologie erfordert, daß wir in der Wagenfahrt zum lichten Tor der Dike und zur Göttin der Wahrheit ein Ereignis sehen, das ein Mensch nicht herbeirufen noch erklären kann, das wir jedoch in Anlehnung an die Worte und Bilder des Parmenides ungefähr so beschreiben zu können glauben:

Es muß einen Augenblick gegeben haben, in dem für Parmenides die Welt der Erscheinungen durchsichtig geworden ist wie ein Schleier, hinter dem ein Licht aufgeht gleich einem zweiten Himmel. Dieses Licht durchdringt unseren Himmel nicht aus einer noch größeren und helleren Ferne. Es ist kein fernes Licht, sondern nah und gegenwärtig, »unmittelbar«, würden wir sagen, wenn wir nicht noch von der Mittlerin Dike sprechen müßten. Den Himmel und die Welt durchdringen heißt, sie entmaterialisieren, Raum und Ferne tilgen und ebendadurch ganz und gar gegenwärtig sein, nicht irgendwo stärker oder schwächer, von irgendwo ausgehend und irgendwo hingelangend, sondern »überall« gleich und ganz. Für das Erscheinen dieses Lichtes ist Entschleiern, Enthüllen ein guter Ausdruck, denn hinter einem Schleier pflegt sich etwas Nahes zu verbergen, nicht etwas in weiter Ferne. So enthüllen sich die Heliadenmädchen des Proömions und zeigen, wer sie sind. Ihr Name läßt aber auch erkennen, wie schwer es ist, das transzendente Licht anders als mit den für das Sonnenlicht gebräuchlichen Ausdrücken zu benennen.

Dieses Licht scheint sich von einer ätherhaften Leichtigkeit und Milde bis zur brennenden Lichtglut zu intensivieren, analog dem daraus abgeleiteten Kosmos, der in einem Feuerring, in einem Kranz von Lichtglut endet. Im Proömion ist dieser Prozeß durch das Erglühen der Wagenräder ausgedrückt. Der Schleier, um dabei zu bleiben, wird immer strahlender durchschienen, bis er gleichsam zerreißt oder weggerissen wird.

So muß auch das Aufspringen des Tores zu verstehen sein, mit dem sich die raumzerteilende, Raumlosigkeit schaffende Kluft (Chasma) des allgegenwärtig werdenden Unendlichen auftut, kraft seiner Allgegenwärtigkeit eine undurchdringliche Wand aus Licht, die das Tor zur Öffnung und zugleich zur absoluten Grenze macht. Allgegenwart heißt: das »geballte« Ganze des unendlichen Seins, dessen Lichtdruck nur die gewaltige Ananke widersteht.

Die Festigkeit des Tores hat Parmenides mit archaischer Genauigkeit beschrieben. Es ist eine gewisse Paradoxie, daß das Tor sich erst im Licht der Wahrheit zeigt und in diesem

Licht seine Festigkeit erweist, also erst, wenn es sich bereits öffnet. Das Tor des Himmels bleibt verborgen, solange der Himmel verborgen bleibt. So erscheint es paradox und ist doch wahr und richtig, daß das Tor der Wahrheit bei Parmenides ätherisch ist und in diesem Äther als etwas fest Verriegeltes erscheint.

Das Aufspringen des Tores geschieht auf das sanfte Zureden der Heliadenmädchen und wird gleichwohl als dramatisch und gewaltsam beschrieben wie die ganze Wagenfahrt, in der man ein Gleichnis für den heftigen Erkenntniswillen des Parmenides sehen wollte, für ein Ringen, an dessen Ende der Durchbruch zur Wahrheit steht. Eine solche Deutung des Proömions schien uns von Anfang an modern zu sein, wenigstens weit von Parmenides entfernt, und unsere Interpretation des Gedichtes schließt sie vollends aus. Worum es sich bei dem Durchbruch des Parmenides zur Wahrheit wirklich handeln muß, erfahren wir vielmehr aus der Natur der Wahrheit selbst und ihrer weltbestimmenden Rolle in der parmenideischen Kosmologie.

Danach kann das Aufspringen des Tores, das Chasma, durch das hindurch der Weg zum lichten Reich der Wahrheit führt, nichts anderes meinen als ein wirkliches Aufspringen und Aufbrechen der physischen Welt, einen in der Tat gewaltigen Vorgang, der sich für Parmenides in der Bildersprache der Wagenfahrt mit Ungestüm, auf tosenden und glühenden Rädern vollzieht. Mehr über das Chasma, das sich vor Parmenides geöffnet haben muß, lehrt seine Kosmogonie. Wahrscheinlich ist in diesem Abgrund auch das Haus der Nacht zu suchen, das sich wie die Bahnen von Nacht und Tag so schwer lokalisieren läßt.

Wir haben, was Parmenides über seine Offenbarung sagt, nicht genau in seiner Reihenfolge wiedergegeben. Aber wir können schließlich nur ungefähr zu verstehen suchen, womit wir überhaupt zu rechnen haben.

Von den Gewalten, die sich in der Offenbarung zeigen, geben vor allem die mächtigen Bande der Dike und Ananke

Kunde, denen die Stärke des Glaubens oder der Gewißheit entspricht. Die πίστιος ἰσχύς (fr. 8,12) ist geradezu der Macht der Dike/Ananke gleich. Das bringt uns noch einmal auf die Wahrheit und Erkenntnis verbindende, trennend wie vermittelnd zwischen das absolute Sein und die Welt des Werdens und Vergehens tretende Macht des Gesetzes, die ein kardinales Element der Offenbarung ist. Mit der Welt des Werdens und Vergehens ist wieder die Wirklichkeit selbst gemeint, nicht etwa nur das Denken über sie.

Wir knüpfen daran an, daß Themis und Dike Parmenides zur Wahrheit führen und doch etwas anderes als die Heliadenmädchen sind. Die Heliadenmädchen personifizieren das Licht der Wahrheit, sein erstes Aufgehen, können wir sagen. Themis und Dike dagegen erscheinen zwar mit dem Licht, sind jedoch nicht selber Licht, wie ja auch das Tor der Dike sich zum Licht der Wahrheit öffnet, ohne selber dieses Licht zu sein. Dike wäre also zunächst einmal die Öffnung, die das Licht sich bricht, die Kluft, in der es erscheint, und insofern seine Bahn, sein Weg. Das muß jener tatsächlich vorhandene Weg der Wahrheit und zur Wahrheit sein, den Parmenides sich wie von einem göttlichen Gespann gezogen sah und den er uns dann argumentierend führen will, die πειθοῦς κέλευθος und damit der Grund der parmenideischen Logik.

Dieser Weg ist gerade, ἰθύς. Er führt nicht hierhin und dorthin wie die Wege der irrenden Menschen, sondern heraus aus der Welt des Werdens und Vergehens, hin zum unveränderlichen Sein der Wahrheit, dem nunmehr einzigen und unverrückbar festen Gegenstand der Erkenntnis. Der Grund des lichten Abgrunds ist das ewige, unwandelbare Sein, die Beziehung darauf, der Abgrund selber, das Gesetz.

Abgrund ist also Richtung und Beziehung (der Abgrund, in den ich blicke, der meinen Geist, mein Auge bannt) wie auch unüberbrückbarer Unterschied (der Abgrund zwischen mir, meiner Endlichkeit und Vergänglichkeit, und dem unendlichen, ewigen Sein). Diese beiden Momente sind in Dike vereint, die Parmenides dem wahren Sein entgegenführt, das Tor aufschließt und damit zugleich die Schranke bildet, die das Sein von der veränderlichen Welt der Menschen scheidet. Im Proömion liegt der Akzent mehr auf der einen, in der Wahrheitslehre mehr auf der anderen Seite, aber die Sache ist dieselbe. Daraus geht noch einmal hervor, daß entgegenführen, Richtung weisen nicht bedeuten: im räumlichen Sinne nähern. Dem Unendlichen kann man sich nicht nähern. Je weiter sich der Abgrund des unendlichen Seins auftut, desto fester und entschiedener richtet sich auch die Schranke auf, die dem Endlichen, gleich wo und wann, ein absolutes Halt gebietet.

So wenig das Endliche sich auf Kosten des Unendlichen ausdehnen kann, die Grenze verrücken, das Sein schmälern, seine Abgeschlossenheit und Vollkommenheit verletzen, so wenig kann das Unendliche etwas hinzugewinnen, weder vom Endlichen noch, indem es sich in sich immer weiter fortpflanzt. Es wäre dann nicht unendlich, sondern suchte es immer erst zu werden. Vielmehr ist das Unendlich-Ewige im lichten Abgrund des absoluten Seins gänzlich, ohne Mangel, mit seinem ganzen Gewicht, seiner vollen »Masse« (ὄγκος) gegenwärtig und bildet so die Schranke in der Form einer undurchdringlichen Lichtwand, einer glühenden, starren Mauer oder Schale, hinter der es kein Jenseits gibt, zu dem man weiterschreiten könnte.

Diese Front aus Lichtglut muß Parmenides vor Augen gehabt haben als letzte Phase oder Station der Himmelfahrt, als das πύματον πεῖρας der den Himmel haltenden Ananke, die mit derselben Macht das ewige Sein gebunden hält. Zwischen der Erde und jenem Himmel aber sind die Dinge ins Wanken geraten und haben sich aus ihrem Grund gelöst, und hier, ἐν δὲ μέσῳ τούτων, wohnt die Daimon der grausigen Geburt und Mischung und muß sich auch das Haus der Nacht befinden.

Angesichts des ganzen Gedichtes erweist sich das Proömion

also als Schilderung einer Offenbarung, bei der sich unter Lichterscheinungen eine Kluft chaotisch gemischter Welt- und Himmelszonen geöffnet und zur reinen Lichtfülle der mit Gesetzesmacht erscheinenden Wahrheit geweitet und geklärt hat. Die bindende Kraft des Gesetzes kann man sich wie den Sog des Abgrunds denken, der aus den vielfältigen, veränderlichen Bindungen der endlichen Dinge herausreißt und das vom Licht der Wahrheit getroffene Auge auf die übermächtige Erscheinung des mit diesem Licht aufgehenden unwandelbaren Seins fixiert. Das Gesetz wäre dann die Begegnung oder Konfrontation des Menschen mit der Wahrheit. So sind die Beziehung oder Bindung wie auch der Unterschied, die Schranke vielleicht am besten getroffen. Hölderlin, auf den wir uns noch oft berufen könnten, hat dafür den Ausdruck »strenge Mittelbarkeit«. Das Unmittelbare, heißt es bei ihm, sei unmöglich: für die Unsterblichen, »weil himmlische Güte, ihret selber wegen, heilig sein muß, unvermischet«, für die Sterblichen, weil Erkenntnis nur durch Entgegensetzung möglich sei. »Die strenge Mittelbarkeit ist aber das Gesetz.«[117]

Auch die Offenbarung des Parmenides gipfelt nicht in einer mystischen Vereinigung mit der Wahrheit, wie es gelegentlich verstanden wird. Vielmehr tritt ihm, unserer Darstellung gemäß, die Göttin der Wahrheit entgegen[118] und richtet das Wort an ihn, das wir noch einmal zitieren möchten (fr. 1,24–32). Die Übersetzung muß notgedrungen unzulänglich bleiben:

> »Junger Mann, Gefährte unsterblicher Wagenlenkerinnen, der du mit den Stuten, die dich tragen, mein Haus erreicht hast, willkommen! Es ist ja kein böses Geschick, das dich fortgeleitet hat über diesen Weg, um ans Ziel zu gelangen – einen Weg, der weitab vom üblichen Pfad der Menschen liegt –, sondern göttliche Fügung und dein Recht. So gehört es sich, daß du alles erfährst: einerseits das unerschütterliche Herz der

wirklich überzeugenden Wahrheit, andererseits die Meinungen der Sterblichen, denen keine wahre Verläßlichkeit innewohnt. Gleichwohl wirst du auch hinsichtlich dieser Meinungen verstehen lernen, daß das Gemeinte gültig sein muß, insofern es allgemein ist.«

Sehen wir darin die göttliche Erscheinung, die Parmenides durch ein gütiges Geschick, unter der Führung von Gesetz und Recht, auf ihrer Bahn, den Sterblichen entrückt und sich als Wahrheit des ewigen Seins enthüllt hat, dann ist das und die Lehre, die sich daran knüpft, die verständliche Sprache der Wahrheit. Als etwas, das nur so empfunden oder vorgegeben wäre, oder als zeitbedingte Erklärung einer auf andere Weise erworbenen Erkenntnis muß das alles unbegreiflich sein. Das Gedicht des Parmenides muß sich in ein Monstrum verwandeln, wenn wir es allein der Philosophie nach heutigem Verständnis zuschlagen und es an unseren Wissenschaftskriterien messen.[119]

Was ergibt sich daraus für die parmenideische Erkenntnislehre? Wie die Wahrheit unwandelbares, reines Licht ist, eine heiße Glut, so auch die Erkenntnis, die ihr entspricht, und die Erkenntnis nimmt in dem Maße ab, in dem sie sich von der Wahrheit entfernt, bis zur vollkommenen Erkenntnislosigkeit, die identisch ist mit Dunkelheit und Tod. Der Tod ist der andere Pol zu der Unsterblichkeit des Seins, an der Parmenides bei seiner zur höchsten Erkenntnis führenden Himmelfahrt teilhatte. Das entsprechende gilt für das Heiße und das Kalte.

Auch das ist also von der Wahrheit her gedacht. Parmenides spricht vom Erkenntnisvermögen der Sterblichen wie von ihrem Weltbild, das ein Diakosmos κατὰ δόξαν und dennoch ἐοικός, auf Wahrheit gegründet ist. In beiden Fällen hat das Lichte, Feurige, Heiße den höheren Rang und ist nicht allein der Physik resp. den Sinnen und ihren Wahrnehmungen zuzurechnen. Feurig im Menschen ist vielmehr seine Seele – eine bedeutungsvolle Analogie zu der feurigen Natur der Seele bei Heraklit und seinem ἀείζωον πῦρ.

Weiter brauchen wir der parmenideischen Wahrnehmungslehre nicht nachzugehen. Das lichte Element in der gemischten menschlichen Natur empfängt seinen das dunkle übertreffenden Wert, ja sein Licht, dürfen wir wie bei der Kosmologie sagen, ohne das »Zwielichtige« daran zu vergessen, von der Lichtnatur der Wahrheit. Wenn das Licht, von allen dunklen Beimischungen oder Komplementen befreit (es wäre dann kein sinnliches Licht mehr), den Menschen ganz erfüllt, ist er im Besitz der Wahrheit. Das aber ist den Sterblichen ohne göttliche Hilfe nicht vergönnt. Anstelle des ungemischten Lichts der Wahrheit, des unwandelbaren, unsterblichen, nehmen sie nur Licht und Dunkelheit in wechselnder Zusammensetzung wahr gemäß ihrer eigenen sterblichen Natur und der Mischung ihrer »vielfach schwankenden Glieder«. Die bessere und reinere Erkenntnis aber ist die durch das Heiße (Feurige, Lichte).

Von hier gibt es eine Brücke zu dem »schauenden Noos«, der ebenso ein Organ des Sehens wie des Denkens ist. Er vermag sich die erschienene, aber wieder verhüllte, für das sinnliche Auge abwesende Wahrheit als gegenwärtig vorzustellen und trennt Sein nicht von Sein, weder als etwas, das sich πάντῃ πάντως κατὰ κόσμον zerstreut, noch sich zusammenzieht, d. h. irgendwo mehr ist als anderswo (fr. 4). Wir sind versucht, das eine geradezu als direkte Aussage gegen die Auffassung vom Sein als einem Kontinuum oder Substrat der sinnlichen Welt zu verstehen, während das andere offenbar gegen den Fehler der Sterblichen gerichtet ist, Licht und Dunkelheit und den damit assoziierten Seinsgehalt räumlich zu trennen, also gegen die in der parmenideischen Kosmologie entwickelten Doxai.

Mit Logik hat das alles wenig zu tun, obwohl es wie sie von wahr und falsch handelt und direkt oder indirekt das Sein zum Thema hat. Die Wahrheitslehren vor Parmenides und viele außerhalb der von ihm inaugurierten Geschichte des

Denkens pflegen bei solchen Aussagen stehenzubleiben. Parmenides hat das nicht einfach übernommen, denn es entspricht ja seiner Ontologie. Aber es ist auch unmöglich, sich das alles als Ergebnis einer logischen Entwicklung vorzustellen, die mit »Sein ist, Nichtsein ist nicht« begonnen habe. Auch keine dem Denken vergleichbare, vom Subjekt ausgehende spontane Erkenntnis hätte Parmenides dahin zu führen vermocht. Wir werden das eingestehen müssen, sobald wir versuchen, das ganze noch einmal von einem solchen Standpunkt aus zu durchdenken.

Wenn wir mit unserer Deutung des Gedichtes nicht einer völlig falschen Spur gefolgt sind, ist für Parmenides das Denken nicht der Weg der Wahrheitsfindung gewesen, sondern der Weg, die Sterblichen zu überzeugen. Er hat dann auch nicht der Göttin in den Mund gelegt, was nach unseren Begriffen seine eigene Leistung war, sondern wahrheitsgetreu mitgeteilt, daß ihn eine fremde Macht geleitet und ihm die Argumente eingegeben hat, mit deren Hilfe die Sterblichen zu überzeugen sind. Anders wäre sein Gedicht nicht, wie man meint, nur der mythischen Sprache seiner Zeit entkleidet. Parmenides hätte die Autorität verleugnet, für die er spricht, und sich in Hybris anstatt »in Übereinstimmung mit Themis und Dike« über die Sterblichen erhoben. Darüber hinaus kann der Appell der Göttin an das Denken – das Neue und spezifisch Griechische der Offenbarung – auch ein Ausdruck dafür sein, daß im Bewußtsein des Parmenides das Argumentieren den Charakter der Eingebung und Dignität besessen hat: Auch die Befähigung zum schlüssigen Denken wurde als Geschenk der Göttin aufgefaßt.

Die Berufung auf die göttliche Autorität, meinen wir, ist nicht aus irgendeinem unverbindlich gewordenen Grund, sondern mit vollem Recht der Tenor der parmenideischen Beweisführung, ihre wahre Steuerung und Kraft. Es hat sich sogar gezeigt, daß Parmenides gar nicht immer Denkvorgänge meint und wir das auch nicht unterstellen dürfen, wenn er vom Weg der Wahrheit und der Überzeugung spricht, und schon gar nicht bei Gesetz, Notwendigkeit und Recht. Zuerst muß er dabei den Weg vor Augen haben, den sich die lichte Wahrheit bei ihrem Erscheinen, Werden und Vergehen ausschaltend, Nichtsein verbannend, ihren Unterschied zum Trug der Menschen und der Sinneswelt enthüllend, tatsächlich gebahnt hat, den Weg, auf den Dike und die Heliadenmädchen seinen schauenden Noos gebracht, den sie ihn fortgerissen haben.

Der Noos der Wahrheitslehre wäre dann im Unterschied zu den Sinnen dasjenige Organ, mit dem das Sein mit allen seinen Eigenschaften erkannt wird, und dieses Erkennen war für Parmenides ursprünglich ein Erblicken, ein Erschauen der *in toto* erschienenen Wahrheit. Νοεῖν ist hier, wie schon lange gesehen wurde, von vornherein auf Wahrheit gerichtetes Erkennen und setzt die Wahrheit als Erkenntnisgrund voraus. Das τὸ γὰρ αὐτὸ νοεῖν ἐστίν τε καὶ εἶναι, das sich daraus für Parmenides ergeben hat, kann nicht bedeuten, daß νοεῖν und εἶναι identisch wären, sondern daß sie korrespondieren wie die Beschaffenheit des Menschen mit dem, was er wahrnimmt, heiß mit heiß, dunkel mit dunkel usw. In derselben Korrespondenz wie mit ihrer Unwandelbarkeit und Unerschütterlichkeit steht das νοεῖν aber auch mit den anderen Charakteristika der Wahrheit, vor allem mit ihrem Licht, und nach dem Proömion, in dem das Licht der Wahrheit die beherrschende Rolle spielt, hätte man sogar erwarten können, daß auch die Wahrheitslehre damit beginnt.

Erstaunlicherweise ist das nicht der Fall. Das Licht der Wahrheit erscheint nach dem Proömion erst wieder bei den Doxai, wo man es lange zur bloßen Scheinwelt gerechnet hat, was das Verständnis des Proömions, der Doxai selber und schließlich auch der Wahrheitslehre erschweren mußte. Hätte Parmenides unmißverständlich auch das Licht als Qualität des Seins genannt, wären wohl Denken und Logik nicht so lange als das Instrument verstanden worden, mit dem Parmenides, methodisch oder intuitiv, die Wahrheit gefunden habe. Licht ist ja eher Objekt eidetischer als logischer Erkenntnis. Wie v. Fritz hervorgehoben hat, ist auch der Noos der Doxai nicht ganz von der Wahrheit zu trennen, wie ja auch das, was er wahrnimmt, keine reinen Sinnesqualitäten sind, sondern Elemente, die auch bei anderen Denkern eine philosophische Grundbedeutung haben.[120] Der Unterschied zwischen den beiden Arten »noetischer« Erkenntnis wäre dann der, daß die eine Anschauung der Wahrheit als transzendenter Erscheinung ist, unter Ausschaltung der täuschenden Sinneswelt, die andere Anschauung der Wahrheit auf der Grundlage oder in Verbindung mit der Sinneswelt und insofern irrig. So kurz kann man den Sachverhalt wahrscheinlich nicht treffen. Wir zielen auch nur darauf ab, daß es sich in beiden Fällen primär um Anschauung handelt, nicht um Denken. Nur darum, meinen wir, hat Parmenides beides so überzeugend verbinden und aus der Ontologie einen διάκοσμος ἐοικώς entwickeln können, womit wir nicht einmal sagen wollen, daß sich für ihn das eine aus dem anderen in der Form des schrittweisen Deduzierens ergeben habe. Wenn die Wahrheit für ihn als ganzes dagewesen ist, hat sie das wahre Sein zugleich in Relation zur Scheinwelt offenbart, mit dem Sein auch den Diakosmos, den er beschreibt. Mit dem Erscheinen des transzendenten Lichtes wurde offenbar, welche Bedeutung das sinnliche Licht und der Gegensatz von Licht und Dunkel für die Menschen hat, und das nicht nur für die Sinneswahrnehmung, sondern auch für ihr Denken und ihren Glauben. Darum verheißt die Göttin Parmenides gleich zu Beginn, alles zu erfahren, das unerschütterliche Herz der Wahrheit und was die Sterblichen irrtümlich glauben. Ja sie betont sogar, daß es gleichgültig sei, wo sie beginne:

> Ein Gemeinsames ist es für mich, von woher ich anfange; denn ich werde dorthin wieder zurückkommen.
>
> (fr. 5)

Selbst der sogenannte logische Teil des Gedichtes verrät, daß er auf Anschauung beruht und etwas zu beschreiben und bestimmen versucht, was Parmenides wie eine feste Gestalt vor Augen hat. Wir haben darauf bei den Wegen des Suchens in fr. 2 hingewiesen und vermögen auch fr. 8 nicht anders zu verstehen, wo Parmenides die Eigenschaften des Seins aufzählt, auch darüber reflektiert und sich um Begründungen bemüht, aber doch nicht so weit und zusammenhängend logisch wird, daß man den Eindruck gewönne, seine Argumente könnten tatsächlich das Produkt selbsttätigen Denkens sein. Das ganze Fragment bleibt, der Bemühung um Beweiskraft ungeachtet, so neu und folgenreich dieses Bemühen auch ist, weit mehr eine bildhafte Wesensbeschreibung des Seins. Bildhaft nicht im Sinne einer Veranschaulichung von Denkinhalten, um das noch einmal zu betonen, sondern durch das Streben nach einer möglichst getreuen Wiedergabe dessen, was Parmenides wirklich gesehen hat, unter Zuhilfenahme von Metaphern und Vergleichen wie den Fesseln der Ananke oder der Kugel, die man so oft mißversteht.

Die Konfrontation mit der Wahrheit des ewigen Seins auf der Bahn und vor der Schranke der Dike und Ananke, die Weg und Bannkraft der Götter sind, hat Parmenides das Argument gegen das Nichtsein geliefert und zu der Unterscheidung des wahren und des falschen Weges geführt oder vielmehr des Weges, der allein vorhanden, wahr und richtig oder rechtens ist, und einem entgegengesetzten, den es nicht gibt. So ist er zum Entdecker des kontradiktorischen Gegensatzes[121] und Begründer des logischen Denkens geworden,[122] das nach ihm auch auf andere Gegenstände als Sein und Nichtsein angewendet werden und als Denkmethode andere Wege als den der Dike führen konnte. Parmenides selber hat sich seinen Weg nicht ausgesucht. Er hat nicht das Denken entdeckt und damit auf das Sein geschlossen. Anders als in Beziehung auf die Wahrheit des ewigen Seins und durch das Erscheinen ihrer das Wahre und Falsche,

Rechte und Unrechte, Lichte und Dunkle, Unsterbliche und Sterbliche scheidenden Macht wäre sein Denken nicht in Gang gekommen. Gegenüber dieser wortgetreuen Interpretation müssen alle Versuche verblassen, dem Gedicht des Parmenides auf andere Weise gerecht zu werden. Parmenides hat uns diese Macht als eine namenlose Gottheit geschildert, die sich ihm hinter einem äthergefüllten Tor in einem Reich des Lichts gezeigt hatte. Es sind nicht zuletzt die Vorurteile unserer eigenen Zeit, die uns glauben lassen, darüber besser als Parmenides Bescheid zu wissen.

Anmerkungen

1 Über Parmenides in der antiken philosophischen Tradition: H. E. Cherniss, *Aristotle's criticism of presocratic philosophy*, Baltimore 1935. Tarán, S. 269 ff.; Bormann, S. 23 ff., der S. 183 eine neue, ausführliche Untersuchung zu diesem Thema ankündigt.

2 Cherniss, *Aristotle's criticism of presocratic philosophy*, S. X. Auch Platon sah sich von Parmenides schon durch eine Kluft getrennt: E. Heitsch, *Gegenwart und Evidenz bei Parmenides*, Wiesbaden 1970 (Akademie der Wissenschaften und der Literatur. Abhandlungen der geistes- und sozialwissenschaftlichen Klasse, 4,1).

3 Test. 19 (DK 28 B 1).

4 Auszüge Nr. 2.

5 H. Diels, *Parmenides' Lehrgedicht*, griech./dt., Berlin 1897, S. 9 ff.

6 W. Kranz, *Über Aufbau und Bedeutung des parmenideischen Gedichtes*, Berlin 1916 (Sitzungsberichte der Preußischen Akademie der Wissenschaften, Bd. 47), S. 1158 ff.; W. Kranz, *Vorsokratische Denker*, ebd. 1939.

7 z. B. Tarán, S. 17 ff.; Bormann, S. 58 ff.; Heitsch, *Parmenides*, S. 55 f., S. 63 ff.; Heitsch, in: *Gymnasium* 84 (1977) S. 3 f.

8 Auszüge Nr. 5.

9 Reinhardt, S. 255 f.

10 Fränkel, *Wege und Formen*, S. 157 ff.; Verdenius, *Parmenides*, S. 12 f. Ebenso Auszüge Nr. 8.

11 Verdenius, *Parmenides*, S. 117 ff., und Auszüge Nr. 8.
12 Auszüge Nr. 9. Vgl. Fränkel, *Wege und Formen*, S. 162, Anm. 2.
13 Auszüge Nr. 8.
14 Fränkel, *Dichtung und Philosophie*, S. 421.
15 Mansfeld, S. 261.
16 Mansfeld hat bis heute noch keine wirkliche Zustimmung gefunden. Über die Religiosität und die göttlichen Erscheinungen des Parmenides wird, auch wenn man Mansfeld nahe kommt, noch immer mit einer ähnlichen Distanz referiert wie über die homerische Religion. So räumt etwa Pfeiffer (S. 114, S. 144 f.) ein, daß die Θεά für Parmenides eine wirkliche Macht und Epiphanie gewesen sei, weist aber S. 94, Anm. 3, Mansfelds Postulat gleichwohl zurück. Ungewiß bleibt auch, wie H. Schwabl die göttliche Hilfe verstanden hat: »Sein und Doxa bei Parmenides«, in: *Wiener Studien* 66 (1953) S. 50 ff.; auch in: H.-G. Gadamer (Hrsg.), *Um die Begriffswelt der Vorsokratiker*, Darmstadt 1968, S. 418, Anm. 26; Kahn, Rez. Mansfeld, S. 116, Anm. 1. Am ehesten deckt sich W. Luther (s. Anm. 99) S. 93 f. mit Mansfeld, dessen Buch ihm offenbar noch nicht bekannt gewesen ist.
17 Noch Bormann, Auszüge Nr. 20, denkt sich das Parmenideische Sein als Materie.
18 Simplicius, Phys. 146,29 (DK 28 A 20).
19 Auszüge Nr. 13. Vgl. Hegel, Auszüge Nr. 2.
20 Auszüge Nr. 19, 20. Vgl. auch Nr. 11, 18. Ferner J. Mansfeld, *Akten des 14. Internationalen Kongresses für Philosophie, Wien 1968*, Wien 1970, S. 414 ff.
21 Deichgräber, S. 50.
22 Fränkel, *Dichtung und Philosophie*, S. 401, 405.
23 Plotin 6,9,3.
24 Zur problematischen Überlieferung Kahn, Rez. Tarán, S. 124; Heitsch, *Parmenides*, S. 165.
25 Jaspers, Auszüge Nr. 14.
26 R. Mondolfo, *L'Infinito nel Pensiero dell'Antichità Classica*, Florenz 1956.
27 Diels 30 B.
28 Kahn, Rez. Tarán, S. 130 f.
29 Hegel, Logik, S. 274 ff. (Leipzig 1934, Philosophische Bibliothek, Bd. 56, S. 223 ff.). Auszüge Nr. 2. Wir greifen davon nur so viel auf, wie für unseren Zweck nötig ist. Auch die heutige

Diskussion der Unendlichkeitsproblematik müssen wir beiseite lassen.

30 Sogar hierüber sind die Meinungen noch immer geteilt. Man vergleiche etwa Deichgräber, S. 30 f., und Heitsch, *Parmenides*, S. 135, mit Pfeiffer, S. 53.

31 Zumal, wenn etwa Stenzel S. 232 f. sagt, daß der Seinsbegriff des Parmenides »mit dem mathematischen Bezug auf die *Größe*, die räumliche Gestalt der Welt unlöslich verbunden« sei. Vgl. Auszüge Nr. 11.

32 Fränkel, *Dichtung und Philosophie*, S. 406, Anm. 17, erwähnt einen Vortrag von John H. Taylor, der mir nicht bekannt ist.

33 Tarán, S. 150 ff., 175 ff. mit ausführlicher Diskussion. Kahn, Rez. Tarán, S. 127 ff., modifiziert S. 132 = Auszüge Nr. 18.

34 Hierzu genauer S. 165 f.

35 Fränkel, *Dichtung und Philosophie*, S. 407.

36 A. Graeser, »Parmenides über Sagen und Denken«, in: *Museum Helveticum* 34 (1977) S. 145 ff.; mit weiterer Literatur.

37 Auch bei Fränkel stellt sie sich sofort wieder ein, wenn er in *Dichtung und Philosophie* (S. 406) sagt: »Die ungebrochene Kontinuität des Seins in seiner Gänze gilt sowohl in der Dimension der Zeit (8,5) wie in der des Raumes (8,22–25).« Wenn dem so wäre, müßte auch die Grenze des Seins in Raum und Zeit zu suchen sein, womit Fränkel seiner eigenen Einsicht widerspräche.

38 So, wenn auch nur vorsichtig gefragt, auch Deichgräber, S. 51.

39 Dazu N. Tsouyopoulos, *Strafe im frühgriechischen Denken*, Freiburg/München 1966, mit der Rezension von H. Hommel, in: *Gnomon* 43 (1971) S. 301 ff.

40 Fränkel, *Wege und Formen*, S. 170 ff.

41 So auch L. R. Palmer, »The Indo-European Origins of Greek Justice«, in: *Philosophical Transactions of the Royal Society of London* 242 (1950) S. 149 ff. Abweichend Mansfeld, S. 263 ff.

42 Mansfeld, S. 242 ff.

43 F. G. Maier, »Torgötter«, in: J. Kroymann / E. Zinn (Hrsg.): *Eranion. Festschrift H. Hommel*, Tübingen 1961, S. 93 ff. Ein weiteres Beispiel bei G. Kleiner / P. Hommel / W. Müller-Wiener, »Panionion und Melie«, in: *Jahrbuch des Deutschen Archäologischen Instituts* 23 (1967) Erg.-H., S. 127 ff.

44 Mansfeld, S. 244, S. 246, S. 261 ff.

45 So auch noch einmal Hölscher, S. 73 f.; Pfeiffer, S. 103 ff.
46 Fränkel, *Wege und Formen*, S. 164 ff.
47 Mansfeld, S. 263 ff.
48 Es sind dies neben Fränkel und Palmer (s. Anm. 41) vor allem V. Ehrenberg, *Die Rechtsidee im frühen Griechentum*, Leipzig 1921, und J. Gonda, *DEIKNYMI. Semantische Studie over den Indo-Germaanschen wortdel DEIK-*, Amsterdam / Paris 1929. Vgl. auch H. Hommel, »Wahrheit und Gerechtigkeit«, in: *Antike und Abendland* 15 (1969) S. 168 ff.
49 Aristot. nic. eth. V 10 p. 1134a 31.
50 Vor allem Palmer (s. Anm. 41), der Parmenides allerdings nicht erwähnt.
51 Auszüge Nr. 16.
52 Mansfeld, S. 260.
53 Mansfeld, S. 267 ff.
54 Hes. theog. 901 f.; Hes. erg. 256 ff.; R. Hirzel, *Themis, Dike und Verwandtes*, Leipzig 1907, S. 115.
55 A Greek-English Lexicon, comp. by H. G. Liddell and R. Scott, Oxford 1951, s. v. ἀχάνεια, ἀχανής, χάσμα.
56 Vgl. Deichgräber, S. 41. Nach Pfeiffer (S. 16 ff., S. 31) kommt die Formel in der Epik noch nicht vor. Vielmehr übertreffe Parmenides damit an Ausdruckskraft die nächstliegende Parallele χάσμα μέγ' . . . Hes. theog. 740. Vgl. E. Heitsch, »Parmenides«, in: *Gymnasium* 84 (1977) S. 3, Anm. 5.
57 So auch noch einmal mit Entschiedenheit Kahn, Rez. Mansfeld, S. 116 f. Über das Haus der Nacht, das die Heliadenmädchen verlassen, vgl. S. 149 f., 160 f., 188, 190, Anm. 72. Unsere anderen Äußerungen über den Weg von der Dunkelheit zum Licht wären dementsprechend zu modifizieren.
58 So Fränkel, *Wege und Formen*, S. 162, Anm. 1; Fränkel, *Dichtung und Philosophie*, S. 417.
59 Genauer haben wir den Zusammenhang zwischen Dike und Licht S. 189 zu fassen versucht.
60 Hölscher (S. 73), der wie viele andere der sich im Proömion aufdrängenden Identität von Licht und Wahrheit (= Sein) unter Berufung auf den Doxateil auszuweichen sucht. Gleich darauf spricht er jedoch wieder von dem göttlichen Lichtreich, das den Sterblichen unzugänglich ist.
61 Vlastos, S. 72.
62 J. Bollack, in: *Gnomon* 38 (1966) S. 321, der auch beanstandet, daß der Weg zur Göttin des Rechts führe.

63 Deichgräber, S. 29, 35.
64 Deichgräber, S. 35, S. 38 ff., 53.
65 Deichgräber, S. 41, 73 ff.
66 Deichgräber, S. 40.
67 Deichgräber S. 30, 39, 75.
68 H. Vos, »Die Bahnen von Nacht und Tag«, in: *Mnemosyne* Ser. 4, 16 (1963) S. 29.
69 Mansfeld, S. 247.
70 Vgl. Calogero, S. 27 ff.; Hölscher, S. 100.
71 Vos, in: *Mnemosyne* Ser. 4,16 (1963) S. 31.
72 Kennzeichnend für die Schwierigkeit, das Haus der Nacht mit den Heliadenmädchen und dem ätherischen Tor der Dike zu verbinden, sind die Überlegungen von W. Burkert, »Das Proömion des Parmenides und die Katabasis des Pythagoras«, in: *Phronesis* 14 (1969) S. 8 ff. Auch Burkert sucht das Haus der Nacht in einem Chasma oder Tartaros, wie bei Hesiod, läßt dann aber auch, wie andere, Parmenides zur Göttin der Nacht gelangen, nicht des Lichts, die in seinen Augen eine Interpretation aus platonisch-christlicher Warte sei. Wir haben einen Vergleich mit Hesiod durchweg gemieden. Es kommt uns darauf an, das Gedicht des Parmenides erst einmal als in sich schlüssig zu verstehen. Erst dann, meinen wir, könnte ein Vergleich mit Hesiod fruchtbar werden. Vielleicht läßt sich dann sogar von Parmenides her Genaueres über Hesiod erfahren, nicht nur umgekehrt. Zu der ganzen Diskussion auch Mansfeld, S. 234 ff.; Hölscher, S. 70 ff.; Kahn, Rez. Mansfeld, S. 115 ff.; Classen, »Licht und Dunkel in der frühgriechischen Philosophie«, in: *Studium Generale* 18 (1965) S. 99 ff.; Bormann, S. 63 f.; Heitsch, *Parmenides*, S. 135; Pfeiffer, S. 52 ff., 61 ff.
73 Bollack, in: *Gnomon* 38 (1966) S. 328, konstatiert, daß in diesem Punkte alles noch zu tun sei.
74 Vgl. Chalmers, Auszüge Nr. 15.
75 Auszüge Nr. 17 (des »Seienden«).
76 Bollack, in: *Gnomon* 38 (1966) S. 328. Dagegen setzen Fränkel, *Dichtung und Philosophie*, S. 412; Tarán, S. 241; Heitsch, *Parmenides*, S. 187, Olympos und Uranos gleich.
77 Stenzel, S. 231.
78 Mansfeld, S. 245. Fränkel, *Dichtung und Philosophie*, S. 412, verweist auf ältere Vorstellungen eines steinernen oder ehernen Himmels. Vgl. Tarán, S. 234.

79 Gigon, S. 279 f. Auch Hölscher (S. 111) sieht in der mauerharten Grenze die den Himmel haltende Ananke.
80 Tarán, S. 239.
81 Deichgräber, S. 84.
82 Fränkel, *Dichtung und Philosophie*, S. 412 f.
83 Fränkel, *Wege und Formen*, S. 184.
84 Fränkel, *Wege und Formen,* S. 185, Anm. 1.
85 Gigon, S. 280; Auszüge Nr. 17.
86 Über die parmenideischen Götter unterhalb der Sphäre der Wahrheitsgöttin und der Dike/Ananke: Deichgräber, S. 83 ff.; Bollack, in: *Gnomon* 38 (1966) S. 237 ff.; Gigon, S. 280 ff.; Auszüge Nr. 17.
87 Hölscher, S. 32 f.
88 Fränkel, *Wege und Formen*, S. 184.
89 Anders Hölscher, S. 108 ff.
90 Deichgräber, S. 59.
91 Daß das Feurig-Leichte von seinem »heißen Drang« nach oben und außen geführt werde, wie Fränkel (*Dichtung und Philosophie*, S. 413) meint, scheint uns aus fr. 11 nicht hervorzugehen. Auch Hölscher (S. 109 ff.) kehrt u. E. das Verhältnis um, wenn er unter Hinweis auf Empedokles das Feuer (von innen nach außen) emporschießen läßt. Es spricht doch mehr dafür, daß die äußerste Lichtschale als die feurigste Glut des parmenideischen Kosmos auch das »wirkende Prinzip« ist und Licht und Wärme abgibt, anstatt sie von einem fremden Herd her zu empfangen. Wir würden allenfalls einräumen, daß man noch zwischen einem kosmogonischen und einem kosmologischen Aspekt unterscheiden könnte und unsere Auffassung für den fertigen Diakosmos gilt. Vielleicht ist Parmenides in diesem Punkt nicht eindeutig.
92 Für eine Unterscheidung der Gestalten auch Burkert, in: *Phronesis* 14 (1969) S. 4 f., 13. Pfeiffer, S. 86 ff. Vgl. R. J. Tarrant, in: *Antichthon* 10 (1976) S. 1 ff.
93 Vgl. Hölscher, S. 107.
94 Vlastos, S. 73 f.
95 Versuchen wir, das wieder mit der ätherischen Himmelsgrenze in Proömion und Doxateil zu verbinden, so ahnen wir vielleicht auch, was die Verse aus Hölderlins »Mnemosyne« zu bedeuten haben. Wir jedenfalls zweifeln nicht, daß das Gesetz, das Hölderlin meint, auch die parmenideische Dike ist. Es handelt sich um die dritte Fassung des Gedichts, dessen erste Strophe

nahezu alles enthält, was für den Zusammenhang von Feuer (Licht) und Gesetz und der Gesetzlosigkeit (Adikia) des reinen Diesseits (die bösen Pfade, das zeitliche Vorwärts und Rückwärts) bezeichnend ist. Nach F. Beißner (Friedrich Hölderlin, *Sämtliche Werke*, Kleine Stuttgarter Ausg., hrsg. von F. B., Bd. 2, Stuttgart 1953, S. 470 f.) stand für »Hügel« im Entwurf »Wohnungen« und, wie bei Parmenides, »Pforten« des Himmels. »Auf den Hügeln des Himmels« ist dann wohl für das träumerische Lagern und Schweben des Gesetzes vorgezogen: was die Zeit aufhebt, ist wie der Zeit vergessen gedacht. Auf Erden entspricht dem »uns wiegen lassen, wie auf schwankem Kahne der See«. Das Gesetz ist prophetisch, denn die Früchte der Erde sind bereits geprüft und reif, über die alles in eins zusammenziehende, das begrenzte Dasein auslöschende Grenze zu gehen, in der sie »verkochen« oder wie Schlangen verschwinden. Die ganze Strophe lautet:

Reif sind, in Feuer getaucht, gekochet
Die Frücht und auf der Erde geprüfet und ein Gesetz ist,
Daß alles hineingeht, Schlangen gleich,
Prophetisch, träumend auf
Den Hügeln des Himmels. Und vieles
Wie auf den Schultern eine
Last von Scheitern ist
Zu behalten. Aber bös sind
Die Pfade. Nämlich unrecht,
Wie Rosse, gehn die gefangenen
Element und alten
Gesetze der Erde. Und immer
Ins Ungebundene gehet eine Sehnsucht. Vieles aber ist
Zu behalten. Und Not die Treue.
Vorwärts aber und rückwärts wollen wir
Nicht sehn. Uns wiegen lassen, wie
Auf schwankem Kahne der See.

96 J. Zahlten, *Creatio mundi. Darstellungen der sechs Schöpfungstage und naturwissenschaftliches Weltbild im Mittelalter*, Stuttgart 1979.

97 Hierher gehört u. E. das eine göttliche Gesetz (Nomos), das nach Heraklit, fr. 114, alle menschlichen nährt.

98 Der Gedanke an die Sterblichen im allgemeinen braucht freilich eine Beziehung auf bestimmte Lehrmeinungen nicht völlig auszuschließen: Kahn, Rez. Mansfeld, S. 113, wie ja auch die

eigene Offenbarung des Parmenides einen Gebrauch vorgeprägter Formulierungen nicht auszuschließen braucht. Vgl. H.-D. Voigtländer, *Der Philosoph und die Vielen,* Wiesbaden 1980, S. 60 ff.

99 Tarán (S. 27) tut Verdenius einfach mit der Bemerkung ab, daß seine Auffassung neuplatonisch sei, und weist S. 239 auch die Überlieferung des göttlichen Feuerringes als stoisch zurück. Ähnlich Burkert, Anm. 72 u. a. C. J. Classen, (»Licht und Dunkel in der frühgriechischen Philosophie«, in: *Studium Generale* 18, 1965, S. 97 ff.) resümiert S. 116, daß Licht oder eine Lichtsubstanz damals noch nicht »zur höchsten Macht erhoben oder mit dem Göttlichen identifiziert« und auch dem Göttlichen noch keine Lichtnatur zugeschrieben worden sei. Hier scheint uns der göttliche Charakter von Licht oder Feuer in den frühen Kosmologien zu wenig gesehen zu sein, nicht nur bei Parmenides, dessen Proömion Classen als bildhaften Ausdruck einer Erleuchtung in einem von Platon weiterentwickelten Sinn versteht. Auch W. Beierwaltes (*Lux intelligibilis. Untersuchungen zur Lichtmetaphysik der Griechen*, München 1957, S. 34 ff.) hat in Parmenides, indem er »Licht und Dunkel als Wesensbestimmungen der Dinge und des sie erkennenden Geistes betrachtete«, erst den Wegbereiter einer Lichtmetaphysik gesehen. Ähnlich bleibt D. Bremer in eine Deutung des Proömions aus der Licht-Dunkel-Welt des Doxateils verstrickt (»Hinweise zum griechischen Ursprung und zur europäischen Geschichte der Lichtmetaphysik«, in: *Archiv für Begriffsgeschichte* 17, 1973, S. 16 ff.). W. Luther (»Wahrheit, Licht und Erkenntnis in der griechischen Philosophie bis Demokrit«, in: *Archiv für Begriffsgeschichte* 10, 1966, S. 90 ff.) nennt dagegen Licht und Sein bei Parmenides eindeutig identisch. Es gehört zu den ältesten und folgenreichsten Mißverständnissen griechischer Philosophie und Religion, daß die Lichtmetaphysik erst neuplatonisch und darum bei Parmenides und seinen Zeitgenossen noch nicht vorauszusetzen sei.

100 Vgl. Nietzsche, Auszüge Nr. 3.

101 Den prophetischen oder apokalyptischen Charakter der parmenideischen wie auch der herakliteischen Lehre hat u. a. E. L. Miller (»Parmenides the Prophet?«, in: *Journal of Historical Philosophy*, 6, 1968, S. 67 ff.) betont. Schadewaldt (S. 316 f.) zieht einen Vergleich mit Paulus, der näher ausgeführt zu werden verdient.

102 E. Tugendhat, »Das Sein und das Nichts«, in: V. Klostermann (Hrsg.), *Durchblicke. Martin Heidegger zum 80. Geburtstag*, Frankfurt a. M. 1970, S. 132.
103 Deichgräber (S. 49 f.) hebt hervor, daß auch das Beweisen bei Parmenides eine »moralisch-religiöse Tönung« habe und wie gegen einen psychologischen Widerstand der Hörer ankämpfe. Die Göttin verlange gleichsam unerbittlichen Gehorsam. Vergleiche auch W. Jaeger, Auszüge Nr. 10, der hier eine Übertragung des alten Weges zu Tugend und Seligkeit auf das Denken vermutet. Nach Pfeiffer (S. 160) habe Parmenides mit κέλευθος den Irrweg der Menschen bezeichnet. In fr. 2 heißen die Irrwege jedoch ὁδοί, von denen die der Wahrheit folgende πειθοῦς κέλευθος gerade unterschieden wird, und das πάντων δὲ παλίντροπός ἐστι κέλευθος in Fr. 6,9 ist offenbar gebraucht, weil es wie bei Heraklit einen Wirklichkeits- und Wahrheitsanspruch ausdrückt, der ihm nach Parmenides jedoch nicht zukommt. Für Heitsch, »Parmenides«, S. 86 f. ist »Weg« bei Parmenides einfach Ausdruck für die eine Seite einer gedanklichen Alternative. Vgl. Liddell/Scott (s. Anm. 55), s. v. κέλευθος.
104 Auszüge Nr. 6.
105 v. Fritz, S. 307 f.
106 v. Fritz, S. 313.
107 v. Fritz, S. 315.
108 v. Fritz, S. 315. Vgl. die ähnliche Beurteilung des parmenideischen Denkens durch Luther (s. Anm. 99) S. 111.
109 W. Beierwaltes, *Identität und Differenz*, Frankfurt a. M. 1980.
110 Vlastos, S. 67 f.
111 Vlastos, S. 71.
112 Vlastos, S. 72.
113 Vlastos, S. 76; Auszüge Nr. 7.
114 Vlastos S. 75 Anm. 53.
115 Vgl. S. 100; Auszüge Nr. 8.
116 Darüber zuletzt Pfeiffer, S. 78 ff.
117 Friedrich Hölderlin, *Sämtliche Werke*, Kleine Stuttgarter Ausg., hrsg. von F. Beißner, Bd. 5, Stuttgart 1954, S. 309. Pindar, *Werke*, hrsg. und übers. von O. Werner, München 1967 (Tusculum-Bücherei), S. 465 f., Nr. 143. Ob Hölderlin Pindar richtig verstanden hat, spielt hier keine Rolle.
118 Da der Unterschied zwischen Gott und Mensch gewahrt bleibt, in seiner Schärfe überhaupt erst deutlich wird, braucht Parme-

nides auch seine Individualität als Sterblicher nicht zu verlieren, wie Kahn, Rez. Mansfeld, S. 119, einwendet. Man kann im Gegenteil sagen: so wahr der Mensch an der göttlichen Schranke die Unsterblichkeit berührt, wo wahr muß er die göttliche Ananke, sein Los der Sterblichkeit erfahren.

119 Die Himmelfahrt, das Chasma, die Lichterscheinungen, das ätherische Tor der Dike, die grenzenziehende Macht der Ananke und anderes, das sich in unserer Interpretation zu einem Sinn zusammenschließt, bleibt auch bei U. Hölscher (*Der Sinn von Sein in der älteren griechischen Philosophie,* Heidelberg 1976; Sitzungsberichte der Heidelberger Akademie der Wissenschaften, Philosophisch-Historische Klasse, Nr. 3) oder bei Schadewaldts Verständnis des parmenideischen Seins unerklärt.

120 v. Fritz, S. 312 f.

121 Falls das nicht schon in der Gerichtsrhetorik vorbereitet war: Gigon S. 250 f.

122 Nach Luther (s. Anm. 99) S. 122 wäre nicht einmal eine solche Qualifizierung des parmenideischen Denkens richtig. Parmenides habe die Logik »weder als Gebilde sui generis erkannt noch abgegrenzt, noch überhaupt Einzelprobleme der Logik gestellt«.

Literaturhinweise

Zitiert wird der angegebene Verfasser (Herausgeber) und Kurztitel mit Seitenzahl. Ausführliche Literaturverzeichnisse finden sich bei Mansfeld, Tarán, Hölscher, Mourelatos, Bormann, Pfeiffer.

Editionen und Monographien mit zweisprachigem Text

Die Fragmente der Vorsokratiker. Hrsg. von H. Diels und W. Kranz. Bd. 1. Berlin [10]1961 ([1]1903). S. 227 ff. (28 B). [Zit. als: Diels/Kranz.]

Parmenides. Übers., Einf. und Interpr. von K. Riezler. Frankfurt a. M. 1934. 2. Aufl. 1970 mit einem Nachw. von H.-G. Gadamer. [Zit. als: Riezler.]

Parmenide. Testimonianze e frammenti. Introduzione, traduzione e commento da M. Untersteiner. Florenz 1958. [Zit. als: Untersteiner.]

L. Tarán (Ed.): Parmenides. A Text with Translation, Commentary, and Critical Essays. Princeton 1965. [Zit. als: Tarán.]

Parmenides. Vom Wesen des Seienden. Die Fragmente, griechisch und deutsch. Hrsg., übers. und erl. von U. Hölscher. Frankfurt a. M. 1969. [Zit. als: Hölscher.]

K. Bormann: Parmenides. Untersuchungen zu den Fragmenten. Hamburg 1971. [Zit. als: Bormann.]

Parmenides. Die Anfänge der Ontologie, Logik und Naturwissenschaft. Die Fragmente. Hrsg., übers. und erl. von E. Heitsch. München 1974. [Zit. als: Heitsch, *Parmenides*.]

Weitere Monographien

K. Reinhardt: Parmenides und die Geschichte der griechischen Philosophie. Frankfurt a. M. 1916 ([3]1977). [Zit. als: Reinhardt.]

K. Deichgräber: Parmenides' Auffahrt zur Göttin des Rechts. Untersuchungen zum Prooimion seines Lehrgedichts. Wiesbaden 1958. (Abhandlungen der Akademie der Wissenschaften und der Literatur in Mainz. Bd. 2.) [Zit. als: Deichgräber.]

J. Mansfeld: Die Offenbarung des Parmenides und die menschliche Welt. Assen 1964. [Zit. als: Mansfeld.]

A. P. D. Mourelatos: The Route of Parmenides. A Study of Word, Image, and Argument in the Fragments. New Haven / London 1970. [Zit. als: Mourelatos.]

H. Pfeiffer: Die Stellung des parmenideischen Lehrgedichts in der epischen Tradition. Bonn 1975. [Zit. als: Pfeiffer.]

W. J. Verdenius: Parmenides. Some Comments on his Poem. Groningen 1942. Nachdr. Amsterdam 1964. [Zit. als: Verdenius, *Parmenides.*]

Philosophie- und Literaturgeschichten

G. W. F. Hegel: Sämtliche Werke. Bd. 4: Wissenschaft der Logik. Erster Teil. Hrsg. von H. Glockner. Stuttgart 1958. [Zit. als: Hegel, *Logik*; die Orthographie wurde behutsam modernisiert.]

G. W. F. Hegel: Sämtliche Werke. Bd. 17: Vorlesungen über die Geschichte der Philosophie. Bd. 1. Hrsg. von H. Glockner. Stuttgart 1959. [Zit. als: Hegel, *Geschichte der Philosophie*; die Orthographie wurde behutsam modernisiert.]

F. Nietzsche: Die Philosophie im tragischen Zeitalter der Griechen. Werke in 3 Bdn. Hrsg. von K. Schlechta. Bd. 3. München 1956. [Zit. als: Nietzsche.]

E. Zeller: Grundriß der Geschichte der griechischen Philosophie. Leipzig 1883. In neuer Bearb. von W. Nestle. Aalen [14]1971. [Zit. als: Zeller/Nestle.]

G. Calogero: Studi sull'eleatismo. Rom 1932. Dt. Ausg.: Studien über den Eleatismus. Darmstadt 1970. [Zit. als: Calogero.]

O. Gigon: Der Ursprung der griechischen Philosophie. 1945. Basel/ Stuttgart [2]1968. [Zit. als: Gigon.]

W. Jaeger: Die Theologie der frühen griechischen Denker. Engl. Fass. 1947. 2. dt. Aufl. Darmstadt 1964. [Zit. als: Jaeger.]

H. Fränkel: Dichtung und Philosophie des frühen Griechentums. Frankfurt a. M. 1951. München [2]1962. [Zit. als: Fränkel, *Dichtung und Philosophie.*]

H. Fränkel: Wege und Formen frühgriechischen Denkens. München 1955. [2]1960. [Die »Parmenidesstudien« darin erstmals 1930. – Zit. als: Fränkel, *Wege und Formen.*]

K. Jaspers: Die großen Philosophen. Bd. 1 München 1959. [Zit. als: Jaspers.]

W. K. C. Guthrie: A History of Greek Philosophy. Bd. 2. Cambridge 1965. [Zit. als: Guthrie.]

W. Schadewaldt: Die Anfänge der Philosophie bei den Griechen. Tübinger Vorlesungen. Bd. 1. Frankfurt a. M. 1978. [Zit. als: Schadewaldt.]

Aufsätze und Rezensionen

K. v. Fritz: Die Rolle des ΝΟΥΣ. In: Classical Philology 38 (1943) S. 79 ff.; 40 (1945) S. 223 ff.; 41 (1946) S. 12 ff. Zusammen in: H.-G. Gadamer (Hrsg.): Um die Begriffswelt der Vorsokratiker. Darmstadt 1968. S. 246 ff. [Zit. als: v. Fritz.]

G. Vlastos: Parmenides' Theory of Knowledge. In: Transactions of the American Philosophical Society 77 (1946) S. 66 ff. [Zit. als: Vlastos.]

W. J. Verdenius: Parmenides' Conception of Light. In: Mnemosyne 2 (1949) S. 116 ff. [Zit. als: Verdenius, »Conception«.]

M. Heidegger: Moira (Parmenides, Fragment VIII, 34-41). In: M. H.: Vorträge und Aufsätze. Pfullingen 1954. [Zit. als: Heidegger.]

J. Stenzel: Zur Entwicklung des Geistbegriffs in der griechischen Philosophie. In: J. St.: Kleine Schriften zur griechischen Philosophie. Darmstadt 1957. S. 127 ff. Auch in: H.-G. Gadamer (Hrsg.): Um die Begriffswelt der Vorsokratiker. Darmstadt 1968. S. 214 ff. [Zit. als: Stenzel.]

W. R. Chalmers: Parmenides and the Beliefs of Mortals. In: Phronesis 5 (1960) S. 5 ff. [Zit. als: Chalmers.]

J. Bollack: Rezension Deichgräber. In: Gnomon 38 (1966) S. 321 ff. [Zit. als: Bollack.]

Ch. H. Kahn: Rezension Tarán. In: Gnomon 40 (1968) S. 123 ff. [Zit. als: Kahn, Rez. Tarán.]

Ch. H. Kahn: Rezension Mansfeld. In: Gnomon 42 (1970) S. 113 ff. [Zit. als: Kahn, Rez. Mansfeld.]

D. Bremer: Hinweise zum griechischen Ursprung und zur europäischen Geschichte der Lichtmetaphysik. In: Archiv für Begriffsgeschichte 18 (1973) S. 7 ff. [Zit. als: Bremer.]

E. Heitsch: Evidenz und Wahrscheinlichkeitsaussagen bei Parmenides. In: Hermes 102 (1974) S. 411 ff. [Zit. als: Heitsch, »Evidenz«.]

E. Heitsch: Logischer Zwang und die Anfänge der Beweistechnik. In: Werte der Antike. Hrsg. von F. Hoermann. München 1975. S. 5 ff. [Zit. als: Heitsch, »Logischer Zwang«.]

Nachtrag

Nach Abschluß des Manuskriptes erschienene Monographien über Parmenides:

E. Heitsch: Parmenides und die Anfänge der Erkenntniskritik und Logik. Donauwörth 1979.

V. Songe-Möller: Zwiefältige Wahrheit und zeitliches Sein. Eine Interpretation des parmenidischen Gedichts. Würzburg 1980.

N.-J. Cordero: Les deux chemins de Parménide. Édition critique, traduction, études et bibliographie. Paris/Brüssel 1984.

D. Gallops (Hrsg.): Parmenides of Elea. Fragments. A text and translation with an introduction. Toronto 1984. ²1987.

M. R. Wright (Hrsg.): The Presocratics. The Main Fragments in Greek. Bristol 1985. [Mit Einf., Komm. und Übers.]

Sc. Austin: Parmenides. Being, Bounds, and Logic. New Haven / London 1986.

A. H. Coxon: The Fragments of Parmenides. A Critical Text with Introduction, Translation, the Ancient Testimonia and a Commentary. Assen/Maastricht 1986.

P. Aubenque (Hrsg.): Études sur Parménide. I: Le Poème de Parménide, Texte, Traduction, Essai critique. II: Problèmes d'Interpretation. Paris 1987.

Zu den Vorsokratikern:

K. Held: Heraklit, Parmenides und der Anfang der Philosophie und Wissenschaft. Eine phänomenologische Besinnung. Berlin 1980.

J. Mansfeld (Hrsg.): Die Vorsokratiker I. Milesier, Pythagoreer, Xenophanes, Heraklit, Parmenides. Griech./Dt. Stuttgart 1983 [u. ö.]. (Reclams Universal-Bibliothek. 7965.)

Th. Buchheim: Die Vorsokratiker. Ein philosophisches Porträt. München 1994.

Weitere Beiträge findet man in der genannten Literatur.

Nachwort

(zum Nachdruck 1985)

Wir dürfen für Parmenides dasselbe wie für Pindar fordern: keine Partie darf aus dem Zusammenhang des Gedichtes herausgenommen und für sich gedeutet werden (A. Köhnken, *Die Funktion des Mythos bei Pindar*, Berlin 1971, S. 227). Man erkennt immer mehr, daß auch schwer verständliche Teile, die man als Abschweifung Pindars oder als eine dem Gedanken des Gedichtes fremde Entlehnung angesehen hatte, in den allgemeinen Sinnzusammenhang gehören. Dem antiken Dichter bringt das neue Ehre, und eine Interpretation, die die Einheit eines Gedichtes oder anderen Werkes erfaßt, pflegt sich auf Dauer durchzusetzen.

Wir haben nachgewiesen, daß alle Teile und Aussagen des parmenideischen Gedichtes von einem einzigen Gedanken beherrscht sind und inhaltlich zusammengehören. Daran ist in unseren Augen jeder Versuch zu messen, der eine überzeugende Erklärung für die Himmelfahrt, das Tor der Dike, die Grenze, die Sein und Himmel haltende Ananke, für Chasma, Chaos, Äther und Olymp aus dem Sein als dem zentralen Punkt des parmenideischen Denkens schuldig bleibt. Um den Sinnzusammenhang des Gedichtes zu verstehen, bedarf es nur einer Konzession, nämlich daß die im Proömion geschilderte Erleuchtung in der von uns erläuterten Weise tatsächlich stattgefunden hat. Parmenides stünde damit in seiner Zeit wahrscheinlich nicht allein. Wir haben Grund, dasselbe bei Heraklit und anderen vorauszusetzen. Manche Indizien sprechen auch bei Pindar dafür.

Das transzendente Sein, Apeiron, Licht, Äther oder Feuer, das σοφὸν πάντων κεχορισμένον (Heraklit), können neben dem, was ihnen gemeinsam ist, unterschiedlich ausgelegt und mit der Welt der Sterblichen verbunden werden. Wir sind an die christliche Auslegung gewöhnt und damit an den Gedanken, daß die älteren Griechen von einer vergleichba-

ren Erkenntnis oder Offenbarung ausgeschlossen waren. Zu dieser Verkennung hatte schon die Entwicklung der griechischen Philosophie selber beigetragen. Machen wir uns von geschichtlichen Konstruktionen frei, die diesem Problem nicht angemessen sind, und von Reserven gegenüber einem Offenbarungsbekenntnis wie dem des Parmenides, so werden wir einem wichtigen Ursprung griechischer Religion und Philosophie näher kommen.
Ich möchte noch einen Dank an den Verlag nachtragen, der das Werk in seine Universal-Bibliothek aufgenommen hat. Für den Nachdruck wurden nur einige Druckfehler korrigiert.

H. v. S.

Der Verlag Philipp Reclam jun. und der Herausgeber danken den Rechteinhabern für die Nachdruckgenehmigung von Auszügen aus der verzeichneten Literatur: den Autoren K. Bormann, W. R. Chalmers, E. Heitsch, Ch. H. Kahn, J. Mansfeld, W. J. Verdenius, G. Vlastos und den Verlagen Wissenschaftliche Buchgesellschaft, Darmstadt (G. Calogero), C. H. Beck, München (H. Fränkel), Schwabe, Basel (O. Gigon), Günther Neske, Pfullingen (M. Heidegger), Suhrkamp, Frankfurt a. M. (U. Hölscher), W. Kohlhammer, Stuttgart (W. Jaeger), R. Piper, München (K. Jaspers), Vittorio Klostermann, Frankfurt a. M. (K. Reinhardt).

Inhalt

Griechische Literatur

IN RECLAMS UNIVERSAL-BIBLIOTHEK

Dichtung und Prosa

Antike Heilkunst. Ausgewählte Texte aus den medizinischen Schriften der Griechen und Römer. 250 S. UB 9305

Aristoteles, *Der Staat der Athener.* 128 S. UB 3010

Demosthenes, *Politische Reden.* Zweispr. 307 S. UB 957

Die griechische Literatur in Text und Darstellung. Bd. 1: *Archaische Periode.* 616 S. UB 8061 – Bd. 2: *Klassische Periode I.* 412 S. UB 8062 – Bd. 3: *Klassische Periode II.* 438 S. UB 8063 – Bd. 4: *Hellenismus.* 368 S. UB 8064 – Bd. 5: *Kaiserzeit.* 406 S. UB 8065

Griechische Lyrik in deutschen Übertragungen. 224 S. UB 1921

Herodot, *Die Bücher der Geschichte.* 1.–4. Buch. Auswahl. 128 S. UB 2200 – 5.–6. Buch. Auswahl. 87 S. UB 2204 – 7.–9. Buch. Auswahl. 128 S. UB 2206

Hippokrates, *Ausgewählte Schriften.* 357 S. UB 9319

Homer, *Ilias.* 622 S. UB 249 – *Odyssee.* 452 S. UB 280

Longinus, *Vom Erhabenen.* Zweispr. 157 S. UB 8469

Longos, *Daphnis und Chloe.* 176 S. UB 6911

Lukian, *Gespräche der Götter und Meergötter, der Toten und der Hetären.* 256 S. UB 1133

Pindar, *Oden.* Zweispr. 323 S. UB 8314

Plutarch, *Alexander. Caesar.* 224 S. UB 2495 – *Perikles. Fabius Maximus.* 133 S. UB 2323

Polybios, *Historien.* 134 S. UB 6210

Theophrast, *Charaktere.* Zweispr. 104 S. UB 619

Thukydides, *Der Peloponnesische Krieg.* 486 S. UB 1807

Xenophon, *Des Kyros Anabasis. Der Zug der Zehntausend.* 285 S. UB 1184 – *Erinnerungen an Sokrates.* 175 S. UB 1855 – *Das Gastmahl.* Zweispr. 127 S. UB 2056

Philipp Reclam jun. Stuttgart